KB089336

논어

• 일러두기
  어려운 한자나 낱말의 뜻풀이는 국립국어원 〈표준국어대사전〉을 따랐습니다.

현대지성 클래식 23

논어

論語

공자 | 소준섭 옮김

현대
지성

차례

論語

《卷二八佾》

二　婦蘂山房藏板

與對曰不能子曰嗚呼曾謂泰山不如林放乎〇季氏旅於泰山子謂冉有曰女弗能救

射不主皮爲力不同科〇子夏問曰巧笑倩兮美目盼兮素以爲絢兮何謂也子曰繪事後素曰禮後乎子曰起予者商也始可與言詩已矣〇子曰夏禮吾能言之杞不足徵也殷禮吾能言之宋不足徵也文獻不足故也足則吾能徵之矣〇子曰禘自既灌而往者吾不欲觀之矣

君子無所爭必也射乎揖讓而升下而飲其爭也君子

『논어』 제3편 「팔일八佾」

머리말

『논어論語』는 우리에게 '내재화된 마음의 양식'이다

과연 우리는 지금 무엇을 위하여 그리고 어떠한 가치를 위하여 살고 있는 것인가?

우리는 무엇을 위하여 이리 분주하게 살아가는 것인지, 또 어떠한 가치와 목표를 위하여 오늘 이 일을 하고 있는 것이며, 지금 이러한 생각을 하고 있는 것인가? 정의로움과 올바름은 과연 어디에 존재하고 있는 것인가?

고개를 들어 세상 돌아가는 모양을 지켜보면, 우리는 어떻게 살아야 하는가라는 근본적 의문을 제기하지 않을 수 없게 된다. 오늘 우리가 살고 있는 이 세상이 정의와 가치 그리고 선善에 의한 원칙과 기본에 의하여 작동되고 있다고 확신하는 사람은 거의 존재하지 않는다. 아니 최소한 그러한 방향을 지향하고 있다고 믿는 사람도 그리 많지 않다. 오히려 그 정반대의 방향으로 가고 있으며, 그것도 더욱 빠른

속도와 기울기로 모두가 바라지 않는 부정적인 방향으로 치닫고 있다고 여기는 사람들이 갈수록 더욱 많아지고 있는 현실이다.

고전古典이 소중한 까닭은 그것이 인간의 본질에 대하여 가장 적확하게 분석하고 인간이 지향하여 나아갈 바를 가장 본원적으로 가르쳐주고 있기 때문이다. 바로 그러한 연유로 인류의 장구한 역사에서 고전이 그토록 많이 회자되고 널리 읽혀온 것이리라.

『논어論語』는 유학에서 가장 중요한 경전으로 동양 사유 체계의 토대를 조형해낸 기본서이자 모태母胎였다. 동양 사회의 형성과 사유 체계는 결코 『논어』와 분리시켜 논하기 어렵다. 그만큼 『논어』의 영향력은 그 연원이 심오하고 뿌리가 깊다. 그것은 우리 선조들이 가장 소중하게 여겨온 '마음의 양식糧食'이었고, 오늘을 사는 우리도 잠재적으로 지니고 있는 '내재화된 마음의 양식'이라 할 수 있다. 올바름과 지향점이 철저하게 실종되고 가치관이 대혼란을 겪고 있는 오늘, 우리는 다시 『논어』를 펼쳐봐야 한다.

『논어』 해석의 '혁신'을 위하여

『논어』는 문장이 간략하지만 함축하는 것이 많아 예로부터 그 해석을 둘러싸고 여러 견해가 속출하였다. 송나라 대유학자인 주희가 『논어집주論語集注』를 저술하여 『논어』 해석에 비판할 수 없는 절대적 권위를 부여한 이래 『논어』는 어떠한 다른 시각도 허용되지 않는 교조화 과정을 걸었다.

특히 이러한 경향은 성리학이 압도적이고 전일적으로 지배했던 조선 사회에서 더욱 강화되었고, 현대에 이르러서도 그 현상은 근본적으로 바꿔지지 않았다고 할 수 있다. 지금은 이러한 일종의 '쇄국주의적인' 경향을 넘어 널리 소통하고 '혁신'하는 시각이 절실히 필요한 시점이다.

『논어』 해석의 '혁신'을 위해서는 우선 공자가 살았던 당시 원어原語의 의미와 이후의 의미가 서로 상이하며, 특히 오늘날 우리가 이해하고 있는 해당 한자어의 의미와는 적지 않은 차이가 존재한다는 점을 인정해야 한다. 그리고 오늘 우리의 '필요'가 아니라, 『논어』가 만들어졌던 공자 당시의 시대적 상황에 의하여 추론해야 할 것이다.

이렇듯 여러 요인들에 의하여 현재 『논어』 해석에서는 정확하지 못하고 부합되지 않은 부분이 적지 않게 나타나고 있다. 예를 들어, 그간 『논어』 첫 문장인 '학이시습지學而時習之'는 "배우고 때로 익히니"로 해석되어 왔다. 이러한 해석은 이후 유학을 사회적 실천에서 분리시키고 '수신修身'의 개인적 차원과 '이론'의 추상성에만 가두는 틀로서 작동되었다. 그러나 여기에서 '습習'이라는 한자의 본래 뜻은 '어린 새가 날기를 연습하다'로서 어디까지나 '실천하다'로 해석되어야 한다. 실제 공자는 『논어』 「자로子路」 편에서 '언지필가행야言之必可行也'(말을 하게 되면 반드시 실행할 수 있어야 한다)라고 하여 지행합일知行合一, 즉 실천성을 강조했다.

또 『논어』 「학이」 편의 '무우불여기자無友不如己者'는 이제껏 "자기보다 못한 사람과 교류하지 말라"로 해석되어왔다. 하지만 이는 대교육자인 공자의 교육 원칙에 철저히 위배된다. 마땅히 "자기와 길이 같지 않은 사람과 교류하지 말라."로 해석해야 한다. 그런가하면 「이인里仁」편에 나오는 '군자회형君子懷刑'은 기존에 흔히 '형벌'이나 '법도'로 해석되어왔다. 그러나 이러한 주장을 공자와 유가의 주장이라고 하기가 어렵다. 공자가 강조하고 중시한 것은 어디까지나 예禮와 인仁이었지 결코 법法이나 형벌이 아니었다. 여기에서 '형刑'은 '형型'이라는 한자어의 의미로 사용된 것이고, 이러한 용법은 공자가 살았던 당시 일반적인 용법이었다.

한편 『논어』 「태백」편의 '민가사유지, 불가사지지民可使由之, 不可使知之'에 대한 기존의 해석은 "백성은 도리道理를 따르게 할 수는 있어도 그 원리原理를 알게 할 수는 없다."였다. 특히 이러한 해석은 공자의 '우민愚民' 사상을 입증하는 증거로 활용되기도 했다. 하지만 이러한 해석은 민본民本 사상을 근본으로 삼는 유학의 창시자인 공자와 전혀 부합되지 않는다. 이 글의 올바른 해석은 "백성들을 교화하고 이끌 수는 있지만, 그들에게 강요해서는 안 된다."이다.

『논어』 「팔일八佾」편의 '이적지유군, 불여제하지망야夷狄之有君, 不如諸夏之亡也'도 그간 대부분 "이적夷狄에게도 군주君主가 있지만, 중국에 군주가 없는 것보다 못하다."로 해석되어왔다. 그런데 이는 철저히 중국 위주의, 중국의 관점을 우선한 해석이다. 이 문장은 "이적夷狄의 나라도 군주가 있어, 군주가 없는 중국과 같지 않다."라고 해석해야 옳다.

『논어』 해석은 좀 더 정교해져야 한다. 이를 위하여 한자 원어에 대한 연구와 함께 당시 시대 배경에 대한 이해와 공자 사상의 원칙과 기본을 결합시켜 그 분명한 맥락을 잡아 나가야만 한다. 현대 중국에서 활발하게 전개되고 있는 논의를 널리 살펴보는 '소통'의 자세도 필요할 것이다. 그리하여 우리 시대의 『논어』 해석은 온고이지신溫故而知新, 다시 말해 새롭게 '혁신'되어야 한다.

　모쪼록 부족하기만 한 이 조그만 소품小品에 독자 제현의 질정을 바란다.

소 준섭

공자에게 가르침을 청하고 있는 증자

제 1 편

학이 學而

「학이學而」는 『논어』 제1편의 편명이다.

『논어』의 편명은 기본적으로 각 편 제1장의 앞 두세 글자의 한자어로 명명하고 있다.

「학이」 본편은 모두 16장으로 구성되어 있으며, 내용은 유명한 "학이시습지, 불역열호學而時習之, 不亦說乎" 등의 학습 방법을 비롯하여 "오일삼성오신吾日三省吾身"의 자기 수양과 "절용이애인, 사민이시節用而愛人, 使民以時", "예지용, 화위귀禮之用, 和爲貴" 등 인仁과 효孝 그리고 신信의 도덕 범주를 다루는 여러 분야를 포괄하고 있다.

1.1

子曰: 學而時習之, 不亦說乎! 有朋自遠方來, 不
자 왈　학 이 시 습 지　불 역 열 호　유 붕 자 원 방 래　불

亦樂乎! 人不知而不慍, 不亦君子乎!
역 락 호　인 부 지 이 불 온　불 역 군 자 호

공자가 말했다. "배우고 때에 맞춰 이를 실천하니 이 아니 즐거운가! 벗이 먼 지방으로부터 찾아온다면 즐겁지 않겠는가! 사람들이 알아주지 않더라도 아쉬워하지 않는다면 군자가 아니겠는가."

해 설 :

여기에서 '습習'은 일반적으로 알려진 '익히다'의 의미보다는 '실천'의 의미로 해석하는 것이 더 정확하다. '습習'이라는 한자의 본래 뜻은 '어린 새가 날기를 연습하다'는 것이며, 공자가 강조한 것은 어디까지나 '학이치용學以致用'이고 '실천'이었다.

성경聖經의 첫 구절은 창세기로부터 시작된다. 그러나 『논어論語』는 '학이시습지學而時習之'로부터 시작된다. 『논어』의 첫 장은 인생의 출발점으로서의 '학이시습지學而時習之'이고, 그 마지막은 '인부지이불온, 불역군자호人不知而不慍, 不亦君子乎!'이다. 그리하여 『논어』는 인간이 스스로 자신을 수양하고 최선을 다하는 길을 기술하고 있다. 『논어』의 마지막 장은 '자왈: 불지명무이위군자야子曰: 不知命無以爲君子也'로서 군자로 시작하여 군자로 끝맺음을 하고 있다. '군자君子'라는 용어는 『논어』에서 무려 107번이나 출현하고 있다. 본래 '군자'란 '고귀한 남자', 혹은 '지위가 높은 남자'를 가리키는 용어였는데, 공자는 이러한 군자의 의미를 '지위'가 아닌 '도덕'을 뜻하는 용어로 변화시켰다. 즉, '군자'라는 말은 공자에 의해 '위位'에서 '덕德'으

로 전화된 것이었다. 결국 공자가 『논어』를 통하여 시종 제시하는 길은 인간 세상에서 자기 인격의 완성을 지향하는 군자의 길이다. 이는 주로 하느님에게 귀의하고 기도하는 것을 기술하는 성경의 세계와 전혀 다르다. 그리고 이것은 동양과 서양의 사유 방식과 철학 체계의 커다란 차이를 만들었다.

'유붕자원방래有朋自遠方來'가 말하는 멀리서 찾아오는 사람은 가족이나, 친척 그리고 관리 등이 아니라 학문을 교류하고 마음이 통하는 벗을 말한다. 여기에서 '벗'이란 반드시 동년배 친구만은 아니다. 그것은 제자일 수도 있고, 은자일 수도 있다. 학문을 교류하고 마음이 통하는 사람, 그로써 곧 '벗'이리라.

'불역不亦', '역시 ~하지 아니한가!'는 여유와 자부심이 고스란히 드러나는 표현이다.

1.2

有子曰: 其爲人也孝弟, 而好犯上者, 鮮矣. 不好
유 자 왈   기 위 인 야 효 제   이 호 범 상 자   선 의   불 호

犯上, 而好作亂者, 未之有也. 君子務本, 本立而
범 상   이 호 작 란 자   미 지 유 야   군 자 무 본   본 립 이

道生. 孝弟也者, 其爲仁之本與.
도 생   효 제 야 자   기 위 인 지 본 여

유자有子[1]가 말했다. "효성스럽고 공경하는 사람으로서 윗사람을

---

1   공자의 제자.

범하기를 좋아하는 자는 드물고, 윗사람을 범하기를 좋아하지 않고 서 난亂을 일으키는 자는 존재하지 않는다. 군자는 모든 일에서 근 본에 힘쓰니, 근본이 서게 되면 곧 도道가 스스로 생긴다. 효제孝弟는 인仁을 행하는 근본이다."

해 설 :

'인仁'은 '친親'과 통하는 한자어이다. 그러므로 인의 기본 정신은 사람과 사람 관계의 처리에 있다. 특히 공자는 '인'의 근본 정신을 한마디로 '애인愛人'이라고 규정하고 있다. '인'은 부자형제 관계에서 자애와 효도, 우애, 공경으로 나타나며, 군신관계에서는 "군주는 신하를 예로써 대하고, 신하는 군주를 충성으로 섬긴다."라는 개념으로 표현되고 있다.

1.3

子曰: 巧言令色, 鮮矣仁.
자 왈   교 언 영 색   선 의 인.

공자가 말했다. "화려한 미사여구를 늘어놓고 용모가 빼어난 자들이 인덕仁德한 경우는 드물다."

1.4

曾子曰: 吾日三省吾身, 爲人謀而不忠乎? 與朋
증 자 왈   오 일 삼 성 오 신   위 인 모 이 불 충 호   여 붕

友交而不信乎? 傳不習乎?
우 교 이 불 신 호   전 불 습 호

증자(증삼)가 말했다. "나는 매일 나 자신을 세 번 반성한다. 남을 위하여 일을 하는 데 최선을 다했는가? 벗들과 교류함에 믿음을 주었는가? 스승께 배운 것을 실천했는가?"

해 설:

여기에서 '충忠'은 "국가에 충성하다"의 '충성'의 의미가 아니라 '진심왈충 盡心曰忠', 즉 "마음을 다하다"의 뜻이다.

『설문說文』에서 '신信'은 "신, 성야信, 誠也"로 풀이된다. 그리하여 '신信'은 '성誠'의 외화外化된 표현이다.

1.5

子曰: 道千乘之國, 敬事而信, 節用而愛人, 使民
자 왈   도 천 승 지 국   경 사 이 신   절 용 이 애 인   사 민

以時.
이 시

공자가 말했다. "천승千乘[2]의 나라를 다스릴 때에는 성실하고 신중하게 일을 처리하고 신용을 지키며 절약하고 백성을 사랑하며, 백성들로 하여금 때에 맞춰 농사를 하도록 해야 한다."

---

2 천승千乘: 천 대의 병거兵車라는 뜻으로, 제후를 이르는 말.

1.6

子曰: 弟子入則孝, 出則弟, 謹而信, 汎愛衆, 而親
자 왈 제 자 입 즉 효 출 즉 제 근 이 신 범 애 중 이 친

仁, 行有餘力, 則以學文.
인 행 유 여 력 즉 이 학 문

공자가 말했다. "제자[3]들은 부모 앞에서 효순하고 밖에서는 스승에게 공손하며, 언행은 신중하고 믿음을 주며, 널리 사람들을 사랑하고 인덕한 사람과 친밀하게 교류해야 한다. 이렇게 행하고 여력餘力이 있으면 학문을 배워야 한다."

1.7

子夏曰: 賢賢易色, 事父母, 能竭其力, 事君, 能
자 하 왈 현 현 역 색 사 부 모 능 갈 기 력 사 군 능

致其身, 與朋友交, 言而有信, 雖曰未學, 吾必謂
치 기 신 여 붕 우 교 언 이 유 신 수 왈 미 학 오 필 위

之學矣.
지 학 의

자하子夏가 말했다. "현인을 존중하여 얼굴색을 바꾸고, 부모를 섬기되 능히 그 힘을 다하며, 인군人君을 섬기되 능히 그 몸을 바치

---

3 공자의 제자는 무려 3천 명에 이르렀고, 그 중 이름을 떨친 제자만도 72명이나 있었다.

며, 벗과 더불어 사귀되 말함에 성실함이 있으면 비록 배우지 않았다고 말하더라도 나는 반드시 그를 배웠다고 말하겠다."

해 설 :

'현현역색賢賢易色'은 기존에 "어진이를 어질게 여기되 색色을 좋아하는 마음과 바꿔하며," 혹은 "실제의 덕행을 숭상하고 표면적인 모습을 가벼이 여기며"로 해석했는데, "현인을 존중하여 얼굴색을 바꾸고"라고 해석하는 것이 좀 더 타당하다.

'현현賢賢' 중 앞의 '현賢'은 존중의 의미를 가지며, '색色'은 얼굴색을 가리킨다.

1.8

子曰: 君子不重則不威, 學則不固. 主忠信, 無友
자 왈　군 자 부 중 즉 불 위　학 즉 불 고　주 충 신　무 우

不如己者, 過則勿憚改.
불 여 기 자　과 즉 물 탄 개

공자가 말했다. "군자가 장중하고 엄숙하지 않으면 위엄威嚴이 없으니, 학문도 견고하지 못하다. 충신忠信을 견지하고, 자기와 길이 같지 않은 사람과 교류하지 말며, 과오가 있으면 용기 있게 고쳐야 한다."

해 설 :

'무우불여기자無友不如己者'에서 '불여기不如己'는 '불류호기不類乎己'의 의미

로서 '자기와 길이 같지 않은 사람'으로 해석한다. 이른바 '도부동, 불상위모道不同, 不相爲謀', 즉 "도가 같지 아니하면 더불어 도모하지 말라"의 의미와 상통한다.[4] 기존의 "자기보다 못한 사람과 교류하지 말라"의 해석은 공자의 교육 원칙에 부합되지 않는다.

한편 이 부분을 앞부분의 '주충신主忠信'과 연관지어 "충신忠信을 견지하지 못하는 자와 교류하지 말라"고 해석하는 견해도 존재한다.

1.9

曾子曰: 愼終追遠, 民德歸厚矣.
증 자 왈　신 종 추 원　민 덕 귀 후 의

증자가 말했다. "부모가 세상을 떠났을 때 모든 정성을 다하고 선인先人을 기리면, 백성들의 덕은 자연히 두터워진다."

해 설 :

이 부분을 "효제孝悌를 종신토록 실행하고 성현들을 기리며 죽어도 한이 없다면"으로 해석하는 견해도 있다.

"효孝를 다해 백성들의 덕이 돌아온다."라는 말이 현대적 시각으로는 설득력이 좀 부족해 보이지만, 공자가 살던 당시의 시대적 조건에서는 효가 오늘날보다 훨씬 중요했기에 그것이 점하는 비중도 컸으리라 추측된다.

4　『논어』「위령공」편에 같은 취지의 구절이 나온다. "자왈: 도부동, 불상위모子曰: 道不同, 不相爲謀(도가 같지 아니하면 더불어 도모하지 않는다)."

1.10

子禽問於子貢曰: 夫子至於是邦也, 必聞其政,
자 금 문 여 자 공 왈　부 자 지 어 시 방 야　필 문 기 정

求之與, 抑與之與? 子貢曰: 夫子溫良恭儉讓以
구 지 여　억 여 지 여　자 공 왈　부 자 온 량 공 검 양 이

得之. 夫子之求之也, 其諸異乎人之求之與.
득 지　부 자 지 구 지 야　기 저 이 호 인 지 구 지 여

자금子禽[5]이 자공에게 물었다. "공부자께서 한 나라에 이르게 되면, 미리 그 나라의 정사政事를 들으시는데, 그것은 공부자 스스로 구한 것입니까? 아니면 군주가 제공한 것입니까?"

자공이 말했다. "스승님의 온순함, 선량함, 공경, 검약, 겸양이 바로 그러한 자격을 만들었습니다. 다만 스승의 방법은 다른 사람들의 방법과 다를 것입니다."

해설:

억抑은 '아니면'의 의미로 해석한다.

부자夫子는 스승 공자에 대한 제자들의 존칭이다.

5　공자의 제자인 단목사端木賜.

자공子貢

위나라 사람. 성은 단목端木, 이름은 사賜, 자공은 자字이다. 공자의 대표적인
제자 중 한 사람으로, 공자보다 31살 적었다. 언변이 뛰어났다고 전해지며
공자는 그를 호련瑚璉이라는 그릇으로 비유하기도 했다. (공야장 5.3)

1.11

子曰: 父在, 觀其志. 父沒, 觀其行. 三年無改於
자 왈　부 재　관 기 지　부 몰　관 기 행　삼 년 무 개 어

父之道, 可謂孝矣.
부 지 도　가 위 효 의

공자가 말했다. "아버지가 살아 계실 때에는 부모에 대한 자식의
마음을 관찰하고, 아버지가 돌아가셨을 때에는 그 행동을 관찰하는
것이니, 3년 상을 잘 준수한다면 가히 효孝라 할 수 있다."

1.12

有子曰: 禮之用, 和爲貴, 先王之道, 斯爲美. 小
유 자 왈　예 지 용　화 위 귀　선 왕 지 도　사 위 미　소

大由之. 有所不行, 知和而和, 不以禮節之, 亦不
대 유 지　유 소 불 행　지 화 이 화　불 이 례 절 지　역 불

可行也.
가 행 야

유자有子가 말했다. "예禮에 있어 조화가 가장 중요한 원칙이니,
선왕先王의 도道는 이것을 아름답게 여겼다. 그리하여 크고 작은 일
들에 모두 이러한 원칙을 따랐다. 하지만 어떤 때에는 행해지지 못
하기도 한다. 조화를 위하여 조화를 구하되 예禮로써 절제하지 않으
면 역시 행해질 수 없다."

해 설 :

공자가 주창한 '인仁'은 일종의 내적인 정감으로 직접 인식하고 파악할 수 없는 존재이다.

여기에서 공자는 '예禮'라는 개념을 도입하여 '인仁'의 요구가 구체적으로 체현되도록 했다. 예禮는 인仁의 외부적 표현으로 추상적인 인을 구체적인 인으로 전화시킴으로써 사람들이 이를 인식하고 파악할 수 있게 하며, 또 검증할 수 있게 한다. 그리하여 '인'은 몸, 체體이고, '예'는 그 쓰임, 용用이다. '인'은 내적으로 사람의 도덕과 인격의 이상을 강조하는 반면, '예'는 외재적 차원에서 사람의 행위와 사회 이상을 규정한다.

또한 인仁, 의義, 지知, 신信 등 군자가 지녀야 할 도덕은 반드시 예라는 형식을 통하여 실현된다.

1.13

有子曰: 信近於義, 言可復也. 恭近於禮, 遠恥辱
유 자 왈　신 근 어 의　언 가 복 야　공 근 어 례　원 치 욕

也, 因不失其親, 亦可宗也.
야　인 불 실 기 친　역 가 종 야

유자가 말했다. "약속한 것이 이치에 맞으면 말한 바의 약속은 이뤄질 수 있다. 공손함이 예禮에 가까우면 치욕恥辱을 멀리할 수 있으며, (인덕을 지닌) 친한 사람을 의지하면, 또한 그 사람을 종주宗主로 삼을 수 있다."

해 설 :

'복復'은 '이뤄지다', '실현되다'의 의미로 해석한다.

'인因'은 '의지하다'의 뜻이고, '종宗'은 '주主' 혹은 '믿을 수 있다'로 해석한다.

'의義'는 '인仁'과 '예禮'가 결합된 구체적 표현이다. 즉, '의義'란 지나치게 이상적인 '인仁'과 지나치게 실용적인 '예禮'의 절충이라 할 수 있다. '의'는 '인'의 내재적 도덕의 규정성을 지니고 있는 동시에 '예'의 외재적 규정성도 지니고 있다. 의義는 '적당하다', '적합하다', '마땅하다'의 의미로서 '의宜'와 통한다. 공자에 의하면, 의義의 최고 경지는 곧 '중中'이다. '중中'은 '행위가 시의時宜에 부합되는 것'을 말한다.

1.14

> 子曰: 君子, 食無求飽, 居無求安, 敏於事而愼於
> 자 왈 군 자 식 무 구 포 거 무 구 안 민 어 사 이 신 어
>
> 言, 就有道而正焉, 可謂好學也已.
> 언 취 유 도 이 정 언 가 위 호 학 야 이

공자가 말했다. "군자는 음식에 배부름을 구하지 않고, 주거에 편안함을 구하지 않으며, 일을 성실하게 하고 말을 삼가며, 도道를 지닌 사람을 가까이 하여 자신을 바르게 한다. 가히 호학好學[6]이라 이를 만하다."

---

6 호학好學: 학문을 좋아하다.

1.15

子貢曰: 貧而無諂, 富而無驕, 何如? 子曰: 可也.
자 공 왈 빈 이 무 첨 부 이 무 교 하 여 자 왈 가 야

未若貧而樂, 富而好禮者也. 子貢曰: 詩云如切
미 약 빈 이 락 부 이 호 례 자 야 자 공 왈 시 운 여 절

如磋, 如琢如磨, 其斯之謂與? 子曰: 賜也, 始可
여 차 여 탁 여 마 기 사 지 위 여 자 왈 사 야 시 가

與言詩已矣, 告諸往而知來者.
여 언 시 이 의 고 저 왕 이 지 래 자

자공이 말했다. "가난하되 아첨함이 없으며, 부유하되 교만함이 없으면 어떻습니까?"

공자가 대답했다. "괜찮다고 할 수 있다. 다만 가난하면서도 도道를 즐거워하며, 부유하면서도 예禮를 좋아하는 자만은 못하다."

자공이 말했다. "『시경詩經』에 나오는 절차탁마切磋琢磨[7]가 스승님 말씀의 의미가 아닐지요?"

그러자 공자가 말했다. "사賜야, 가히 더불어 시詩를 논할 만하도다. 너는 내가 이미 가르쳤던 것에서 아직 가르치지 않은 의미까지 깨우쳤구나!"

---

7 절차탁마切磋琢磨: 옥이나 돌 따위를 갈고 닦아서 빛을 낸다는 뜻으로, 부지런히 학문과 덕행을 닦음을 이르는 말.

1.16

子曰: 不患人之不己知, 患不知人也.
자 왈　불 환 인 지 불 기 지　환 부 지 인 야

공자가 말했다. "남이 자신을 알아주지(이해하지) 못함을 걱정하지 말고, 내가 남을 알지(이해하지) 못함을 걱정해야 한다."

해 설 :

"남이 자신을 알아주지 못함을 걱정하지 말고, 내가 남을 알지 못함을 걱정하라." 현대를 살아가는 우리에게도 참으로 진실된 충고가 아닐 수 없다.

제 2 편

위정 爲政

「위정」편은 총 24장으로 이뤄져 있다.

본편은 공자의 '덕정德政' 사상을 설명하고 있으며, 관리로서의 기본 원칙과 함께 학습과 사고의 관계, 공자 본인의 학습과 수양의 과정을 잘 묘사하고 있다. 특히 "온고이지신溫故而知新"과 "학이불사즉망, 사이불학즉태學而不思則罔, 思而不學則殆", "지지위지지, 부지위부지, 시지야知之爲知之, 不知爲不知, 是知也" 등의 학습 방법을 강조하고 있다.

이와 함께 효孝와 제悌 등의 도덕 범주에 대한 찬술도 포괄하고 있다.

2.1

子曰: 爲政以德, 譬如北辰居其所, 而衆星共之.
자 왈 위 정 이 덕 비 여 북 신 거 기 소 이 중 성 공 지

공자가 말했다. "덕으로써 정치를 하는 것은 마치 북극성北極星이 자기 자리에 머물러 있고, 여러 별들이 그를 에워싼 모습과도 같다."

2.2

子曰: 詩三百, 一言以蔽之, 曰: 思無邪.
자 왈 시 삼 백 일 언 이 폐 지 왈 사 무 사

공자가 말했다. "『시경詩經』 3백 편篇을 한 마디로 개괄한다면, 사무사思無邪, 즉 '생각함이 곧다.'는 말이다."

2.3

子曰: 道之以政, 齊之以刑, 民免而無恥. 道之以
자 왈 도 지 이 정 제 지 이 형 민 면 이 무 치 도 지 이

德, 齊之以禮, 有恥且格.
덕 제 지 이 례 유 치 차 격

공자가 말했다. "정령政令[8]으로 이끌고 형벌刑罰로 다스리면, 백성

---

8 정령政令: 정치상의 법도와 규칙.

들이 형벌을 면할 수는 있지만 부끄러워함은 없다. 그러나 덕德으로
이끌고 예禮로 다스리면, 부끄러워함이 있고 나라에 격格이 갖추어
진다."

2.4

子曰: 吾十有五而志于學, 三十而立, 四十而不
자 왈 오십유오이지우학   삼십이립 사십이불

惑, 五十而知天命, 六十而耳順, 七十而從心所
혹 오십이지천명 육십이이순 칠십이종심소

欲不踰矩.
욕 불 유 구

공자가 말했다. "나는 열다섯 살에 학문學問에 뜻을 두었고, 서른
살에 자립自立하였으며, 마흔 살에는 미혹迷惑되지 않았고, 쉰 살에는
천명天命을 알았으며, 예순 살에는 어떤 말이든 그대로 이해되었다.
그리고 일흔 살에는 마음에 하고자 하는 바를 좇아도 법도法度를 넘
지 않았다."

2.5

孟懿子問孝. 子曰: 無違. 樊遲御, 子告之曰: 孟
맹 의 자 문 효 자 왈 무 위 번 지 어 자 고 지 왈   맹

孫問孝於我, 我對曰: 無違. 樊遲曰, 何謂也?
손 문 효 어 아 아 대 왈 무 위 번 지 왈   하 위 야

子曰: 生事之以禮, 死葬之以禮, 祭之以禮.
자왈 생사지이례 사장지이례 제지이례

맹의자孟懿子[9]가 효孝를 묻자, 공자는 "효는 예를 위배해서는 안 됩니다."라고 대답했다. 번지樊遲[10]가 수레를 몰고 있었는데, 공자가 말했다. "맹손씨가 나에게 효를 묻기에 나는 예를 위배해서는 안 된다고 대답했다."

번지가 "예를 위배하지 않는다는 것은 무슨 의미인지요?"하고 묻자, 공자가 말했다. "살아 계실 때 예禮로써 섬기고, 돌아가시면 예로 장례를 지내고 제사를 모시는 것이다."

2.6

孟武伯問孝. 子曰: 父母唯其疾之憂.
맹 무 백 문 효 자 왈 부 모 유 기 질 지 우

맹무백孟武伯[11]이 효孝를 묻자, 공자가 대답했다. "부모는 오직 자식이 병들까 근심한다."

해 설 :
'부모유기질지우父母唯其疾之憂'의 '기其'는 자식을 말한다.

---

9 노나라 대부.
10 공자의 제자.
11 노나라 대부. 맹의자의 아들.

2.7

子游問孝. 子曰: 今之孝者, 是謂能養, 至於犬馬,
자유문효 자왈 금지효자 시위능양 지어견마

皆能有養, 不敬, 何以別乎?
개 능유 양 불 경 하이별호

　자유子游가 효를 묻자, 공자가 대답했다. "지금의 효는 잘 봉양하는 것을 말한다. 그러나 견마犬馬에게도 모두 서로 길러줌이 있으니, 공경함이 없다면 무엇이 다르겠는가?"

2.8

子夏問孝. 子曰: 色難, 有事, 弟子服其勞, 有酒
자하문효 자왈 색난 유사 제자복기로 유주

食, 先生饌, 曾是以爲孝乎.
사 선생찬 증시이위효호

　자하子夏가 효를 묻자, 공자가 말했다. "(부모를 모심에 있어) 얼굴빛을 밝게 하는 것이 가장 어렵다. 만약 사정이 있으면 젊은이들이 노력을 하고, 술과 밥이 있으면 나이 드신 분들에게 먼저 드시게 하는 것, 이것이 효가 아니겠느냐?"

해 설 :
　'색난色難'에 대한 해석은 예로부터 분분했지만, "(부모를 모심에 있어) 얼굴빛을 밝게 하는 것이 가장 어렵다."로 해석하는 것이 자연스럽다.

증曾은 내乃의 뜻으로 해석한다.

2.9

子曰: 吾與回言, 終日不違, 如愚. 退而省其私,
자 왈　오 여 회 언　종 일 불 위　여 우　퇴 이 성 기 사

亦足以發. 回也不愚.
역 족 이 발　회 야 불 우

　　공자가 말했다. "내가 안회를 하루 종일 가르쳤지만, 그는 언제나 반대하거나 이견을 제기하지 않았다. 마치 어리석은 듯하였다. 그가 물러간 뒤 그가 다른 제자들과 나누는 대화를 들어보니 나의 가르침을 충분히 발휘하고 있었다. 안회는 어리석지 않다!"

2.10

子曰: 視其所以, 觀其所由, 察其所安. 人焉廋哉,
자 왈　시 기 소 이　관 기 소 유　찰 기 소 안　인 언 수 재

人焉廋哉.
인 언 수 재

　　공자가 말했다. "하는 바의 일을 살피고 준수하는 바의 원칙을 관찰하며 그 마음을 이해한다면, 무엇을 불안해 할 것인가! 무엇을 불안해 할 것인가!"

해 설 :

'소이所以'는 "하는 바의 일", '소유所由'는 "준수하는 바의 원칙"으로 해석한다.

2.11

子曰: 溫故而知新, 可以爲師矣.
자 왈   온 고 이 지 신   가 이 위 사 의

공자가 말했다. "옛 것을 공부하고 배운 바를 익혀 이로써 새로운 것을 알면 곧 스승이 될 수 있다."

2.12

子曰: 君子不器.
자 왈   군 자 불 기

공자가 말했다. "군자는 마땅히 큰 그릇이어야 한다."

해 설 :

이 구절은 기본에 "군자는 그릇처럼 (어느 한 분야에) 국한되지 않는다."로 해석되어 왔다. 그런데 고대 한어에서 '불不'과 '비조'는 많은 경우 혼용되어 사용되었다. 여기에서 비조는 대大의 뜻을 가지고 있다. 그러므로 군자불기君子不器를 "군자는 마땅히 큰 그릇이어야 한다."로 해석하는 것이 "군자는 그릇처럼 어느 한 분야에 국한되지 않는다."라고 해석하는 것보다 타당하다고 본다.

2.13

子貢問君子. 子曰: 先行其言, 而後從之.
자 공 문 군 자　　자 왈　　선 행 기 언　　이 후 종 지

　자공이 군자에 대해서 묻자, 공자가 말했다. "네가 말하려는 바를 먼저 실행하고, 그 연후에 말을 하라."

2.14

子曰: 君子, 周而不比, 小人, 比而不周.
자 왈　　군 자　　주 이 불 비　　소 인　　비 이 불 주

　공자가 말했다. "군자는 두루 사랑하고 편당偏黨하지 않으며, 소인은 편당偏黨하고 두루 사랑하지 않는다."

해 설 :

'주周'는 '친밀', '조화'의 의미이고, '비比'는 '편애하다', '편당偏黨하다'의 의미이다. '편당'이란 한 당파에 치우친다는 뜻이다.

2.15

子曰: 學而不思則罔, 思而不學則殆.
자 왈　　학 이 불 사 즉 망　　사 이 불 학 즉 태

　공자가 말했다. "배우기만 하고 생각하지 않으면 미혹되고, 생각

하기만 하고 배우지 않으면 위태롭다."

해 설 :

'망罔'은 '미혹되다', '실의失意하다', '낙담하여 멍하게 되다'의 의미이다.

2.16

子曰: 攻乎異端, 斯害也已.
자 왈 공 호 이 단 사 해 야 이

공자가 말했다. "잡학, 혹은 여러 기술을 비판, 공격하는 것은 곧 해가 될 뿐이다."

해 설 :

'공攻'은 "공격하여 반박하다."는 뜻이고, '이단異端'은 '잡학雜學'으로 해석한다.

2.17

子曰: 由! 誨女, 知之乎. 知之爲知之, 不知爲不
자 왈 유 회 여 지 지 호 지 지 위 지 지 부 지 위 부

知, 是知也.
지 시 지 야

공자가 말했다. "유由야! 너에게 가르쳐 주겠다. 아는 것을 안다고

하고, 모르는 것을 모른다고 하는 것, 이것이 아는 것이다."

해 설 :

이 구절은 가장 소박하고 가장 평이한 언어로 표현된 진실이다.

2.18

子張學干祿. 子曰: 多聞闕疑, 愼言其餘則寡尤.
자 장 학 간 록   자 왈   다 문 궐 의   신 언 기 여 즉 과 우

多見闕殆, 愼行其餘則寡悔, 言寡尤, 行寡悔, 祿
다 견 궐 태   신 행 기 여 즉 과 회   언 과 우   행 과 회   록

在其中矣.
재 기 중 의

자장子張이 관직을 구하는 방법을 배우려고 하였다. 공자가 말했
다. "많이 듣고서 의심나는 것은 우선 한쪽에 두고서 말하지 말며, 그
나머지를 신중하게 말해라. 그렇게 하면 곧 잘못이 적어진다. 또 많이
보고서 의심나는 것은 우선 한쪽에 두고서 처리하지 말며, 그 나머지
를 신중하게 행하라. 그렇게 하면 곧 후회가 적어진다. 말하는 데 잘못
이 적고, 일하는 데 후회가 적으면 관직과 봉록은 자연히 얻게 된다."

2.19

哀公問曰: 何爲則民服? 孔子對曰: 擧直錯諸枉,
애 공 문 왈   하 위 즉 민 복   공 자 대 왈   거 직 조 저 왕

則民服, 擧枉錯諸直, 則民不服.
즉 민 복　거 왕 조 저 직　즉 민 불 복

　애공哀公[12]이 "어떻게 하면 백성이 따르겠습니까?"하고 묻자, 공자가 대답했다. "정직한 사람을 기용하여 부정직한 사람을 다스리면 백성들이 따를 것입니다. 반대로 부정직한 사람을 기용하여 정직한 사람을 다스리면 백성들은 따르지 않을 것입니다."

해 설 :

'인사人事'가 '만사萬事'라는 말이 있다. 정직한 사람을 기용하여 정직하지 못한 사람을 다스린다면 만사는 곧 바르게 될 것이다.

2.20

季康子問: 使民敬, 忠以勸, 如之何? 子曰: 臨之
계 강 자 문　사 민 경　충 이 권　여 지 하　자 왈　임 지

以莊, 則敬. 孝慈, 則忠. 擧善而敎不能, 則勸.
이 장　즉 경　효 자　즉 충　거 선 이 교 불 능　즉 권

　계강자季康子가 "백성들이 윗사람을 공경恭敬하고 충성하게 권하려면 어떻게 해야 하겠습니까?"하고 묻자, 공자가 말했다. "장중한 태도로써 백성들을 대우하면 그들은 곧 당신을 존경할 것입니다. 당신께서 부모에 효순하고 자제에 자상하면 백성들은 곧 당신께 충성

12　노나라 군주.

을 다할 것입니다. 당신께서 선량한 자를 기용하여 능력이 떨어지는 사람을 가르치면 백성들은 곧 서로 권면하여 노력할 것입니다."

2.21

或謂孔子曰: 子奚不爲政? 子曰: 書云: 孝乎惟
혹 위 공 자 왈　자 해 불 위 정　자 왈　서 운　효 호 유

孝, 友于兄弟. 施於有政, 是亦爲政, 奚其爲爲政?
효　우 우 형 제　시 어 유 정　시 역 위 정　해 기 위 위 정

어떤 사람이 공자에게 "선생께서는 어찌하여 정치를 하지 않으십니까?"라고 묻자, 공자가 말했다. "『서경書經』에 효孝란 부모에 대한 효경孝敬이요, 우友란 형제의 우애를 말한다고 하였으니, 이 원리를 정치에 펼치는 것, 이것이 곧 위정爲政[13] 아닌가? 어떻게 해야 비로소 정치라 할 수 있는 것인가?"

2.22

子曰: 人而無信, 不知其可也. 大車無輗, 小車無
자 왈　인 이 무 신　부 지 기 가 야　대 거 무 예　소 거 무

輗, 其何以行之哉.
월　기 하 이 행 지 재

13　위정爲政: 정치를 행하다.

공자가 말했다. "사람으로서 신용이 없으면 근본적으로 그르친 것이다. 큰 수레에 끌채 끝 쐐기가 없고 작은 수레에 끌채 끝이 없는데, 어떻게 움직일 수 있겠는가!"

2.23

子張問: 十世可知也? 子曰: 殷因於夏禮, 所損益
자 장 문 십 세 가 지 야 　 자 왈 　 은 인 어 하 례 　 소 손 익

可知也. 周因於殷禮, 所損益可知也. 其或繼周
가 지 야 　 주 인 어 은 례 　 소 손 익 가 지 야 　 기 혹 계 주

者, 雖百世可知也.
자 　 수 백 세 가 지 야

자장이 "10대 뒤의 일을 미리 알 수 있습니까?"하고 묻자, 공자가 대답했다. "은나라는 하나라의 제도를 계승했으니, 그 감소된 것과 증가된 내용을 알 수 있으며, 주나라는 은나라의 제도를 계승했으니, 그 폐기된 것과 증가된 내용 역시 알 수 있다. 장차 주나라를 잇는 나라가 있다면, 백 대 뒤의 일이라고 할지라도 역시 미리 알 수 있다."

2.24

子曰: 非其鬼而祭之, 諂也. 見義不爲, 無勇也.
자 왈 　 비 기 귀 이 제 지 　 첨 야 　 견 의 불 위 　 무 용 야

공자가 말했다. "제사지내어야 할 귀신이 아닌데 제사를 지내는 것은 아첨이다. 마땅히 해야 할 일을 보고도 하지 않는 것은 비겁한 일이다."

제 3 편

팔일 八佾

「팔일」편은 총 26장으로 구성되어 있으며, 주로 예禮의 문제를 다루고 있다.

여기에서 공자는 그의 윤리사상을 비롯하여 "군사신이례, 신사군이충君 使臣以禮, 臣事君以忠(군주는 신하를 예로 통솔하고, 신하는 군주를 충심으로 섬겨야 한다)"의 정치도덕 주장을 제기하고 있다.

본편은 '예禮'를 어떻게 성실하게 지켜나갈 것인가의 문제를 중점적으로 논의하고 있다.

3.1

孔子謂季氏. 八佾舞於庭, 是可忍也, 孰不可忍也?
공 자 위 계 씨　팔 일 무 어 정　시 가 인 야　숙 불 가 인 야

　공자가 계씨季氏[14]에게 말했다. "팔일무八佾舞[15]를 자기 정원에서 추게 하니, 이런 것을 용인한다면, 또 어떤 것을 용인하지 못할 것인가?"

3.2

三家者以雍徹. 子曰: 相維辟公, 天子穆穆, 奚取
삼 가 자 이 옹 철　자 왈　상 유 벽 공　천 자 목 목　해 취

於三家之堂?
어 삼 가 지 당

　삼가三家[16]에서 제사를 마치고 제기를 철수시킬 때 악공으로 하여금 『시경詩經』의 옹장雍章을 노래하도록 하였다. 공자가 말했다. "'제사를 돕는 것은 제후이고, 천자는 장엄하고 엄숙하게 주재한다.' 이러한 의미가 어찌 당신들 삼가의 묘당 안에 쓸모가 있으리오?"

14　노나라 정경正卿 계평자.

15　팔일무는 한 줄에 8명씩 여덟 줄로 늘어서서 64명이 추는 춤으로서 오직 천자만이 거행할 수 있었다.

16　노나라의 집권자 3가: 맹손씨, 숙손씨, 계손씨.

3.3

子曰: 人而不仁, 如禮何? 人而不仁, 如樂何?
자 왈　인 이 불 인　여 례 하　인 이 불 인　여 악 하

공자가 말했다. "인덕仁德하지 못한 사람이 어떻게 예禮를 시행할 수 있으며, 인덕하지 못한 사람이 어떻게 음악을 운용할 수 있겠는가?"

3.4

林放問禮之本. 子曰: 大哉問! 禮, 與其奢也, 寧
임 방 문 례 지 본　자 왈　대 재 문　예　여 기 사 야　영

儉, 喪, 與其易也, 寧戚.
검　상　여 기 이 야　영 척

임방林放[17]이 예禮의 근본을 묻자, 공자가 말했다. "훌륭한 질문이로다! 예禮란 사치하는 것이 검소함만 못하고, 장례는 주도면밀하게 잘 하는 것이 마음으로 슬퍼하는 것만 못하다."

3.5

子曰: 夷狄之有君, 不如諸夏之亡也.
자 왈　이 적 지 유 군　불 여 저 하 지 망 야

17　노나라 사람.

공자가 말했다. "이적夷狄의 나라도 군주가 있어, 군주가 없는 중국과 같지 않다."

해 설 :

여기 '불여不如'는 '불상不像', 즉 "같지 않다"는 의미로 해석한다.

이 부분은 대부분 "이적夷狄에게도 군주君主가 있지만, 중국에 군주가 없는 것만 같지 못하다."로 해석되어왔다. 특히 중국 학계에 이러한 경향이 많다. 하지만 공자는 예붕락괴禮崩樂壞, 즉 예가 붕괴되고 음악이 무너진 당시의 현실을 대단히 비판하고 있었으며, 군주가 군주답지 못하고 신하가 신하답지 못한 난세를 탄식해마지 않았다. 실제 공자는 '자한子罕' 편에서 구이九夷 땅에 가서 살고 싶다는 마음을 표현하기도 했다.

또한 『논어』에 여러 판본이 있는데, 정주한간본定州漢簡本 『논어』[18]에는 '불여저하지망야不如諸夏之亡也'가 '불약저하지망야不若諸夏之亡也'로 표기되어 있다. 이 '不若불약'은 분명 '不像불상'과 같은 의미다.

3.6

季氏旅於泰山. 子謂冉有曰: 女弗能救與? 對曰:
계 씨 여 어 태 산   자 위 염 유 왈   여 불 능 구 여   대 왈

不能. 子曰: 嗚呼! 曾謂泰山不如林放乎!
불 능   자 왈   오 호   증 위 태 산 불 여 임 방 호

---

18 하북성 정주定州. 한나라 시대 분묘에서 죽간 형태로 발견된 가장 오래된 『논어』판본.

계씨季氏가 태산泰山에 가서 제사를 모셨다. 공자가 염유에게 "네가 그것을 하지 못하게 할 수 없었느냐?"하고 묻자, 염유가 "불가능합니다."하고 대답했다. 공자가 탄식하였다. "아! 태산의 신이 임방林放만큼도 예를 모른다는 말이더냐?"

해 설 :

오직 천자만이 태산 제사를 모실 수 있었다. 공자는 제후에 불과한 계씨가 이를 행하는 것을 도저히 받아들일 수 없었다.

3.7

子曰: 君子無所爭, 必也射乎! 揖讓而升, 下而飮,
자 왈　군 자 무 소 쟁　필 야 사 호　읍 양 이 승　하 이 음

其爭也君子.
기 쟁 야 군 자

공자가 말했다. "군자는 다투는 것이 없으나, 만약 있다고 한다면 그것은 곧 활쏘기 시합이다. 시합을 할 때 서로 상대방에게 읍揖하고 양보한 뒤에 올라간다. 활을 쏜 뒤 또 서로 읍하고 다시 내려와 술을 마신다. 이것이 곧 군자의 다툼이다."

해 설 :

'읍揖'이란 인사하는 예의의 하나이다. 두 손을 맞잡아 얼굴 앞으로 들어올리고 허리를 공손히 구부렸다가 몸을 펴면서 손을 내리는 것을 뜻한다.

3.8

子夏問曰: 巧笑倩兮, 美目盼兮, 素以爲絢兮, 何
자 하 문 왈　교 소 천 혜　미 목 반 혜　소 이 위 현 혜　하

謂也. 子曰: 繪事後素. 曰: 禮後乎? 子曰: 起予者
위 야　자 왈　회 사 후 소　왈　예 후 호　자 왈　기 여 자

商也. 始可與言詩已矣.
상 야　시 가 여 언 시 이 의

자하가 물었다. "'예쁜 웃음에 보조개가 예쁘며 아름다운 눈에 눈
동자가 선명함이여! 밑그림 위의 아름다움이여!' 하였으니, 무엇을
말한 것입니까?"

공자가 말했다. "먼저 밑그림이 있고, 그런 연후에야 비로소 그림
을 그릴 수 있는 것이다."

자하가 "그렇다면 예禮란 (그림 그리기 전의 밑그림일까요) 밑그림 뒤
의 그림일까요?"라고 묻자, 공자가 말했다. "나를 일깨워주는 사람이
바로 너로구나! 오늘 비로소 너와 더불어 시詩를 논할 만하도다."

해 설 :

'회사후소繪事後素'는 "먼저 밑그림이 있고, 그런 연후에야 비로소 그림을
그릴 수 있다."는 뜻이다.

3.9

子曰: 夏禮吾能言之, 杞不足徵也. 殷禮吾能言之,
자 왈　하 례 오 능 언 지　기 부 족 징 야　은 례 오 능 언 지

자하子夏

위나라 사람. 성은 복卜, 이름은 상商, 자하子夏는 자字이다.
가난했지만 학문에 대한 열의가 대단했다고 전해진다.
공자의 말기 제자에 속한다.

宋不足徵也,文獻不足故也, 足, 則吾能徵之矣.
송 부 족 징 야 문 헌 부 족 고 야 족 즉 오 능 징 지 의

공자가 말했다. "하나라의 예禮는 내가 말할 수 있으나 기杞나라
는 증명하기 어렵다. 은나라의 예禮는 내가 말할 수 있으나 송宋나라
는 증명하기 어렵다. 이는 모두 문헌文獻이 부족하기 때문이다. 문헌
이 충분하다면 나는 충분히 나의 말을 증명할 수 있다."

3.10

子曰: 禘自既灌而往者, 吾不欲觀之矣.
자 왈 체 자 기 관 이 왕 자 오 불 욕 관 지 의

공자가 말했다. "천자가 모시는 제사[19]는 첫 번째 술잔을 올린 뒤
부터 보고 싶지 않다."

해 설 :

체禘란 오직 천자만이 모실 수 있는 제사이다. 천자도 아닌 노나라 군주가
그것을 모시는 것부터 전혀 예에 부합되지 않는다. 거기에다 의식을 진행
하는 과정조차도 경건하지 않았다. 첫 번째 올리는 술잔, 즉 관灌부터 그러
했다. 그러므로 공자는 첫 번째 술잔 이후 모든 것을 보고 싶지 않다고 탄
식한 것이다.

---

19 체禘란 대단히 웅장하게 거행되는 조상 제사 의식으로 오직 천자만이 모실 수
있다.

3.11

或問禘之說. 子曰: 不知也. 知其說者之於天下
혹 문 체 지 설　자 왈　부 지 야　지 기 설 자 지 어 천 하

也, 其如示諸斯乎, 指其掌.
야　기 여 시 저 사 호　지 기 장

어떤 사람이 천자가 모시는 제사의 규정을 묻자, 공자는 "알지 못
하겠다. 그 규정을 아는 사람이라면 천하를 다스리기란 너무 쉬울
것이다. 마치 여기 손바닥에 올려놓고 보듯이."라면서 자신의 손바
닥을 가리켰다.

3.12

祭如在, 祭神如神在. 子曰: 吾不與祭, 如不祭.
제 여 재　제 신 여 신 재　자 왈　오 불 여 제　여 부 제

조상의 제사를 모실 때에는 조상이 앞에 있는 듯하였고, 신神을
제사지낼 때에는 신이 앞에 있는 듯이 하였다. 공자가 말했다. "내가
제사에 직접 가지않고 대리인을 보낸다면, 그것은 제사를 모시지 않
은 것과 같다."

해 설 :

공자는 제사를 모시는 사람의 경건한 감정을 강조하였다. 그리하여 제사
는 종교 활동이 아닌 도덕 활동이었다.

3.13

王孫賈問曰: 與其媚於奧, 寧媚於灶, 何謂也? 子
왕 손 가 문 왈　여 기 미 어 오　영 미 어 조　하 위 야　자

曰: 不然, 獲罪於天, 無所禱也.
왈　불 연　획 죄 어 천　무 소 도 야

왕손가王孫賈[20]가 물었다. "집안의 신神에게 잘 보이기보다는 차라리 부엌 신神에게 잘 보이라 하니, 무슨 말입니까?"

공자가 대답했다. "그렇지 않습니다. 하늘에 죄를 지으면 빌 곳이 없습니다."

3.14

子曰: 周監於二代, 郁郁乎文哉. 吾從周.
자 왈　주 감 어 이 대　욱 욱 호 문 재　오 종 주

공자가 말했다. "주周나라는 하夏·은殷 이대二代를 본받았으니, 찬란하도다. 그 아름다움이여! 나 역시 주나라를 본받으리라."

3.15

子入大廟, 每事問. 或曰: 孰謂鄹人之子知禮乎,
자 입 태 묘　매 사 문　혹 왈　숙 위 추 인 지 자 지 례 호

---

20 위령공의 대신.

入大廟, 每事問. 子聞之, 曰: 是禮也.
입 태 묘 매 사 문 자 문 지 왈 시 례 야

　공자가 태묘大廟[21]에 이르러 모든 일을 묻자, 어떤 사람이 "누가 추鄹[22] 지방 사람의 아들(공자)이 예禮를 안다고 하는가? 태묘에서 모든 일을 묻더라."라고 말했다. 공자는 이 말을 듣고 "그것이 곧 예禮이다."라고 하였다.

3.16

子曰: 射不主皮, 爲力不同科, 古之道也.
자 왈 사 부 주 피 위 력 부 동 과 고 지 도 야

　공자가 말했다. "활을 쏠 때는 화살이 과녁을 뚫지 않아도 된다. 왜냐면 사람들의 힘이 다르기 때문이다. 이것이 (활 쏘는) 도道이다."

3.17

子貢欲去告朔之餼羊. 子曰: 賜也! 爾愛其羊, 我
자 공 욕 거 곡 삭 지 희 양 자 왈 사 야 이 애 기 양 아

愛其禮.
애 기 례

21　여기서 大대는 太태와 통용된다.

22　산동성 곡부曲阜. 공자의 고향.

자공이 매월 초하룻날 제사에 바치는 희생양을 쓰지 않으려고 했다. 공자가 말했다. "사賜야! 너는 그 양羊을 아까워하지만, 나는 그 예禮를 아까워한다."

3.18

子曰: 事君盡禮, 人以爲諂也.
자 왈 사 군 진 례 인 이 위 첨 야

공자가 말했다. "내가 군주를 섬기는 일에 예禮로써 최선을 다하는 것을 사람들은 아첨한다고 여긴다."

3.19

定公問: 君使臣, 臣事君, 如之何? 孔子對曰: 君
정 공 문 군 사 신 신 사 군 여 지 하 공 자 대 왈 군

使臣以禮, 臣事君以忠.
사 신 이 례 신 사 군 이 충

정공定公[23]이 물었다. "군주가 신하를 통솔하며, 신하가 군주를 섬기는 일은 어떻게 해야 합니까?"

공자가 대답했다. "군주는 신하를 예禮로써 통솔하고, 신하는 군주를 충심으로 섬겨야 합니다."

---

23   노나라 군주.

3.20

子曰: 關雎, 樂而不淫, 哀而不傷.
자 왈 관 저 낙 이 불 음 애 이 불 상

공자가 말했다. "『시경詩經』「관저關雎」편은 즐거우면서도 음란하지 않고, 슬프면서도 마음을 상하게 할 정도에 이르지 않는다."

3.21

哀公問社於宰我, 宰我對曰: 夏后氏以松, 殷人
애 공 문 사 어 재 아 재 아 대 왈 하 후 씨 이 송 은 인

以栢, 周人以栗, 曰: 使民戰栗. 子聞之, 曰: 成事
이 백 주 인 이 율 왈 사 민 전 율 자 문 지 왈 성 사

不說, 遂事不諫, 旣往不咎.
불 설 수 사 불 간 기 왕 불 구

애공哀公이 재아宰我에게 사社[24]에 대하여 물으니, 재아宰我가 대답하기를 "하후씨夏后氏는 소나무를 사주社主로 사용하였고, 은나라 사람들은 잣나무를 사용하였습니다. 주나라 사람들은 밤나무를 사용하였는데, 이는 백성들로 하여금 전율戰栗케 하기 위함입니다."라고 하였다. 공자가 이 말을 듣고 말했다. "이미 이루어진 일은 다시 논의하지 않고, 이미 끝난 일은 다시 간諫하지 않으며, 이미 지나간 일은 다시 제기하지 않는다."

---

24 토신土神에 제사를 모시는 묘廟를 사社라 칭한다.

3.22

子曰: 管仲之器小哉! 或曰: 管仲儉乎? 曰: 管氏
자 왈 관 중 지 기 소 재 혹 왈 관 중 검 호 왈 관 씨

有三歸, 官事不攝, 焉得儉? 然則管仲知禮乎?
유 삼 귀 관 사 불 섭 언 득 검 연 즉 관 중 지 례 호

曰: 邦君樹塞門, 管氏亦樹塞門. 邦君爲兩君之
왈 방 군 수 색 문 관 씨 역 수 색 문 방 군 위 양 군 지

好有反坫, 管氏亦有反坫, 管氏而知禮, 孰不知禮?
호 유 반 점 관 씨 역 유 반 점 관 씨 이 지 례 숙 부 지 례

공자가 말했다. "관중管仲의 그릇이 작구나!"

어떤 사람이 "관중은 검소했습니까?"하고 묻자, 공자가 말했다.
"그는 세 곳의 봉읍을 소유하였다. 또 집안의 일에 단 한 사람도 겸
직시키지 않았으니, 어찌 검소하다고 할 수 있겠는가?"

"그러면 관중은 예禮를 알았습니까?"하고 묻자, 공자가 이렇게
답하였다. "나라의 군주만이 문 앞에 작은 담을 세울 수 있는데 관중
은 문 앞에 작은 담을 세웠다. 나라의 군주만이 타국의 군주와 회담
할 때 사용하는 술잔 놓는 대臺를 설치할 수 있는데, 관중도 그 대를
설치하였다. 만약 그가 예의를 안다고 하면, 도대체 누가 예의를 모
른다고 할 수 있겠는가?"

해 설 :

'삼귀三歸'는 '창고'가 아닌 '세 곳, 혹은 다수의 봉읍'을 가리킨다.

3.23

子語魯大師樂, 曰: 樂其可知也. 始作, 翕如也.
자 어 노 대 사 악　왈　악 기 가 지 야　시 작　흡 여 야

從之, 純如也, 皦如也, 繹如也, 以成.
종 지　순 여 야　교 여 야　역 여 야　이 성

　　공자가 노나라 대사(악관)에게 음악의 원리를 얘기하였다. "음악
의 원리는 이해할 수 있는 것이오. 처음 시작할 적엔 각종 악기를 합
주하여 소리가 아름답고, 계속 전개되어 듣기 좋은 화음에 음절이
분명하며, 끊임없이 이어져 마침내 완성되는 것이오."

해 설 :

　　'흡翕'은 '협조(협주)', '종從'은 '전개', '교皦'는 '또렷하다, 음절 분명'의 뜻
이다.
　　역繹'은 '끊임없이 이어지다'의 의미로 해석한다.

3.24

儀封人請見, 曰: 君子之至於斯也, 吾未嘗不得
의 봉 인 청 현　왈　군 자 지 지 어 사 야　오 미 상 부 득

見也. 從者見之. 出曰: 二三子, 何患於喪乎? 天
견 야　종 자 현 지　출 왈　이 삼 자　하 환 어 상 호　천

下之無道也久矣. 天將以夫子爲木鐸.
하 지 무 도 야 구 의　천 장 이 부 자 위 목 탁

의儀 지방 관리가 공자를 만나기를 청하였다. 그는 "모든 군자가 이곳에 이르면 내가 만나보지 않은 적이 없었다."라고 말했다. 공자의 제자가 그를 공자에게 데려왔다. 그가 공자를 만나고 나와서 말했다. "그대들은 왜 벼슬이 없다고 괴로워하는 것이오? 천하에 도道가 없어진 지 이미 오래되었소. 하늘은 장차 공부자를 성인으로 삼아 천하를 다스릴 것이오."

3.25

子謂韶: 盡美矣, 又盡善也. 謂武, 盡美矣, 未盡
자 위 소 　진 미 의 　우 진 선 야 　위 무 　진 미 의 　미 진

善也.
선 야

공자가 소악韶樂에 대하여 말했다. "그 형식이 지극히 아름답고 내용 역시 대단히 좋다."

또 무악武樂에 대해서는 "그 형식은 대단히 아름답지만 내용이 좀 부족하다."라고 평하였다.

3.26

子曰: 居上不寬, 爲禮不敬, 臨喪不哀, 吾何以觀
자 왈 　거 상 불 관 　위 례 불 경 　임 상 불 애 　오 하 이 관

之哉!
지 재

공자가 말했다. "윗사람이 너그럽지 않고 예禮를 행함에 엄숙하지 않으며, 상례喪禮에서도 슬퍼하지 않는다면, 내가 어떻게 계속 볼 수 있겠는가?"

제 4 편

이인 里仁

「이인」편은 모두 26장으로 이뤄져 있다.

본편의 주요한 내용은 의義와 이익利益의 관계를 비롯하여 개인의 도덕 수양 문제, 부모에 대한 효경孝敬 문제 그리고 군자와 소인의 구별 등의 문제를 다루고 있다. "견현사제언, 견불현이내자성야見賢思齊焉, 見不賢 而內自省也(현인을 만나면 그를 본받아야 하고, 그렇지 못한 자를 만나면 스스로 그와 같은 잘못이 있는지 반성해야 한다)"의 학습 태도에 대한 강조 역시 마음에 깊이 새길 일이다.

「이인」편은 유가儒家의 중요한 원칙과 이론을 제시하고 있는 글로서 후세에 커다란 영향을 끼쳤다.

4.1

子曰: 里仁爲美, 擇不處仁, 焉得知.
자 왈 이 인 위 미 택 불 처 인 언 득 지

공자가 말했다. "살고 있는 곳에 인덕仁德이 있어야 비로소 좋은 것이니, 선택한 곳에서 인덕을 느낄 수 없다면 어떻게 이곳에 인덕이 있는지 없는지를 알 수 있겠는가?"

4.2

子曰: 不仁者不可以久處約, 不可以長處樂. 仁
자 왈 불 인 자 불 가 이 구 처 약 불 가 이 장 처 락 인

者安仁, 知者利仁.
자 안 인 지 자 이 인

공자가 말했다. "인덕을 갖추지 못한 자는 오랫동안 곤궁하게 살 수 없으며 또 오랫동안 안락하게 살 수 없다. 인자仁者는 인도仁道에서 안락하며, 지자智者는 인仁이 이로운 것을 알아 인을 행한다."

해 설 :

군자는 인자仁者인 동시에 지자智者이다. 인지불이仁智不二, 즉 인仁과 지智는 다르지 않고 하나이다. 『논어』에서 '지智'는 일반적으로 '지知'로 사용된다.

'약約'은 '곤궁', '빈한貧寒'으로 해석한다.

4.3

子曰: 惟仁者能好人, 能惡人.
자 왈 유 인 자 능 호 인 능 오 인

공자가 말했다. "오직 인자仁者만이 어떤 사람이 좋은 사람인가, 어떤 사람이 나쁜 사람인가를 판별할 수 있다."

4.4

子曰: 苟志於仁矣, 無惡也.
자 왈 구 지 어 인 의 무 악 야

공자가 말했다. "사람이 뜻을 세우고 인덕을 실행한다면, 결코 악습이 있을 수 없다."

4.5

子曰: 富與貴是人之所欲也, 不以其道得之, 不
자 왈 부 여 귀 시 인 지 소 욕 야 불 이 기 도 득 지 불

處也, 貧與賤是人之所惡也, 不以其道得之, 不
처 야 빈 여 천 시 인 지 소 오 야 불 이 기 도 득 지 불

去也. 君子去仁, 惡乎成名? 君子無終食之間違
거 야 군 자 거 인 오 호 성 명 군 자 무 종 식 지 간 위

仁, 造次必於是, 顚沛必於是.
인 조 차 필 어 시 전 패 필 어 시

공자가 말했다. "부富와 귀貴는 사람들마다 모두 얻고자 하는 것이지만, 도道로써 얻지 않았다면 마땅히 취하지 않아야 하며, 빈貧과 천賤은 사람들마다 모두 싫어하는 것이지만 도로써 얻지 않았다 하더라도 마땅히 버리지 않아야 한다. 군자가 인仁을 버리게 되면 어찌 이름을 빛낼 수 있겠는가? 군자는 밥을 먹는 동안이라도 인仁을 떠남이 없으니, 입신하여 안정될 때나 좌절을 겪을 때나 모두 인을 떠날 수 없다."

해 설:

'조차造次'는 본래 '머물 곳'의 의미로서 안신입명安身立命, 입신하여 안정된 상태를 의미한다.

『사기史記』의 「하간왕유덕河間王劉德」편에 "(하간왕)호유학, 피복조차필어유자(河間王)好儒學, 被服造次必於儒者"라는 구절이 있다. 그 뜻은 "하간왕 유덕은 유학을 좋아하여 의복을 입는 것이나 처세가 모두 유학자와 같았다."는 의미다.

'전패顚沛'는 '좌절'을 의미한다.

4.6

子曰: 我未見好仁者, 惡不仁者. 好仁者, 無以尙
자 왈   아 미 견 호 인 자   오 불 인 자   호 인 자   무 이 상

之. 惡不仁者, 其爲仁矣. 不使不仁者加乎其身.
지   오 불 인 자   기 위 인 의   불 사 불 인 자 가 호 기 신

有能一日用其力於仁矣乎? 我未見力不足者. 蓋
유 능 일 일 용 기 력 어 인 의 호   아 미 견 력 부 족 자   개

有之矣, 我未之見也.
유 지 의 아 미 지 견 야

공자가 말했다. "나는 인덕을 좋아하는 자를 본 적이 없고, 또 불인不仁을 미워하는 자 역시 본 적이 없다. 인덕을 좋아하는 자는 더 이상 좋을 수 없다. 불인不仁을 미워하는 자는 인덕을 실행할 때 인덕이 없는 자가 자기에게 영향을 미치지 못하도록 한다. 하루라도 자신의 힘을 인덕 실행에 쓸 수 있겠는가? 나는 힘이 부족한 자를 아직 보지 못했다. 이런 사람은 아마 있을 터이지만, 나는 본 적이 없다."

4.7

子曰: 人之過也, 各於其黨. 觀過, 斯知仁矣.
자 왈 인 지 과 야 각 어 기 당 관 과 사 지 인 의

공자가 말했다. "사람의 잘못은 각기 그 유형이 있다. 그 잘못을 살펴보면, 그 사람이 인덕이 있는지를 알 수 있다."

해 설 :

여기에서 '당黨'은 '유형類型'으로 해석한다.

4.8

子曰: 朝聞道, 夕死, 可矣.
자 왈 조 문 도 석 사 가 의

공자가 말했다. "아침에 도道를 들으면 저녁에 죽어도 괜찮다."

4.9

子曰: 士志於道而恥惡衣惡食者, 未足與議也.
자 왈 사 지 어 도 이 치 악 의 악 식 자 미 족 여 의 야

공자가 말했다. "선비로서 도道에 뜻을 두고서 나쁜 옷과 나쁜 음식을 부끄러워한다면 그와 더불어 논할 가치가 없다."

해 설 :

여기에서 '미족여의未足與議'는 "~와 더불어 논할 필요, 혹은 가치가 없다"는 뜻이다.

4.10

子曰: 君子之於天下也, 無適也, 無莫也, 義之與
자 왈 군 자 지 어 천 하 야 무 적 야 무 막 야 의 지 여

比.
비

공자가 말했다. "군자는 천하의 일과 사람에 대하여 고정된 것이 없으며, 오로지 의義에 따라 처리할 뿐이다."

4.11

子曰: 君子懷德, 小人懷土, 君子懷刑, 小人懷惠.
자 왈 군 자 회 덕 소 인 회 토 군 자 회 형 소 인 회 혜

공자가 말했다. "군자가 중시하는 것은 덕德이고, 소인이 중시하는 것은 토지와 재산이다. 군자가 중시하는 것은 모범 혹은 전범典範이고, 소인이 중시하는 것은 실제 이익이다."

해 설 :

여기에서 '군자회형君子懷刑'은 기존에 흔히 형벌이나 법도로 해석되어왔지만, 이는 차라리 법가의 사상이지 공자나 유가의 주장이기 어렵다. 공자가 강조하고 중시한 것은 어디까지나 예禮와 인仁이었지 결코 법法이나 형벌이 아니었다. 이 글 중 '형刑'은 '형型'이라는 한자어의 의미로 사용된 것인데, 이러한 용법은 공자가 살았던 당시 일반적인 용법이었다.

4.12

子曰: 放於利而行, 多怨.
자 왈 방 어 리 이 행 다 원

공자가 말했다. "이익利益을 추구하여 행동하면 원망怨望이 많이

따른다."

해 설 :

'방放'은 '추구하다'의 의미다.

4.13

子曰: 能以禮讓爲國乎, 何有? 不能以禮讓爲國,
자 왈 능 이 례 양 위 국 호 하 유 불 능 이 례 양 위 국

如禮何?
여 례 하

공자가 말했다. "예禮와 겸양謙讓으로 나라를 다스릴 수 있다면 무슨 어려움이 있겠는가? 예와 겸양으로 나라를 다스릴 수 없다면, 어떻게 예를 시행하겠는가!"

4.14

子曰: 不患無位, 患所以立, 不患莫己知, 求爲可
자 왈 불 환 무 위 환 소 이 립 불 환 막 기 지 구 위 가

知也.
지 야

공자가 말했다. "지위가 없음을 걱정하지 말고 지위에 오를 때를 걱정하며, 자신을 알아주지 않음을 걱정하지 말고 알려질 수 있도록

노력해야 한다."

4.15

子曰: 參乎, 吾道, 一以貫之. 曾子曰, 唯. 子出,
자 왈 삼 호 오 도 일 이 관 지 증 자 왈 유 자 출

門人問曰: 何謂也? 曾子曰: 夫子之道, 忠恕而已
문 인 문 왈 하 위 야 증 자 왈 부 자 지 도 충 서 이 이

矣.
의

　　공자가 말했다. "삼參아! 나의 도道는 한 가지 이치로써 만 가지 일을 꿰뚫고 있다."

　　그러자 증자는 "예."하고 대답했다. 공자가 나가자, 제자들이 "무슨 말씀입니까?"하고 물었다. 이에 증자가 말했다. "스승님의 도는 충忠과 서恕일 뿐이다."

해 설 :

　　'충忠'은 흔히 '충성'으로 이해되고 있지만, 그보다 훨씬 넓게 해석되어야 한다. 그 본래의 뜻은 "다른 사람을 위하여 진심을 다하다"의 의미다. '충심忠心'이 보다 가까운 의미다. 한편 '서恕'는 추기급인推己及人, "자신의 처지로 미루어 다른 사람의 형편을 헤아리다."는 의미다. "기소불욕, 물시어인己所不欲, 勿施於人(자신이 하고 싶지 않은 것을 남에게 강제하지 말라)" 역시 같은 의미를 지닌다. 그리하여 '충서忠恕'는 "자기를 대하듯 다른 사람을 대하다"는 뜻으로서 '인仁'의 구체적인 실천이며, 인간관계에 있어 유가

의 중심 원칙 중 하나이다.

4.16

子曰: 君子喻於義, 小人喻於利.
자 왈 군 자 유 어 의 소 인 유 어 리

공자가 말했다. "군자는 오직 의義를 추구하고, 소인은 오직 이익
利益을 추구한다."

4.17

子曰: 見賢思齊焉, 見不賢而內自省也.
자 왈 견 현 사 제 언 견 불 현 이 내 자 성 야

공자가 말했다. "현인을 만나면 그를 본받아야 하고, 그렇지 못한
자를 만나면 스스로 그와 같은 잘못이 있는지 반성해야 한다."

4.18

子曰: 事父母, 幾諫, 見志不從, 又敬不違, 勞而
자 왈 사 부 모 기 간 견 지 부 종 우 경 불 위 노 이

不怨.
불 원

공자가 말했다. "부모父母를 모실 때 여러 차례 간諫하여 부모가 이를 받아들이지 않으면, 더욱 공경하고 다시 간하지 않는다. 수고롭지만 원망하지 않아야 한다."

4.19

子曰: 父母在, 不遠遊, 遊必有方.
자 왈　부 모 재　불 원 유　유 필 유 방

공자가 말했다. "부모父母가 생존生存해 계시거든 멀리 떠나있지 말 것이며, 만약 떠난다면 반드시 대책(방안)이 있어야 한다."

해 설 :

'유필유방遊必有方'의 '방方'은 '대책'이나 '방안'을 의미한다.

4.20

子曰: 三年無改於父之道, 可謂孝矣.
자 왈　삼 년 무 개 어 부 지 도　가 위 효 의

공자가 말했다. "3년 동안을 아버지에 대한 도道를 고치지 말아야 가히 효孝라 이를 수 있다."

4.21

子曰: 父母之年, 不可不知也. 一則以喜, 一則以
자 왈 부 모 지 년 불 가 부 지 야 일 즉 이 희 일 즉 이

懼.
구

공자가 말했다. "부모父母의 나이는 알지 않으면 안 된다. 한편으
로는 장수를 기뻐하고 한편으로는 노쇠를 걱정해야 한다."

4.22

子曰: 古者言之不出, 恥躬之不逮也.
자 왈 고 자 언 지 불 출 치 궁 지 불 체 야

공자가 말했다. "옛 사람들이 말을 가벼이 하지 않은 것은 그들이
이뤄내지 못한 것을 수치로 여겼기 때문이다."

4.23

子曰: 以約失之者鮮矣.
자 왈 이 약 실 지 자 선 의

공자가 말했다. "군자의 표준으로써 자신을 다스리니 자연히 잘
못이 적어진다."

해 설 :

'약約'은 '조정하다', '다스리다'의 뜻으로 해석한다.

4.24

　　子曰: 君子, 欲訥於言而敏於行.
　　자 왈　군 자　욕 눌 어 언 이 민 어　행

공자가 말했다. "군자는 말은 어눌語訥하지만, 실행實行에는 성실하게 노력한다."

4.25

　　子曰: 德不孤, 必有隣.
　　자 왈　덕 불 고　필 유 린

공자가 말했다. "덕德은 외롭지 않다. 반드시 그 이웃이 있다."

4.26

　　子游曰: 事君數, 斯辱矣. 朋友數, 斯疏矣.
　　자 유 왈　사 군 수　사 욕 의　붕 우 수　사 소 의

자유子游가 말했다. "여러 군주를 섬기게 되면 곧 욕辱을 당하고, 여러 벗을 사귀게 되면 곧 소원해진다."

해 설 :

이 글 중 '수數'를 '누차屢次'라는 의미인 '지나치게 가깝게 되다'의 뜻으로 이해하여 "군주를 섬길 때 지나치게 가깝게 되면 오히려 욕辱을 당하고, 벗을 사귈 때 지나치게 가깝게 되면 거꾸로 소원해진다."라고 해석하는 견해도 있다.

제 5 편

공야장 公冶長

「공야장」편은 총 27장으로 구성되어 있다.

본편은 공자와 제자들이 각자의 시각에서 인덕仁德의 특징을 제기하고 토론하는 내용을 주로 기술하고 있다.

본편에 나오는 "휴목불가조야, 분토지장朽木不可雕也, 糞土之墻", "민이호학, 불치하문敏而好學, 不恥下問", "청기언이관기행聽其言而觀其行", "삼사이후행三思而後行" 등 구절들에 담긴 사상은 후세에 이르기까지 사람들의 사고방식에 커다란 영향을 미치고 있다.

5.1

子謂公冶長, 可妻也, 雖在縲絏之中, 非其罪也,
자 위 공 야 장　가 처 야　수 재 류 설 지 중　비 기 죄 야

以其子妻之. 子謂南容, 邦有道, 不廢, 邦無道,
이 기 자 처 지　자 위 남 용　방 유 도　불 폐　방 무 도

免於刑戮, 以其兄之子妻之.
면 어 형 륙　이 기 형 지 자 처 지

　　공자가 공야장公冶長을 평했다. "사위 삼을 만하다. 비록 포승으로
묶여 옥중獄中에 있었으나 그의 죄가 아니었다." 그러고는 자신의 딸
을 그에게 시집보냈다.
　　공자가 남용南容을 평했다. "나라에 도道가 있을 때에는 버려지지
않을 것이요, 나라에 도가 없을 때에는 형벌을 면할 것이다." 그러고
는 자기 형의 딸을 그에게 시집보냈다.

5.2

子謂子賤, 君子哉若人, 魯無君子者, 斯焉取斯.
자 위 자 천　군 자 재 약 인　노 무 군 자 자　사 언 취 사

　　공자가 자천子賤[25]을 평했다. "이 사람은 진실로 군자로다. 노魯
나라에 만약 이러한 군자가 없다면, 또 어디에 이러한 군자가 있겠
는가?"

25　공자의 제자.

'사언취사斯焉取斯'에서 앞의 '사斯'는 '자천'을 가리키고, 두 번째 '사斯'는 군자를 가리킨다.

5.3

子貢問曰: 賜也何如? 子曰: 女, 器也. 曰: 何器
자 공 문 왈　　사 야 하 여　　자 왈　　여　　기 야　　왈　　하 기

也? 曰: 瑚璉也.
야　　왈　　호 련 야

자공이 "저, 사賜는 어떻습니까?"하고 묻자, 공자가 "너는 그릇이다." 하였다. "어떤 그릇입니까?"하고 다시 묻자, "호련瑚璉이다."하고 대답했다.

해 설 :

'호련瑚璉'은 제사용 그릇이다. 공자는 자공을 아껴 그를 가리켜 '호련지기瑚璉之器'라 평했는데, 이는 '재능이 매우 뛰어나 큰 임무를 담당할 만한 인물'을 뜻한다.

5.4

或曰: 雍也, 仁而不佞. 子曰: 焉用佞, 禦人以口
혹 왈　　옹 야　　인 이 불 녕　　자 왈　　언 용 녕　　어 인 이 구

給, 屢憎於人, 不知其仁, 焉用佞.
급 누 증 어 인 부 지 기 인 언 용 녕

어떤 사람이 "옹雍은 인덕仁德하지만 말재주가 없습니다."라고 말했다. 그러자 공자가 말했다. "말재주가 반드시 필요한 것인가? 사람들에게 단지 말로만 대하여 자주 미움을 받게 되는 것이다. 옹이 인덕한지는 모르겠지만, 말재주가 반드시 필요한 것인가?"

5.5

子使漆雕開仕. 對曰: 吾斯之未能信. 子說.
자 사 칠 조 개 사　대 왈　오 사 지 미 능 신　자 열

공자가 칠조개漆雕開에게 관직을 주려 하자, 칠조개는 "저는 이러한 사회에서 관리가 되는 것에 대해 자신이 없습니다."라고 답하였다. 공자가 기뻐하였다.

해 설 :

'신信'은 '자신감'을 의미한다.

5.6

子曰: 道不行, 乘桴浮于海. 從我者, 其由與. 子
자 왈　도 불 행　승 부 부 우 해　종 아 자　기 유 여　자

路聞之, 喜. 子曰: 由也, 好勇過我, 無所取材.
로 문 지 희 자 왈 유 야 호 용 과 아 무 소 취 재

공자가 말했다. "도道가 행해지지 않으니, 뗏목을 타고 바다를 항해하려 한다. 나를 따라올 사람은 아마 유由일 것이다."

자로가 이 말을 듣고 기뻐하였다. 공자가 말했다. "유由의 용기는 나를 앞지른다. 다만 뗏목에 쓸 나무가 없구나."

해 설 :

'무소취재無所取材'에서 '재材'는 '뗏목에 사용할 나무 목재'로 해석한다.

5.7

孟武伯問子路仁乎? 子曰: 不知也. 又問, 子曰:
맹 무 백 문 자 로 인 호 자 왈 부 지 야 우 문 자 왈

由也, 千乘之國, 可使治其賦也, 不知其仁也. 求
유 야 천 승 지 국 가 사 치 기 부 야 부 지 기 인 야 구

也何如? 子曰: 求也, 千室之邑, 百乘之家, 可使
야 하 여 자 왈 구 야 천 실 지 읍 백 승 지 가 가 사

爲之宰也, 不知其仁也. 赤也何如? 子曰: 赤也,
위 지 재 야 부 지 기 인 야 적 야 하 여 자 왈 적 야

束帶立於朝, 可使與賓客言也, 不知其仁也.
속 대 립 어 조 가 사 여 빈 객 언 야 부 지 기 인 야

맹무백孟武伯[26]이 공자에게 "자로는 인仁에 이르렀습니까?"라고 묻자, 공자는 "알지 못하겠습니다."하고 대답했다. 맹무백이 다시 묻자, 공자가 대답했다. "자로는 천승千乘의 나라에서 군사를 관리할 만한 능력은 있겠지만 인에 이르렀는지는 알 수 없습니다."

"구求(염유)는 어떻습니까?"하고 묻자, 공자가 말했다. "구求는 천호千戶의 큰 읍邑과 백승百乘의 채읍에서 현령을 맡을 수는 있습니다. 다만 그가 인에 이르렀는지는 알 수 없습니다."

"그럼 적赤(공서적)은 어떻습니까?"하고 묻자, 공자가 대답했다. "적은 예복을 입고 조정에 나아가 귀빈을 맞게 할 수 있을 정도이나 그가 인에 이르렀는지는 알 수 없습니다."

5.8

子謂子貢曰: 女與回也孰愈? 對曰: 賜也何敢望
자 위 자 공 왈   여 여 회 야 숙 유   대 왈   사 야 하 감 망

回? 回也聞一以知十, 賜也聞一以知二. 子曰: 弗
회   회 야 문 일 이 지 십   사 야 문 일 이 지 이   자 왈   불

如也. 吾與女弗如也.
여 야   오 여 여 불 여 야

공자가 자공에게 물었다. "너와 안회 중 누가 더 나으냐?"

자공이 대답했다. "제가 어떻게 감히 안회와 비교될 수 있겠습니까? 안회는 하나를 들으면 열을 알고, 저는 하나를 들으면 둘을 아는

---

26 노나라 대부.

정도입니다."

공자가 말했다. "네가 안회만 못하다. 나도 네 말에 동의한다. 네가 그보다 못하다."

5.9

宰予晝寢. 子曰: 朽木不可雕也, 糞土之墙, 不可
재 여 주 침   자 왈   휴 목 불 가 조 야   분 토 지 장   불 가

杇也, 於予與何誅. 子曰: 始吾於人也, 聽其言而
오 야   어 여 여 하 주   자 왈   시 오 어 인 야   청 기 언 이

信其行. 今吾於人也, 聽其言而觀其行, 於予與,
신 기 행   금 오 어 인 야   청 기 언 이 관 기 행   어 여 여

改是.
개 시

재여宰予가 낮잠을 자자, 공자가 말했다. "썩은 나무로는 조각을 할 수 없고, 진흙이 다 떨어진 낡은 담장은 다시 흙손질할 수가 없다. 그러니 재여에 대하여 꾸짖을 것이 있겠는가?"

공자가 말했다. "내가 처음에는 남에 대하여 그의 말을 듣고 그의 행실을 믿었으나, 이제 나는 남에 대하여 그의 말을 듣고도 그의 행실을 살펴보게 되었다. 나는 재여 때문에 이 버릇을 고치게 되었노라."

해 설:

'분토지장糞土之墙'은 '진흙이 다 떨어질 정도로 낡은 담장'을 말한다.

재여宰予

노나라 사람. 성은 재宰, 이름은 여予, 자字는 자아子我. 공자보다 29살 적었고,
공자와 함께 주유천하를 하였다고 전해진다. 당대에는 제후齊侯로 피봉被封되고,
송대에는 임치공臨淄公으로 가봉加封*되었다. 명대에 와서는 "선현재여先賢宰予"라고
바꾸어 불릴 정도로 뛰어난 인물로 칭송받았지만, 그에 대한『논어』의 기록은
유난히 부정적인 내용이 많다. (공야장 5.9, 양화 17.21)

---

* 가봉加封: 임금이 신하에게 추가로 토지나 벼슬을 봉하는 것을 뜻한다.

'분糞'은 '없애다'의 뜻이다.

5.10

子曰: 吾未見剛者. 或對曰: 申棖. 子曰: 棖也慾,
자 왈 오 미 견 강 자 혹 대 왈 신 정 자 왈 정 야 욕

焉得剛?
언 득 강

공자가 "나는 아직 강직한 자를 보지 못하였다."라고 하자, 어떤
사람이 "신장이라는 사람이 강직합니다."라고 말했다. 그러자 공자
가 말했다. "신장이라는 자는 욕심이 너무 많다. 어찌 강직하다 할
수 있겠는가?"

5.11

子貢曰: 我不欲人之加諸我也, 吾亦欲無加諸人.
자 공 왈 아 불 욕 인 지 가 저 아 야 오 역 욕 무 가 저 인

子曰: 賜也! 非爾所及也.
자 왈 사 야 비 이 소 급 야

자공이 "저는 다른 사람이 제게 강요하는 일을 하고 싶지 않고,
저 역시 다른 사람에게 강요하고 싶지 않습니다."라고 하자, 공자가
말했다. "사賜야! 이 일은 네가 해낼 수 있는 일이 아니다."

5.12

子貢曰: 夫子之文章, 可得而聞也. 夫子之言性
자 공 왈 부 자 지 문 장 가 득 이 문 야 부 자 지 언 성

與天道, 不可得而聞也.
여 천 도 불 가 득 이 문 야

자공子貢이 말했다. "문헌 분야와 관련된 스승님의 지식은 다른 사람에게서도 들을 수 있으나, 성性과 천도天道와 관련된 부자의 깨달음은 다른 사람에게서 들을 수 없다."

5.13

子路有聞, 未之能行, 唯恐有聞.
자 로 유 문 미 지 능 행 유 공 유 문

자로子路는 하나의 도리道理를 듣고서 그것을 아직 스스로 실행하지 못한 때에 또 다른 도리를 듣게 될까 두려워하였다.

5.14

子貢問曰: 孔文子, 何以謂之文也? 子曰: 敏而好
자 공 문 왈 공 문 자 하 이 위 지 문 야 자 왈 민 이 호

學, 不恥下問, 是以謂之文也.
학 불 치 하 문 시 이 위 지 문 야

자공이 "공문자孔文子는 어찌하여 문文이라는 시호를 얻게 되었습니까?"하고 묻자, 공자가 대답했다. "성실하게 노력하면서도 배우기를 좋아하였으며 아랫사람에게 묻기를 부끄럽게 여기지 않았다. 이런 까닭으로 문文이라 한 것이다."

5.15

子謂子産, 有君子之道四焉, 其行己也恭, 其事
자 위 자 산　유 군 자 지 도 사 언　기 행 기 야 공　기 사

上也敬, 其養民也惠, 其使民也義.
상 야 경　기 양 민 야 혜　기 사 민 야 의

공자가 자산子産에 대하여 평했다. "군자의 도道가 네 가지 있었으니, 몸가짐이 공손하고, 윗사람을 섬김에는 공경스러우며, 백성을 위함에는 은혜로웠고, 백성을 다스림에는 의로웠다."

해 설 :
자산은 23년 동안 정鄭나라 재상의 자리에 있었던 당시 가장 저명한 정치가였다. 그는 자신이 제정한 형서刑書를 구리솥에 주조(주형서鑄刑書)하여 최초로 성문법을 공포함으로써 자의적으로 백성들을 처벌하는 것을 금지하였고, '관寬(관용과 인자)'과 '맹猛(엄격과 정확)'을 결합한 정치를 제창하여 후대 유가와 법가에 깊은 영향을 주었다.

5.16

子曰: 晏平仲, 善與人交, 久而敬之.
자 왈 안 평 중 선 여 인 교 구 이 경 지

공자가 말했다. "안평중晏平仲[27]은 다른 사람과 잘 교류하는구나!
오래 교류해도 사람들이 여전히 공경하니."

5.17

子曰: 臧文仲居蔡, 山節藻梲, 何如其知也.
자 왈 장 문 중 거 채 산 절 조 절 하 여 기 지 야

공자가 말했다. "장문중臧文仲이 큰 거북을 숨기고는 그 거북의
집에 산山 모양을 조각하고 기둥 위에 수초水草를 그렸으니,[28] 어찌
인덕이 있고 지혜롭다 하겠는가."

5.18

子張問曰: 令尹子文, 三仕爲令尹, 無喜色, 三已
자 장 문 왈 영 윤 자 문 삼 사 위 영 윤 무 희 색 삼 이

之, 無慍色, 舊令尹之政, 必以告新令尹, 何如?
지 무 온 색 구 영 윤 지 정 필 이 고 신 영 윤 하 여

---

27 제나라의 현명한 대부. 이름은 영嬰이다.

28 이 형상은 천자의 종묘 장식을 의미한다.

子曰: 忠矣. 曰: 仁矣乎. 曰: 未知, 焉得仁. 崔子
자왈 충의 왈 인의호 왈 미지 언득인 최자

弒齊君, 陳文子有馬十乘, 棄而違之, 至於他邦,
시제군 진문자유마십승 기이위지 지어타방

則曰: 猶吾大夫崔子也. 違之. 之一邦, 則又曰:
즉왈 유오대부최자야 위지 지일방 즉우왈

猶吾大夫崔子也. 違之. 何如? 子曰: 淸矣. 曰: 仁
유오대부최자야 위지 하여 자왈 청의 왈 인

矣乎? 曰: 未知, 焉得仁.
의호 왈 미지 언득인

자장이 공자에게 물었다. "초나라의 영윤令尹[29] 자문子文이 세 차례에 걸쳐 영윤에 임명되었지만, 그는 전혀 즐거워하거나 기뻐하는 기색이 없었습니다. 또 세 차례나 파직을 당했으나 전혀 원망하지 않았고, 자신이 수행한 영윤令尹의 정사를 반드시 새로 부임한 영윤令尹에게 알려주었으니, 어떻습니까?"

그러자 공자가 "충성이로다."라고 대답했다. 자로가 "가히 인仁이라고 할 만합니까?"하고 묻자, "아직 지智에 이르지 않았는데, 어찌 그것을 인仁이라 칭할 수 있겠는가!"라고 대답했다. 자장이 또 물었다. "최자崔子가 제나라 임금을 시해하자, 진문자는 집안의 말 44필을 모두 버리고 제나라를 떠나 다른 나라에 이르러 말하기를 '이 사람도 우리나라 대부大夫 최자崔子와 같다.' 하고 그 곳을 떠났습니다. 다른 나라에 이르러서도 '이곳의 집정자들도 우리 제나라 대부 최

---

29 재상.

자와 비슷하다'라고 말하고는 곧 떠났습니다. 또 다른 나라에 이르러서도 '이곳의 집정자들도 우리 제나라 대부 최자와 비슷하다'라고 하고는 떠났습니다. 이 사람은 어떤가요?"

공자가 "깨끗하다고 할 수 있다."라고 대답했다. 자장이 "가히 인仁이라고 할 만합니까?"하고 다시 묻자, "아직 지智에 이르지 않았는데, 어찌 그것을 인仁이라 칭할 수 있겠는가!"라고 말했다.

해 설 :

여기에서 '미지未知'는 "모른다"가 아니고 "아직 지智에 이르지 못했다"로 해석한다.

5.19

季文子三思而後行, 子聞之, 曰: 再斯可矣.
계 문 자 삼 사 이 후 행　자 문 지　왈　재 사 가 의

계문자季文子가 세 번 생각한 뒤에야 행하였다. 공자가 이 말을 듣고 말했다. "두 번이면 충분하다."

5.20

子曰: 寧武子, 邦有道則知, 邦無道則愚, 其知可
자 왈　영 무 자　방 유 도 즉 지　방 무 도 즉 우　기 지 가

及也, 其愚不可及也.
급 야　기 우 불 가 급 야

공자가 말했다. "영무자[30]는 나라에 도道가 있을 때에는 그 지혜를 드러냈고, 나라에 도道가 없을 때에는 어리석은 척 꾸몄다. 그 지혜는 다른 사람도 할 수 있으나 그 어리석음은 다른 사람이 해낼 수 없다."

5.21

子在陳曰: 歸與歸與, 吾黨之小子狂簡, 斐然成
자 재 진 왈   귀 여 귀 여   오 당 지 소 자 광 간   비 연 성

章, 不知所以裁之.
장   부 지 소 이 재 지

공자가 진陳나라에 있을 때 말했다. "돌아가자! 돌아가자! 노나라의 내 제자들은 진취적이지만 학문은 모자라다. 마치 무늬가 화려하고 선명한 면포綿布가 눈앞에 놓였지만, 어떻게 재단할 줄 모르는 모습이구나."

해 설 :

여기에서 '소자小子'는 제자의 의미이다.

'광간狂簡'은 진취적이지만 학문은 채 성숙하지 못한 상태를 뜻한다.

'비연성장斐然成章'은 '면포에 새겨진 화려하고 선명한 무늬'로 해석한다.

---

30 위나라 대부.

5.22

子曰: 伯夷叔齊, 不念舊惡, 怨是用希.
자 왈   백 이 숙 제   불 념 구 악   원 시 용 희

공자가 말했다. "백이伯夷와 숙제叔齊는 다른 사람이 전에 지은 잘못을 생각하지 않았다. 이 때문에 원망이 드물었다."

5.23

子曰: 孰謂微生高直? 或乞醯焉, 乞諸其隣而與
자 왈   숙 위 미 생 고 직   혹 걸 혜 언   걸 저 기 린 이 여

之.
지

공자가 말했다. "누가 미생고微生高[31]를 정직正直하다 하는가? 어떤 사람이 식초를 빌리려 하자, 그는 (자기 집에 없다고 솔직하게 말하지 않고) 이웃집에서 빌려다가 주었다."

5.24

子曰: 巧言令色足恭, 左丘明恥之, 丘亦恥之. 匿
자 왈   교 언 영 색 주 공   좌 구 명 치 지   구 역 치 지   익

---

31 노나라 사람으로 당시 사람들은 그를 정직하다고 여겼다.

怨而友其人, 左丘明恥之, 丘亦恥之.
원 이 우 기 인　좌 구 명 치 지　구 역 치 지

　공자가 말했다. "화려한 미사여구와 좋아하는 척 하는 모습 그리
고 지나친 공손을 좌구명左丘明이 수치로 여겼는데, 나 또한 이를 수
치로 여긴다. 원망을 감추고 사람과 사귀는 것을 좌구명이 수치로
여겼는데, 나 또한 이를 수치로 여긴다."

5.25

顔淵季路侍. 子曰: 蓋各言爾志. 子路曰: 願車馬
안 연 계 로 시　자 왈　합 각 언 이 지　자 로 왈　원 거 마

衣輕, 與朋友共, 敝之而無憾. 顔淵曰: 願無伐善,
의 경　여 붕 우 공　폐 지 이 무 감　안 연 왈　원 무 벌 선

無施勞. 子路曰: 願聞子之志. 子曰: 老者安之,
무 시 로　자 로 왈　원 문 자 지 지　자 왈　노 자 안 지

朋友信之, 少者懷之.
붕 우 신 지　소 자 회 지

　안연과 계로季路가 공자를 모시고 있을 때 공자가 말했다. "어찌
각기 너희들의 뜻을 말하지 않는가?"
　자로가 말했다. "마차와 옷을 친구와 함께 쓰다가 해지더라도 유
감이 없고자 하옵니다."
　안연이 말했다. "저의 장점을 자랑함이 없으며, 저의 공로를 드러
내지 않고자 하옵니다."

자로가 "선생님의 바라는 바는 무엇입니까?"하고 묻자, 공자가 말했다. "나이든 분들이 나로 인하여 편안하고, 벗들이 나를 신뢰할 수 있으며, 젊은이들이 나를 그리워하는 것이다."

해 설 :

'노자안지老者安之'는 "노인들이 나로 인하여 편안해지다"의 의미로 해석한다.

5.26

子曰: 已矣乎! 吾未見能見其過而內自訟者也.
자 왈 이 의 호 오 미 견 능 견 기 과 이 내 자 송 자 야

공자가 말했다. "글렀구나! 나는 아직 자신이 저지른 잘못에 대하여 진심으로 자책自責하는 자를 보지 못하였다."

5.27

子曰: 十室之邑, 必有忠信如丘者焉, 不如丘之
자 왈 십 실 지 읍 필 유 충 신 여 구 자 언 불 여 구 지

好學也.
호 학 야

공자가 말했다. "열 가구 정도 되는 조그만 동네에도 반드시 나 정도의 충신忠信한 사람은 있을 것이지만, 나 정도로 학문을 좋아하

는 사람은 없을 것이다."

해 설 :

이 글에는 열 가구에 자기 정도의 사람은 있을 수 있다는 겸손함과 그렇지
만 호학好學에는 자기만한 사람이 없다는 자부심의 양 측면이 함께 표현되
어 있다.

제 6 편

옹야 雍也

「옹야」편은 총 28장으로 구성되어 있다.

본편은 "현재, 회야. 일단사일표음재누항賢哉, 回也. 一簞食一瓢飮在陋巷"
을 비롯하여 "질승문즉야, 문승질즉사, 문질빈빈연후군자質勝文則野, 文
勝質則史, 文質彬彬然後君子", "지지자불여호지자, 호지자불여락지자知之
者不如好之者, 好之者不如樂之者", "경귀신이원지敬鬼神而遠之", "기욕립이
립인, 기욕달이달인己欲立而立人, 己欲達而達人" 등 독자로 하여금 저절로
고개를 끄덕이게 만드는 명구를 수록하고 있다. 특히 이 글에서 공자는
수차례에 걸쳐 제자 안회를 언급하고 있는데, 그 정도로 안회에 대한 공
자의 평가는 대단히 높았다.

이밖에도 본편은 공자가 강조하는 '중용지도中庸之道', 그리고 '서恕'와
관련된 학설과 '문질文質'의 사상을 기술하고 있으며, 동시에 인덕仁德을
어떻게 배양할 것인가에 대한 주장도 담고 있다.

6.1

子曰: 雍也, 可使南面. 仲弓問子桑伯子. 子曰:
자왈 옹야 가사남면 중궁문자상백자 자왈

可也, 簡. 仲弓曰: 居敬而行簡, 以臨其民, 不亦
가야 간 중궁왈 거경이행간 이림기민 불역

可乎? 居簡而行簡, 無乃大簡乎? 子曰: 雍之言然.
가호 거간이행간 무내대간호 자왈 옹지언연

공자가 말했다. "옹雍(중궁)은 능히 관리가 될 만하다."

중궁이 자상백자子桑伯子[32]에 대하여 물으니, 공자가 대답했다. "괜찮다. 일을 하는 데 간략하다."

중궁이 말했다. "성실하고 엄정한 모습으로 일을 간략하게 처리하면서 백성들을 다스린다면 괜찮은 것 아닐까요? 대충대충하면서 일을 간략하게 처리한다면, 이는 지나치게 간략한 것 아닌지요?"

공자가 말했다. "옹雍, 너의 말이 옳다."

6.2

哀公問: 弟子孰爲好學? 孔子對曰: 有顔回者好
애공문 제자숙위호학 공자대왈 유안회자호

學, 不遷怒, 不貳過, 不幸短命死矣. 今也則亡,
학 불천노 불이과 불행단명사의 금야즉무

---

32 노나라 사람.

중궁仲弓

노나라 사람. 성은 염冉, 이름은 옹雍, 중궁仲弓은 자字이다.
공자보다 29살 적었다. 남송시대에 설공薛公으로 봉해졌다.

未聞好學者也.
미 문 호 학 자 야

애공哀公이 "제자 중에 누가 학문을 좋아합니까?"하고 묻자, 공자
가 대답했다. "안회라는 제자가 학문을 좋아했습니다. 그는 결코 노
여움을 남에게 옮기지 않으며, 잘못을 두 번 다시 저지르지 않았는
데, 불행히도 단명하여 죽었습니다. 지금은 그런 자가 없으니, 누가
학문을 좋아한다는 말을 듣지 못하였습니다."

6.3

子華使於齊, 冉子爲其母請粟. 子曰: 與之釜. 請
자 화 사 어 제　염 자 위 기 모 청 속　자 왈　여 지 부　청

益. 曰: 與之庾. 冉子與之粟五秉. 子曰: 赤之適齊
익　왈　여 지 유　염 자 여 지 속 오 병　자 왈　적 지 적 제

也, 乘肥馬, 衣輕裘. 吾聞之也, 君子周急不濟富.
야　승 비 마　의 경 구　오 문 지 야　군 자 주 급 불 제 부

原思爲之宰, 與之粟九百, 辭. 子曰: 毋, 以與爾
원 사 위 지 재　여 지 속 구 백　사　자 왈　무　이 여 이

隣里鄕黨乎!
린 리 향 당 호

자화子華[33]가 제나라에 심부름을 가자, 염구가 그의 어머니를 대

---

33 공자의 제자. 이름은 공서적公西赤이다.

신해 공자에게 곡식을 빌려달라고 요청하였다. 공자는 "그에게 여섯 말 네 되를 주어라."하였다. 염구가 조금 더 줄 것을 요청하자, 공자는 "다시 두 말 네 되를 더 주어라."고 말했다. 염구는 그에게 이보다 훨씬 많은 5병秉을 주었다.

공자가 말했다. "공서적은 제나라에 갈 때에 살찐 말이 끄는 마차를 타고 따뜻하고 가벼운 가죽옷을 입었다. 나는 '군자는 급히 도움이 필요한 자를 구제하고, 부유한 자를 구제하지 않는다.'고 들었다."

원사原思[34]가 공자의 가신家臣이 되었는데, 공자가 곡식 9백을 주자, 사양하였다. 공자가 말했다. "사양하지 말라. 네 이웃에게 주거라!"

해 설 :

'주周'는 '구제하다'는 의미이다.

여기 나오는 부釜, 유庾, 병秉은 모두 곡식을 세는 양사量詞로, 부釜는 6말 4되, 유庾는 2말 4되, 병秉은 18곡斛, 1곡斛은 10말을 뜻한다. 즉, 염구는 공자가 너무 적게 준다고 여기고 5병秉이라는 엄청나게 많은 곡식을 준 것이다.

6.4

子謂仲弓, 曰: 犂牛之子騂且角, 雖欲勿用, 山川
자 위 중 궁　왈　이 우 지 자 성 차 각　수 욕 물 용　산 천

---

34 공자의 제자. 이름은 원헌原憲이다.

其舍諸.
기 사 저

공자가 중궁에 대하여 평했다. "농사짓는 소의 새끼가 털이 붉고 뿔은 길고 단정하도다. 사람들은 새끼 송아지를 제사용품으로 쓰려 하지 않지만, 산천山川의 신神이 어찌 그것을 버리겠느냐?"

해 설 :

본래 농사를 짓는 소는 제사에 바치는 소로 사용되지 않았다. 여기에서 '산천山川'은 통치자를 비유한 말로서 출신과 관계없이 인재를 등용해야 한다는 공자의 사상을 비유적으로 표현하고 있다.

6.5

子曰: 回也其心三月不違仁, 其餘則日月至焉而
자 왈   회 야 기 심 삼 월 불 위 인   기 여 즉 일 월 지 언 이

已矣.
이 의

공자가 말했다. "안회는 그 마음이 오랫동안 인仁을 떠나지 않았고, 나머지 사람들은 그저 매우 짧은 동안만 인에 이를 뿐이다."

6.6

季康子問: 仲由可使從政也與? 子曰: 由也果, 於
계 강 자 문　중 유 가 사 종 정 야 여　자 왈　유 야 과　어

從政乎何有? 曰: 賜也可使從政也與? 曰: 賜也
종 정 호 하 유　왈　사 야 가 사 종 정 야 여　왈　사 야

達, 於從政乎何有? 曰: 求也可使從政也與? 曰:
달　어 종 정 호 하 유　왈　구 야 가 사 종 정 야 여　왈

求也藝, 於從政乎何有?
구 야 예　어 종 정 호 하 유

계강자가 물었다. "중유仲由는 정사에 종사할 만합니까?"

공자가 말했다. "유由는 과단성이 있으니 정사에 종사하는 데 무슨 어려움이 있겠습니까!"

계강자가 다시 "자공은 정사에 종사할 만합니까?"하고 묻자, "사賜는 사리에 통달했으니 정사에 종사하는 데 무슨 어려움이 있겠습니까!"하였다. 다시 "그럼 염구는 정사에 종사할 만합니까?"하고 묻자, "구求는 재능이 있으니 정사에 종사하는 데 무슨 어려움이 있겠습니까!"라고 대답하였다.

6.7

季氏使閔子騫爲費宰, 閔子騫曰: 善爲我辭焉!
계 씨 사 민 자 건 위 비 재　민 자 건 왈　선 위 아 사 언

如有復我者, 則吾必在汶上矣.
여 유 부 아 자　즉 오 필 재 문 상 의

계씨季氏가 민자건閔子騫을 비읍費邑의 읍재邑宰로 삼으려 하자, 민자건이 사자使者에게 말했다. "청컨대 사양한다는 뜻을 잘 전해주오. 만일 다시 나를 부른다면, 나는 반드시 문수汶水 쪽으로 달아나 있을 것이오."

6.8

伯牛有疾, 子問之, 自牖執其手, 曰: 亡之, 命矣
백 우 유 질 자 문 지 자 유 집 기 수 왈 망 지 명 의

夫! 斯人也而有斯疾也, 斯人也而有斯疾也.
부 사 인 야 이 유 사 질 야 사 인 야 이 유 사 질 야

백우伯牛[35]가 병을 앓자, 공자가 문병을 가 바깥 창문에서[36] 그의 손을 잡고 말했다. "크게 잘못되었구나. 운명인 것인가! 이런 사람이 이런 병에 걸리다니! 이런 사람이 이런 병에 걸리다니!"

6.9

子曰: 賢哉, 回也. 一簞食一瓢飮在陋巷, 人不堪
자 왈 현 재 회 야 일 단 사 일 표 음 재 누 항 인 불 감

---

35 공자의 제자. 이름은 염경冉耕이다. 민자건, 안회와 함께 인덕 3걸仁德3杰로 불렸다.

36 아마 전염병에 걸린 것으로 추측된다.

백우伯牛

노나라 사람. 성은 염冉, 이름은 경耕, 백우伯牛는 자字이다.
공자보다 7살 적었다고 한다. 공자가 매우 아끼던 제자였는데,
안타깝게도 일찍 죽었다.

其憂. 回也不改其樂, 賢哉, 回也.
기 우 회 야 불 개 기 락 현 재 회 야

공자가 말했다. "어질구나, 안회顏回여! 한 그릇의 밥과 한 표주박의 마실 것으로 누추한 시골에 있는 것을, 다른 사람들은 그 근심을 견뎌내지 못하는데, 안회는 그 즐거움을 바꾸려 하지 않으니, 어질구나, 안회여!"

6.10

冉求曰: 非不說子之道, 力不足也. 子曰: 力不足
염 구 왈 비 불 열 자 지 도 역 부 족 야 자 왈 역 부 족

者, 中道而廢, 今女畫.
자 중 도 이 폐 금 여 획

염구가 말했다. "저는 스승님의 도道를 좋아하지 않는 것은 아니나, 저의 능력이 부족합니다."

공자가 말했다. "능력이 부족한 자는 중도에 그만두니, 지금 너는 스스로 한계를 그어 더 나아가려 하지 않는구나."

6.11

子謂子夏曰: 女爲君子儒, 無爲小人儒.
자 위 자 하 왈 여 위 군 자 유 무 위 소 인 유

공자가 자하에게 말했다. "너는 군자의 학자가 되고 소인의 학자가 되지 말라."

6.12

> 子游爲武城宰. 子曰: 女得人焉爾乎! 曰: 有澹臺
> 자유위무성재　자왈　여득인언이호　왈　유담대

> 滅明者, 行不由徑, 非公事, 未嘗至於偃之室也.
> 멸명자　행불유경　비공사　미상지어언지실야

자유子游가 무성武城의 읍재邑宰[37]가 되었다. 공자가 "그곳에 인재가 있더냐?"라고 묻자, 자유가 대답했다. "담대멸명澹臺滅明[38]이라는 자가 있는데, 좋지 않은 일을 한 적이 없고, 공적인 일이 아니면 저의 집을 찾은 적도 없습니다."

해 설 :

'경徑'은 '작은 길'이라는 의미로 '나쁜 길, 좋지 않은 일'로 해석한다.
'언偃'은 자신을 낮춰 칭하는 말이다.

---

37 읍의 장관 직위.

38 공자의 제자.

6.13

子曰: 孟之反不伐, 奔而殿, 將入門, 策其馬, 曰:
자 왈 맹 지 반 불 벌 분 이 전 장 입 문 책 기 마 왈

非敢後也, 馬不進也.
비 감 후 야 마 부 진 야

공자가 말했다. "맹지반孟之反[39]은 자신을 자랑하는 것을 좋아하지 않았다. 패주할 때, 그는 최후까지 전군을 엄호하였다. 성문으로 들어가려 할 때, 말을 채찍질하며 '내 감히 최후의 선에 있는 것이 아니요, 다만 말이 빠르지 못할 뿐이다.'하였다."

6.14

子曰: 不有祝鮀之佞, 而有宋朝之美, 難乎免於
자 왈 불 유 축 타 지 녕 이 유 송 조 지 미 난 호 면 어

今之世矣.
금 지 세 의

공자가 말했다. "축타[40]와 같은 재능과 학문을 갖춘 사람을 중시하지 않고, 오직 송나라 공자 조朝와 같은 수려한 외모를 지닌 사람만 중시한다면, 지금의 난세를 면하기란 정말 어렵다."

---

39 노나라 대부.

40 위나라 대부.

6.15

子曰: 誰能出不由戶, 何莫由斯道也.
자 왈   수 능 출 불 유 호   하 막 유 사 도 야

공자가 말했다. "누구인들 밖을 나갈 적에 문門을 지나지 않고 나
갈 수 있겠는가? 그런데 어찌하여 이 도道를 따르는 이가 없는가?"

6.16

子曰: 質勝文則野, 文勝質則史, 文質彬彬然後
자 왈   질 승 문 즉 야   문 승 질 즉 사   문 질 빈 빈 연 후

君子.
군 자

공자가 말했다. "바탕이 외관에 앞서게 되면 조야하게 되고, 외관
이 바탕에 앞서게 되면 외화내빈外華內貧하게 되니, 바탕과 외관이 알
맞게 조화되어야 비로소 군자라 할 것이다."

해 설 :

여기에서 '문文'은 문채文彩, 즉 '수식修飾한 뒤의 외관'을 말한다.

'사史'는 '허부虛浮', '허위虛僞'의 뜻이다.

6.17

子曰: 人之生也直, 罔之生也幸而免.
자 왈　인 지 생 야 직　망 지 생 야 행 이 면

공자가 말했다. "한 사람이 살아가는 것은 정직으로부터 비롯되는 것인데, 정직하지 않으면서도 살아가는 것은 요행으로 재앙을 벗어난 것이다."

6.18

子曰: 知之者不如好之者, 好之者不如樂之者.
자 왈　지 지 자 불 여 호 지 자　호 지 자 불 여 락 지 자

공자가 말했다. "총명한 자는 총명하지 못하나 학문을 좋아하는 자만 못하고, 학문을 좋아하는 자는 학문을 즐거움으로 여기는 자만 못하다."

6.19

子曰: 中人以上, 可以語上也. 中人以下, 不可以
자 왈　중 인 이 상　가 이 어 상 야 중 인 이 하　불 가 이

語上也.
어 상 야

공자가 말했다. "중등 이상의 사람에게는 심오한 것을 가르칠 수

있지만, 중등 이하의 사람에게는 심오한 것을 가르칠 수 없다."

6.20

樊遲問知. 子曰: 務民之義, 敬鬼神而遠之, 可謂
번 지 문 지 자 왈 무 민 지 의 경 귀 신 이 원 지 가 위

知矣. 問仁. 曰: 仁者先難而後獲, 可謂仁矣.
지 의 문 인 왈 인 자 선 난 이 후 획 가 위 인 의

번지樊遲가 어떻게 해야 지혜를 가질 수 있느냐 묻자, 공자가 말했다. "사람들이 도에 이르도록 힘쓰고 귀신鬼神을 공경恭敬하되 장기적으로 고려한다면 가히 지혜가 있다고 할 수 있다."

번지가 다시 인仁에 대하여 묻자, 공자가 대답했다. "인자仁者는 어려운 일을 먼저 하고 그 성과는 나중에 받는다. 이것이 바로 인이라고 말할 수 있다."

6.21

子曰: 知者樂水, 仁者樂山. 知者動, 仁者靜, 知
자 왈 지 자 요 수 인 자 요 산 지 자 동 인 자 정 지

者樂, 仁者壽.
자 락 인 자 수

공자가 말했다. "지자智者의 즐거움은 물과 같고, 인자仁者의 즐거움은 산과 같다. 지자智者는 물처럼 유동流動하고 인자仁者는 산처럼

듬직하다. 지자智者는 흐르는 물처럼 사라지지만, 인자仁者는 산과 같
아 백세에 그 이름이 전해진다."

6.22

子曰: 齊一變, 至於魯. 魯一變, 至於道.
자 왈 제 일 변 지 어 노 노 일 변 지 어 도

공자가 말했다. "제齊나라가 한 번 변화하면 노魯나라에 이르고,
노나라가 한 번 변화하면 도道에 이를 것이다."

6.23

子曰: 觚不觚, 觚哉! 觚哉!
자 왈 고 불 고 고 재 고 재

공자가 말했다. "이것이 술그릇인가 술그릇이 아닌가! 술그릇이
란 말인가! 술그릇이란 말인가!"

해 설 :

'고觚'는 고대시대에 술을 채우는 그릇으로 본래 모서리가 있었는데, 후대
에 이르러 모서리가 없어졌다. 그리하여 공자는 모서리가 없어진 그것이
과연 예전의 그 그릇이냐 반문하는 것이다. 공자의 정명正名 사상은 이러
한 의문으로부터 비롯되었다.

6.24

宰我問曰: 仁者雖告之曰, 井有仁焉, 其從之也.
재 아 문 왈　인 자 수 고 지 왈　정 유 인 언　기 종 지 야

子曰: 何爲其然也, 君子可逝也, 不可陷也. 可欺
자 왈　하 위 기 연 야　군 자 가 서 야　불 가 함 야　가 기

也, 不可罔也.
야　불 가 망 야

재아宰我가 물었다. "인덕을 지닌 사람에게 어떤 사람이 '어느 나라에 인덕이 있습니다'라고 말해준다면, 과연 그는 그 나라로 가도 되는지요?"

공자가 말했다. "왜 그 나라로 가는가? 군자는 스스로 가서 죽을 수 있으나 다른 사람에게 모함을 받을 수는 없다. 다른 사람에게 속을 수는 있지만, 이러한 사기에 미혹되어서는 안 된다."

해 설 :

이 글에서 '정井'은 '우물'이 아니라 '어느 국가'를 가리킨다. 기존의 해석에서는 '정유인언井有仁焉'을 '우물에 인자仁者가 빠졌다'라고 해석하는 견해도 있는데, 유학의 원칙은 사람이 우물에 빠졌다면 논쟁이 아니라 사람을 빨리 구하는 것을 우선으로 한다. 이러한 상황에서 공자와 제자들이 우물에 빠진 사람을 살리기 위하여 가야되느냐를 가지고 논쟁을 하고 있는 것은 상상하기 어려운 장면이다.

'망罔'은 '사기 행위에 미혹되다'의 뜻이다.

6.25

子曰: 君子博學於文, 約之以禮, 亦可以弗畔矣
자 왈　군 자 박 학 어 문　약 지 이 례　역 가 이 불 반 의

夫.
부

공자가 말했다. "군자가 옛 문화전적을 널리 배우고 예禮로써 스
스로 다스린다면 도道에 어긋나지 않을 것이다."

6.26

子見南子, 子路不說. 夫子矢之曰: 予所否者, 天
자 견 남 자　자 로 불 열　부 자 시 지 왈　여 소 부 자　천

厭之, 天厭之.
염 지　천 염 지

공자가 남자南子[41]를 만나자, 자로子路가 좋아하지 않았다. 공자가
말했다. "내가 맹세하건대 만약 내 마음이 올바르지 못하다면 하늘
이 나를 징벌하리라! 하늘이 나를 징벌하리라!"

해 설 :

'시矢'는 '맹세하다', '소所'는 '만약', '부否'는 '마음이 올바르지 못하다', '염
厭'은 '징벌하다'의 의미로 해석한다.

41　위령공 부인으로 행실이 음란하였다.

6.27

子曰: 中庸之爲德也, 其至矣乎! 民鮮, 久矣.
자 왈 중 용 지 위 덕 야 기 지 의 호 민 선 구 의

공자가 말했다. "중용中庸의 덕德이 실로 가장 크구나! 사람들이 이러한 덕을 잃은 지 너무 오래되었도다."

6.28

子貢曰: 如有博施於民而能濟衆, 何如? 可謂仁
자 공 왈 여 유 박 시 어 민 이 능 제 중 하 여 가 위 인

乎? 子曰: 何事於仁? 必也聖乎! 堯舜其猶病諸.
호 자 왈 하 사 어 인 필 야 성 호 요 순 기 유 병 지

夫仁者, 己欲立而立人, 己欲達而達人. 能近取
부 인 자 기 욕 립 이 립 인 기 욕 달 이 달 인 능 근 취

譬, 可謂仁之方也已.
비 가 위 인 지 방 야 이

자공이 말했다. "만일 어떤 사람이 백성들에게 매우 좋은 것을 많이 주어 많은 사람을 구제할 수 있다면 어떻겠습니까? 가히 인자仁者라 할 만합니까?"

공자가 말했다. "어찌 인자에 그칠 것이냐? 분명 성인聖人일 것이다! 요순임금조차도 해내기 어렵다. 인자는 자기가 서고자 하여 다른 사람들을 도와 함께 일어서는 사람이다. 또 자기 일을 잘 하고자 하여 다른 사람들을 도와 함께 잘 하게 하는 사람이다. 자신의 처지

로 미루어 다른 사람의 형편을 헤아리니, 가히 인을 실행하는 방법
이라 할 것이다.”

해 설 :

‘능근취비能近取譬’는 추기급인推己及人, 즉 ‘자신의 처지로 미루어 다른 사
람의 형편을 헤아리다’의 의미다.

제 7 편

술이 述而

「술이」편은 총 37장으로 구성되어 있으며, 오늘날에도 공자와 유학사상 연구자들이 많이 인용하는 편 중 하나다.

본편에는 "학이불염, 회인불권學而不厭, 誨人不倦"을 비롯하여 "발분망식, 낙이망우發憤忘食, 樂以忘憂", "삼인행필유아사三人行必有我師", "군자탄탕탕, 소인장척척君子坦蕩蕩, 小人長戚戚", "온이려, 위이불맹, 공이안溫而厲, 威而不猛, 恭而安", "반소사음수, 곡굉이침지, 낙역재기중의. 불의이부차귀, 어아여부운飯疏食飮水, 曲肱而枕之, 樂亦在其中矣. 不義而富且貴, 於我如浮雲." 등 음미할 만한 명구가 즐비하다.

이 밖에도 공자의 교육 사상과 학습 태도를 제시하고 있으며, 중요한 도덕 범주에 대한 공자의 찬술도 기록되어 있다.

7.1

子曰: 述而不作, 信而好古, 竊比於我老彭.
자 왈 술 이 부 작 신 이 호 고 절 비 어 아 노 팽

공자가 말했다. "옛 선인들의 우수한 문화를 전승하고 완전히 바꾸지 않으며 옛것을 믿고 좋아하니, 나 혼자 스스로 노팽老彭[42]과 견주노라."

해 설 :

'술이부작述而不作'에는 '유신維新'을 주창하되 '혁명革命'에는 반대하는 공자의 사상이 반영되어 있다.

7.2

子曰: 默而識之, 學而不厭, 誨人不倦, 何有於我
자 왈 묵 이 식 지 학 이 불 염 회 인 불 권 하 유 어 아

哉.
재

공자가 말했다. "묵묵히 되새기고 공부에 염증을 느끼지 않으며, 가르치는 데 게을리 하지 않는 것, 이를 행하는 데 내게 무슨 어려움이 있겠느냐?

---

42 은나라 시대 인물. 사회교육에 힘써 현대부賢大夫로 칭송되었다.

7.3

子曰: 德之不修, 學之不講, 聞義不能徙, 不善不
자 왈　덕 지 불 수　학 지 불 강　문 의 불 능 사　불 선 불

能改, 是吾憂也.
능 개　시 오 우 야

공자가 말했다. "덕을 수양하지 않고 학문도 구하지 않으며 의로
움을 듣고도 행하지 않고 선하지 못한 것이 있어도 고치지 못하는
것, 이러한 것들이 곧 내가 걱정하는 바다."

7.4

子之燕居, 申申如也, 夭夭如也.
자 지 연 거　신 신 여 야　요 요 여 야

공자가 한가로이 살고 있을 때, 의관은 정제되었고 그 모습은 평
화스러웠다.

7.5

子曰: 甚矣! 吾衰也. 久矣! 吾不復夢見周公.
자 왈　심 의　오 쇠 야　구 의　오 불 부 몽 견 주 공

공자가 말했다. "심하도다. 나의 쇠함이여! 오래되었도다. 내 다
시는 꿈속에서 주공周公을 뵙지 못하였다."

7.6

子曰: 志於道, 據於德, 依於仁, 游於藝.
자 왈　지 어 도　거 어 덕　의 어 인　유 어 예

공자가 말했다. "도道에 뜻을 두고, 덕德을 굳게 지키며, 인仁에 의거하고, 예藝[43]에 노닐어야 한다."

해 설 :

'유어예游於藝'에서 '유游'는 '놀다'의 뜻이 아니라 "완전히 장악하여 마치 물고기가 물에서 자유자재로 노니는 것처럼 하다."의 의미다.

7.7

子曰: 自行束脩以上, 吾未嘗無誨焉.
자 왈　자 행 속 수 이 상　오 미 상 무 회 언

공자가 말했다. "스스로 깨달아 엄격하게 자신을 수양해 진취적으로 나아가려는 사람의 경우, 나는 이제껏 이러한 사람에 대한 교육을 거절한 적이 없다."

해 설 :

'자행속수이상自行束脩以上'에서 '자행自行'은 '실행하다', '속束'은 '스스로 엄격하게 하다'는 의미를 가지고 있다. '속수束脩'의 '수脩'는 '수修'와 같은 의

43　예藝는 육예六藝에 속하는 예禮, 악樂, 사射, 어御(기마), 서書, 수數를 뜻한다.

미를 가지고 있어 '엄격하게 요구하다'로 풀이한다. '이상以上'은 '적극적으로 향상하려 하다'는 뜻으로 해석한다.

7.8

子曰: 不憤不啓, 不悱不發. 擧一隅不以三隅反,
자 왈 불 분 불 계 불 비 불 발 거 일 우 불 이 삼 우 반

則不復也.
즉 불 복 야

공자가 말했다. "아직 마음에 정리가 되지 않았을 때 먼저 이끌어 줄 필요가 없고, 말하려 하지만 말로 표현하지 못할 때 먼저 계도할 필요가 없다. 한 쪽을 예로 들었는데, 이로써 나머지 세 쪽을 미루어 알지 못한다면 곧 다시 돌아와 원래의 길을 가야 한다."

해 설 :

주입식 교육이 아니라 배우는 사람이 스스로 깨우치도록 하는 이른바 '계발식啓發式' 교육은 이 글에 나오는 '불분불계, 불비불발不憤不啓, 不悱不發'에서의 '계啓'와 '발發'을 붙여서 만든 용어다.

'거일우불이삼우반, 즉불복야擧一隅不以三隅反, 則不復也'의 '복復'과 관련하여 『설문說文』은 "복, 행고도야復, 行故道也"로 풀이하고 있다. 즉, "다시 돌아와 원래 걷던 길을 걷다"는 뜻이다.

7.9

子食於有喪者之側, 未嘗飽也. 子於是日, 哭則
자 식 어 유 상 자 지 측　미 상 포 야　자 어 시 일　곡 즉

不歌.
불 가

공자는 상사喪事가 있는 자의 곁에서 음식을 먹을 때에는 배부르
게 먹은 적이 없었다. 상사喪事에 임함에 슬퍼져 달게 먹을 수가 없
어서이다. 공자는 이날에 조곡弔哭을 하면 노래를 부르지 않았다.

7.10

子謂顔淵曰: 用之則行, 舍之則藏, 惟我與爾有
자 위 안 연 왈　용 지 즉 행　사 지 즉 장　유 아 여 이 유

是夫. 子路曰: 子行三軍, 則誰與? 子曰: 暴虎馮
시 부　자 로 왈　자 행 삼 군　즉 수 여　자 왈　폭 호 빙

河, 死而無悔者, 吾不與也. 必也臨事而懼, 好謀
하　사 이 무 회 자　오 불 여 야　필 야 임 사 이 구　호 모

而成者也.
이 성 자 야

공자가 안연顔淵에게 말했다. "기용되면 도道를 행하고 기용되지
못하면 은둔하는 것을 오직 나와 너만이 할 수 있구나."

자로가 물었다. "스승님께서 삼군三軍을 지휘하신다면 누구와 함
께 하시겠습니까?"

공자가 대답했다. "맨손으로 범과 겨루고 배가 없이 강을 건너 죽어도 후회하지 않는 자와는 함께 하지 않을 것이다. 내가 필요한 자는 반드시 일에 임하여 신중하고, 계책이 있어 임무를 완성하는 사람이다."

7.11

子曰: 富而可求也, 雖執鞭之士, 吾亦爲之. 如不
자 왈 부 이 가 구 야 수 집 편 지 사   오 역 위 지   여 불

可求, 從吾所好.
가 구   종 오 소 호

공자가 말했다. "만약 부富가 도에 부합한다면 그것을 추구할 수 있다. 설사 나로 하여금 말몰이꾼을 시켜도 나는 그것을 할 것이다. 그러나 부가 도와 부합되지 않는다면 그것을 추구할 수 없다. 차라리 내가 좋아하는 것을 하겠다."

해 설 :

흔히 공자가 이익利益이나 부富를 철저하게 반대한 것으로 알고 있지만, 이 글에서 보이듯 공자는 그렇지 않았다. 다만 그 이익이나 부에 대한 공자의 긍정에는 그것이 반드시 도에 부합되어야 한다는 전제가 필요하였다.

7.12

子之所愼, 齊戰疾.
자 지 소 신　재 전 질

공자가 조심한 것은 재계齊戒와 전쟁戰爭과 질병疾病이었다.

7.13

子在齊聞韶, 三月不知肉味. 曰: 不圖爲樂之至
자 재 제 문 소　삼 월 부 지 육 미　왈　불 도 위 락 지 지

於斯也.
어 사 야

공자는 제나라에 있을 때에 소악韶樂을 듣고, 3개월 동안 고기 맛을 몰랐으며 "음악音樂을 만든 것이 이러한 경지에 이를 줄은 생각지도 못했다."라고 말했다.

7.14

冉有曰: 夫子爲衛君乎? 子貢曰: 諾, 吾將問之.
염 유 왈　부 자 위 위 군 호　자 공 왈　낙　오 장 문 지

入, 曰: 伯夷叔齊, 何人也. 曰: 古之賢人也. 曰:
입　왈　백 이 숙 제　하 인 야　왈　고 지 현 인 야　왈

怨乎. 曰: 求仁而得仁, 又何怨. 出, 曰: 夫子不
원 호　왈　구 인 이 득 인　우 하 원　출　왈　부 자 불

爲也.
위 야

염유가 "스승님께서 위나라 군주를 도우실까?"라고 하자, 자공이
"응, 내가 여쭈어보리다."하였다. 들어가서 "백이伯夷와 숙제叔齊는
어떠한 사람입니까?"하고 묻자, 공자가 "옛날의 현인賢人이시다."하
고 대답했다. "그들은 원망이 있었습니까?"하고 묻자, "인仁을 구하
여 인을 얻었으니, 어찌 원망이 있었겠느냐?"라고 대답했다. 자공이
나와서 말하기를 "스승께서는 위나라 군주를 돕지 않으실 것이다."
라고 말했다.[44]

7.15

子曰: 飯疏食飲水, 曲肱而枕之, 樂亦在其中矣.
자 왈 반 소 사 음 수 곡 굉 이 침 지 낙 역 재 기 중 의

不義而富且貴, 於我如浮雲.
불 의 이 부 차 귀 어 아 여 부 운

공자가 말했다. "거친 밥을 먹고 물로 끼니를 잇고 팔을 굽혀 베
고 자더라도 즐거움이 또한 그 가운데 있으니, 의롭지 못하고서 부富
하고 귀貴함은 나에게 뜬구름과 같으니라."

---

44 당시 위나라 군주는 즉위 후 아버지와 왕위를 놓고 쟁탈전을 벌이고 있었다. 백
이·숙제와는 전혀 다른 상황으로 자공은 공자가 지지할 가능성이 없다고 본 것
이다.

7.16

子曰: 加我數年, 五十以學易, 可以無大過矣.
자 왈 가 아 수 년 오 십 이 학 역 가 이 무 대 과 의

공자가 말했다. "하늘이 나에게 몇 년의 수명을 주어 나이 50에
주역周易을 공부할 수 있도록 한다면 내 능히 큰 허물은 없을 터인
데."

7.17

子所雅言, 詩, 書, 執禮, 皆雅言也.
자 소 아 언 시 서 집 례 개 아 언 야

공자도 가끔 주나라 왕실 언어인 아언雅言을 사용했는데, 『시詩』
와 『서書』를 강의할 때와 예禮를 집행할 때는 언제나 아언을 사용하
였다.[45]

7.18

葉公問孔子於子路, 子路不對. 子曰: 女奚不曰,
섭 공 문 공 자 어 자 로 자 로 부 대 자 왈 여 해 불 왈

---

45 공자는 평소 노나라 방언을 사용했다. 아언雅言은 주나라 왕실이 있는 섬서陝西
    성 언어다.

其爲人也, 發憤忘食, 樂以忘憂, 不知老之將至
기 위 인 야　발 분 망 식　낙 이 망 우　부 지 노 지 장 지

云爾.
운 이

섭공葉公[46]이 자로에게 공자에 대하여 물었는데, 자로가 대답하지 않았다. 공자가 말했다. "너는 어찌 말하지 않았느냐! 그는 스스로 뜻을 세워 먹는 것조차 잊고, 즐거워하여 모든 걱정도 다 잊으며 자기가 곧 늙는다는 것조차 잊는 사람이라고 말이다."

7.19

子曰: 我非生而知之者, 好古敏以求之者也.
자 왈　아 비 생 이 지 지 자　호 고 민 이 구 지 자 야

공자가 말했다. "나는 태어나면서부터 곧 만사를 안 것이 아니고, 옛것을 좋아하여 성실하게 노력하여 그것을 구한 자이다."

해 설 :

일평생 성실하게 노력했던 공자의 모습이 그대로 전해진다.

46　초楚나라 섭현葉縣의 윤尹인 심제량沈諸梁으로 스스로 공公이라 하였다.

7.20

子不語, 怪力亂神.
자 불 어 괴 력 난 신

공자는 괴이하고 요망한 일과 무력이나 폭력, 반란 그리고 귀신鬼
神을 모시는 일을 말하지 않았다.

해 설 :

'괴怪'는 '괴이하고 요망한 일', '역力'은 '무력이나 폭력', '난亂'은 '반란', '신
神'은 '귀신鬼神을 모시는 일'을 의미한다.

7.21

子曰: 三人行必有我師焉, 擇其善者而從之, 其
자 왈 삼 인 행 필 유 아 사 언 택 기 선 자 이 종 지 기

不善者而改之.
불 선 자 이 개 지

공자가 말했다. "세 사람이 길을 가면 그 중에 반드시 나의 스승
이 있으니, 그 중에 선善한 것을 찾아서 따르고, 선善하지 못한 것을
보면 거울로 삼아 내 잘못을 고쳐야 한다."

7.22

子曰: 天生德於予, 桓魋其如予何.
자 왈 천 생 덕 어 여 환 퇴 기 여 여 하

공자가 말했다. "하늘이 나에게 덕德을 부여했으니, 환퇴桓魋[47]가 나에게 어찌 할 수 있겠느냐?"

7.23

子曰: 二三子, 以我爲隱乎? 吾無隱乎爾. 吾無行
자 왈 이 삼 자 이 아 위 은 호 오 무 은 호 이 오 무 행

而不與二三子者, 是丘也.
이 불 여 이 삼 자 자 시 구 야

공자가 말했다. "제자들아, 내가 무엇을 숨긴다고 생각하느냐? 나는 숨기는 것이 전혀 없도다. 나는 너희들과 함께 하지 못할 일이 전혀 없다. 나 공구孔丘는 바로 이런 사람이다!"

7.24

子以四敎, 文行忠信.
자 이 사 교 문 행 충 신

---

47 송나라의 실권자. 공자를 미워하여 그를 해치려 하였다.

공자는 네 가지 내용을 가르쳤는데, 곧 문헌과 덕행, 충실함, 그리고 신의였다.

7.25

子曰: 聖人吾不得而見之矣! 得見君子者, 斯可
자 왈 성 인 오 부 득 이 견 지 의 득 견 군 자 자 사 가

矣. 子曰: 善人吾不得而見之矣! 得見有恒者, 斯
의 자 왈 선 인 오 부 득 이 견 지 의 득 견 유 항 자 사

可矣. 亡而爲有, 虛而爲盈, 約而爲泰, 難乎有恒
가 의 망 이 위 유 허 이 위 영 약 이 위 태 난 호 유 항

矣.
의

공자가 말했다. "성인聖人은 내가 만나볼 수 없다. 군자를 만날 수 있다면 그것으로 충분하다."

공자가 또 말했다. "선인善人은 내가 만나볼 수 없다. 시종여일한 사람을 만날 수 있다면, 그것으로 충분하다. 없으면서도 있는 척 꾸미고, 비었으면서 가득한 척 꾸미며, 가난하면서도 부유한 척 꾸미니, 이런 사람들이 항심恒心을 가지기는 어렵다."

7.26

子釣而不綱, 弋不射宿.
자 조 이 불 강 익 불 석 숙

공자는 낚시질은 하되 크고 작은 물고기가 모두 잡히는 그물은
사용하지 않았고, 새를 활로 사냥하기는 했지만 잠을 자는 새는 잡
지 않았다.

해 설 :
자연과의 공존을 지향했던 공자의 삶의 자세를 잘 기술하고 있다.

7.27

子曰: 蓋有不知而作之者, 我無是也. 多聞, 擇其
자왈　개유부지이작지자　아무시야　다문　택기

善者而從之, 多見而識之, 知之次也.
선자이종지　다견이식지　지지차야

공자가 말했다. "어느 것도 알지 못하면서 오히려 무엇을 창조해
냈다는 사람이 있다. 나는 결코 그렇게 한 적이 없다. 많이 듣고서 그
중 취할 만한 것을 배우며, 많이 보고 마음속에 기억하는 것, 이것이
차선의 지혜이다."

7.28

互鄉難與言, 童子見, 門人惑. 子曰: 與其進也,
호향난여언　동자현　문인혹　자왈　여기진야

不與其退也, 唯何甚? 人潔己以進, 與其潔也, 不
불여기퇴야　유하심　인결기이진　여기결야　불

保其往也.
보 기 왕 야

호향互鄉 지방 사람들과는 교류하기 어려웠다. 그런데 그곳에 사는 한 동자童子를 공자가 만났다. 제자들이 걱정을 하자 공자가 말했다. "나는 그의 발전을 긍정적으로 본 것이지, 그의 퇴보를 긍정적으로 본 것이 아니다. 구태여 지나치게 대할 필요가 있겠는가? 자기의 지난 과오를 바꿔 발전한다는데, 나는 그러한 태도를 긍정적으로 여긴다. 과거의 잘못을 끝까지 움켜쥐어서는 안 된다."

7.29

子曰: 仁遠乎哉, 我欲仁, 斯仁至矣.
자 왈   인 원 호 재   아 욕 인   사 인 지 의

공자가 말했다. "진실로 인仁이 우리로부터 멀리에 있는가? 내가 인에 이르고자 한다면, 인은 곧 다가온다."

7.30

陳司敗問: 昭公知禮乎? 孔子曰: 知禮. 孔子退,
진 사 패 문 소 공 지 례 호   공 자 왈 지 례 공 자 퇴

揖巫馬期而進之. 曰: 吾聞君子不黨, 君子亦黨
읍 무 마 기 이 진 지 왈 오 문 군 자 부 당   군 자 역 당

乎? 君取於吳, 爲同姓, 謂之吳孟子. 君而知禮,
호 군 취 어 오 위 동 성 위 지 오 맹 자 군 이 지 례

孰不知禮? 巫馬期以告. 子曰: 丘也幸, 苟有過,
숙 부 지 례 무 마 기 이 고 자 왈 구 야 행 구 유 과

人必知之.
인 필 지 지

　　진陳나라 사패司敗[48]가 "노나라 군주 소공은 예禮를 압니까?" 하고
묻자, 공자가 "예를 알고 있습니다."하고 대답했다. 공자가 물러가
자, 사패가 무마기巫馬期[49]에게 읍하면서 자기 쪽으로 나오게 하고 말
했다. "내가 들으니 군자는 사사롭지 않다 하였는데, 군자도 다른 사
람을 비호합니까? 노나라 군주가 오나라의 여자를 취하여 부인으로
하였는데, 그녀가 군주와 동성이라 그녀를 오맹자吳孟子라고 불렀습
니다. 만약 이러한 노나라 군주가 예를 안다고 하면, 누가 예를 알지
못하겠습니까?"
　　무마기가 이 말을 공자에게 전하자, 공자가 말했다. "참으로 내
가 행운이 있구나. 만약 잘못이 있다면, 다른 사람들이 반드시 알게
된다."

48　진나라의 사법을 관리하는 관리.

49　공자의 제자.

7.31

子與人歌而善, 必使反之, 而後和之.
자 여 인 가 이 선　필 사 반 지　이 후 화 지

공자는 다른 사람과 함께 노래를 부르다가 그 사람이 노래를 잘하면, 반드시 다시 부르게 하고 그 뒤에 그와 함께 따라 노래를 하였다.

7.32

子曰: 文莫吾猶人也, 躬行君子, 則吾未之有得.
자 왈　문 막 오 유 인 야　궁 행 군 자　즉 오 미 지 유 득

공자가 말했다. "내가 외모와 내심內心에서는 다른 사람과 차이가 없겠지만, 몸소 실행하는 것에는 아직 성취를 이루지 못하였다."

해 설 :

'문막文莫' 중 '문文'은 본래 꽃무늬(화문花紋)를 뜻한다. 여기에선 '외모, 겉모습'으로 해석하고, '막莫'은 '마음', '내심內心'으로 해석한다.

7.33

子曰: 若聖與仁, 則吾豈敢? 抑爲之不厭, 誨人不
자 왈　약 성 여 인　즉 오 기 감　억 위 지 불 염　회 인 불

倦, 則可謂云爾已矣. 公西華曰: 正唯弟子不能
권　즉 가 위 운 이 이 의　공 서 화 왈　정 유 제 자 불 능

學也.
학 야

　공자가 말했다. "성聖과 인仁에 대해 말한다면, 내 어찌 감히 자처할 수 있겠는가? 그러나 성聖과 인仁의 방향으로 성실히 노력하면서 싫증을 내지 않고 남을 가르치는 데 게을리 하지 않는다면 그렇다고 말할 수 있다."

　공서화公西華가 말했다. "이것이 바로 저희 제자들이 해낼 수 없는 점입니다."

7.34

子疾病, 子路請禱. 子曰: 有諸? 子路對曰: 有之.
자 질 병　자 로 청 도　자 왈　유 저　자 로 대 왈　유 지

誄曰: 禱爾于上下神祇. 子曰: 丘之禱久矣.
뢰 왈　도 이 우 상 하 신 기　자 왈　구 지 도 구 의

　공자가 병이 들자, 자로가 신神에게 빌었다. 공자가 "이런 일이 있었느냐?"하고 묻자, 자로가 "있습니다. 기도문은 '당신을 위하여 천지신령께 기도한다.'고 되어 있습니다."라고 하였다. 그러자 공자가 말했다. "나도 오래 전부터 기도하고 있었다."

7.35

子曰: 奢則不孫, 儉則固, 與其不孫也, 寧固.
자 왈　사 즉 불 손　검 즉 고　여 기 불 손 야　영 고

공자가 말했다. "사치하면 본분을 지키지 못하게 되고 검소하면 고생하게 된다. 본분을 지키지 못하는 것보다는 차라리 고생하는 편이 낫다."

7.36

子曰: 君子坦蕩蕩, 小人長戚戚.
자 왈　군 자 탄 탕 탕　소 인 장 척 척

공자가 말했다. "군자는 평탄하여 여유가 있고, 소인은 늘 걱정스러워 한다."

7.37

子, 溫而厲, 威而不猛, 恭而安.
자　온 이 려　위 이 불 맹　공 이 안

공자는 온화하면서도 엄격했고, 위엄이 있으면서도 사납지 않았으며, 장중하면서도 편안한 모습이었다.

제 8 편

태백 泰伯

「태백」편은 총 21장으로 구성되어 있다.

이 글은 기본적으로 요순과 우임금 등 고대 선왕에 대한 공자와 제자들의 평가, 그리고 공자의 교육 방식 및 교육 사상을 기술하고 있다. 이와 함께 공자 도덕 사상의 구체적인 내용과 증자曾子의 사상도 소개하고 있다.

본편은 "임중이도원任重而道遠"을 비롯하여 "사이후이死而後已", "전전긍긍, 여임심연戰戰兢兢, 如臨深淵", "민가사유지, 불가사지지民可使由之, 不可使知之", "부재기위, 불모기정不在其位, 不謀其政" 등 우리에게 친숙한 명구名句를 소개하고 있다.

8.1

子曰: 泰伯, 其可謂至德也已矣. 三以天下讓, 民
자 왈 태 백 기 가 위 지 덕 야 이 의 삼 이 천 하 양 민

無得而稱焉.
무 득 이 칭 언

공자가 말했다. "태백泰伯[50]은 지극한 덕德이 있다고 이를 만하다. 여러 번 천하를 양보하였고, 백성들은 다른 사람이 없다는 시詩로 그를 칭송하였다!"

8.2

子曰: 恭而無禮則勞, 愼而無禮則葸, 勇而無禮
자 왈 공 이 무 례 즉 로 신 이 무 례 즉 사 용 이 무 례

則亂, 直而無禮則絞. 君子篤於親, 則民興於仁.
즉 란 직 이 무 례 즉 교 군 자 독 어 친 즉 민 흥 어 인

故舊不遺, 則民不偸.
고 구 불 유 즉 민 불 투

공자가 말했다. "공손하되 예의禮義가 없으면 헛수고일 뿐이고, 신중하되 예의가 없으면 유약하며, 용기가 있되 예의가 없으면 어지럽고, 솔직하되 예의가 없으면 각박하고 남을 해치게 된다. 군자가 자신

---

50 주나라 시조 고공단보의 장자. 스스로 오나라로 떠나 동생 계력에게 제위를 양보하였다.

의 가족을 후대厚待하면 백성들에게 인仁의 기운을 일으키고, 군자가
옛 친구를 버리지 않으면 백성들의 감정이 각박해지지 않는다."

8.3

曾子有疾, 召門弟子曰: 啓予足, 啓予手. 詩云,
증 자 유 질 소 문 제 자 왈 계 여 족 계 여 수 시 운

戰戰兢兢, 如臨深淵, 如履薄氷. 而今而後, 吾知
전 전 긍 긍 여 림 심 연 여 리 박 빙 이 금 이 후 오 지

免夫, 小子.
면 부 소 자

증자가 병病이 나자, 제자들을 불러 말했다. "(이불을 걷고) 나의 발
과 손을 보아라. 『시경詩經』에 이르기를 모든 일을 함에 있어 '전전긍
긍戰戰兢兢하여 심연에 임한 듯이 하고, 엷은 얼음을 밟는 듯이 하라.'
하였다. 이제 나는 온전히 돌아가는구나, 제자들아!"

해설 :

'계여족, 계여수啓予足, 啓予手'는 "(이불을 걷고) 나의 발과 손을 보아라."로
해석하고, '오지면부吾知免夫'는 "온전히 돌아가다"로 해석한다.

8.4

曾子有疾, 孟敬子問之, 曾子言曰: 鳥之將死, 其
증 자 유 질 맹 경 자 문 지 증 자 언 왈 조 지 장 사 기

鳴也哀, 人之將死, 其言也善. 君子所貴乎道者
명 야 애   인 지 장 사   기 언 야 선   군 자 소 귀 호 도 자

三, 動容貌, 斯遠暴慢矣, 正顔色, 斯近信矣, 出
삼   동 용 모   사 원 포 만 의   정 안 색   사 근 신 의   출

辭氣, 斯遠鄙倍矣. 籩豆之事則有司存.
사 기   사 원 비 배 의   변 두 지 사 즉 유 사 존

증자가 병이 들자, 맹경자孟敬子[51]가 문병問病을 왔다. 증자가 말했다. "새가 죽을 때에는 울음소리가 애처롭고, 사람이 죽을 때에는 그 말이 착한 법입니다. 군자가 귀중히 여기는 도道가 세 가지 있으니, 표정을 장중하게 하여 사납고 오만하게 비쳐지지 않도록 하고, 얼굴색을 변함없이 평온하게 하여 성실하고 믿음이 가도록 할 것이며, 말을 할 때 신중하게 하여 비열하거나 이치에 어긋나는 것을 멀리하여야 합니다. 제사의 예절은 관리자가 맡으면 될 것입니다."

8.5

曾子曰: 以能問於不能, 以多問於寡, 有若無, 實
증 자 왈   이 능 문 어 불 능   이 다 문 어 과   유 약 무   실

若虛, 犯而不校, 昔者吾友嘗從事於斯矣.
약 허   범 이 불 교   석 자 오 우 상 종 사 어 사 의

증자가 말했다. "재능이 있으면서도 재능이 없는 자에게 묻고, 지

---

51 노나라 대부 중손씨. 증자와는 항상 대립하는 관계였다.

증자曾子

노나라 사람. 성은 증曾, 이름은 삼參, 자字는 자여子輿.
증삼이라고도 불린다. 공자보다 46살 적었다. 『논어』를 편찬한 제자 중 하나로,
유학의 발전에 큰 기여를 하여 후세에 종성宗聖으로 봉해졌다.

식이 많으면서도 적은 자에게 물으며, 학문이 있지만 없는 것처럼 하고, 지식이 충실해도 마치 빈 것처럼 한다. 다른 사람에게 피해를 입었지만 일일이 따지지 않는다. 예전에 나의 친구가 이렇게 했었다.”

8.6

曾子曰: 可以託六尺之孤, 可以寄百里之命, 臨
증 자 왈   가 이 탁 육 척 지 고   가 이 기 백 리 지 명   임

大節而不可奪也. 君子人與? 君子人也!
대 절 이 불 가 탈 야   군 자 인 여   군 자 인 야

증자가 말했다. “어린 군주를 맡길 만하고, 국가 권력을 맡길 만하며, 생사존망의 긴급한 상황에서도 동요하지 않는다. 이런 사람이 군자인가? 바로 군자로다!”

8.7

曾子曰: 士不可以不弘毅, 任重而道遠, 仁以爲
증 자 왈   사 불 가 이 불 홍 의   임 중 이 도 원   인 이 위

己任, 不亦重乎, 死而後已, 不亦遠戶?
기 임   불 역 중 호   사 이 후 이   불 역 원 호

증자가 말했다. “선비는 뜻이 크고 굳세지 않으면 안 된다. 책임이 무겁고 길은 멀기 때문이다. 인仁의 실현을 자신의 책임으로 삼으니 그 아니 중대한가? 종신토록 노력하여 죽어도 후회가 없으니 그

길이 실로 멀지 아니한가!"

8.8

子曰: 興於詩, 立於禮, 成於樂.
자 왈　홍 어 시　입 어 례　성 어 악

공자가 말했다. "사람의 수양은 시詩를 배우는 데로부터 시작하고, 예를 배워 자립하며 악樂을 배워 완성된다."

8.9

子曰: 民可使由之, 不可使知之.
자 왈　민 가 사 유 지　불 가 사 지 지

공자가 말했다. "백성들을 교화하고 이끌 수는 있지만, 그들에게 강요해서는 안 된다."

해 설 :

이 부분에 대해서 그간 공자가 '우민愚民'을 얘기한 것으로 알려졌었다. 예를 들어, "공자가 말했다. 백성은 도리道理를 따르게 할 수는 있어도 그 원리原理를 알게 할 수는 없다." 등의 해석이 대부분을 점해왔다. 그러나 여기에서 '유由'는 '적迪'이라는 한자의 의미이고, '적迪'은 '도道', 혹은 '도導'의 의미로서의 "인도하다", "이끌다"로 해석해야 마땅하다. 또 '지知'는 "다른 사람에게 강요하다"는 의미도 지니고 있는 한자어다. 즉, 이 부분은 "백성

들을 교화하고 이끌 수는 있지만, 그들에게 강요해서는 안 된다."라고 해석해야 타당하다.[52]

『논어』가 처음 해석되기 시작한 것은 한나라 시대이다. 이 부분이 전통적으로 '우민'의 의미로 해석되어온 것은 백성들을 단지 우둔한 통치의 대상으로만 폄하하려는 왕조 통치의 시각을 반영한 것으로 볼 수 있다. 사실 이 부분의 해석과 관련하여 중국 학계는 아직도 치열한 논쟁 중에 있다. 이를테면, "民可使由之, 不可使知之"을 "民可使, 由之, 不可, 使知之"로 보고 "백성들을 능히 사용할 수 있다면 그들에게 자연스럽게 맡겨 둘 것이고, 사용할 수 없다면 곧 그들을 교육해야 한다."고 해석하는 견해도 있다.

8.10

子曰: 好勇疾貧, 亂也. 人而不仁, 疾之已甚, 亂
자 왈 호 용 질 빈 난 야 인 이 불 인 질 지 이 심 난

也.
야

공자가 말했다. "용맹을 좋아하고 가난을 싫어하는 것도 난亂을 일으키고, 사람으로서 인仁하지 못한 것을 너무 심하게 미워하는 것도 난을 일으키게 된다."

---

52 欒貴川, "'民可使由之, 不可使知之'新解", 「中國文化研究」 2016, 春.

8.11

子曰: 如有周公之才之美, 使驕且吝, 其餘不足
자 왈　여 유 주 공 지 재 지 미　사 교 차 인　기 여 부 족

觀也已.
관 야 이

공자가 말했다. "주공周公과 같이 재능이 아름답더라도, 만약 교
만하고 인색하다면, 그 나머지는 볼 필요조차도 없다."

8.12

子曰: 三年學, 不至於穀, 不易得也.
자 왈　삼 년 학　불 지 어 곡　불 이 득 야

공자가 말했다. "삼년三年을 배우고서도 녹봉에 뜻을 두지 않는
자는 쉽게 얻지 못한다."

해 설 :

'불지어곡不至於穀'에서 '지至'는 '지志'로 해석하고, '곡穀'은 '녹祿'으로 해석
한다.

8.13

子曰: 篤信好學, 守死善道, 危邦不入, 亂邦不居,
자 왈　독 신 호 학　수 사 선 도　위 방 불 입　난 방 불 거

天下有道則見, 無道則隱. 邦有道, 貧且賤焉, 恥
천 하 유 도 즉 현　무 도 즉 은　방 유 도　빈 차 천 언　치

也, 邦無道, 富且貴焉, 恥也.
야　방 무 도　부 차 귀 언　치 야

공자가 말했다. "독실하게 믿으면서도 학문에 노력하여 죽음으로
써 도道를 지켜야 한다. 위태로운 나라에는 들어가지 않고, 난이 일
어난 나라에는 살지 않아야 한다. 천하에 도가 있으면 나아가 벼슬
을 하고, 도가 없으면 숨어서 나아가지 말아야 한다. 나라에 도가 있
을 때에 빈천한 것은 부끄러운 일이며, 나라에 도가 없을 때에 부귀
한 것도 역시 부끄러운 일이다."

8.14

子曰: 不在其位, 不謀其政.
자 왈　부 재 기 위　불 모 기 정

공자가 말했다. "그 지위에 있지 않으면 그 정사政事를 도모하지
않아야 한다."

8.15

子曰: 師摯之始, 關雎之亂, 洋洋乎盈耳哉.
자 왈　사 지 지 시　관 저 지 란　양 양 호 영 이 재

공자가 말했다. "태사가 관저關雎의 서곡을 연주할 때부터 끝까지, 성대하고 아름다운 그 음악이 아직까지도 귀에 충만하구나!"

해설 :

'사지師摯'는 연주의 총책임자인 태사太師로 해석한다.

'난亂'은 앞의 '시始'와 대비되어 '말末'로 해석한다.

8.16

子曰: 狂而不直, 侗而不愿, 悾悾而不信, 吾不知
자 왈   광 이 부 직   동 이 불 원   공 공 이 불 신   오 부 지

之矣.
지 의

공자가 말했다. "호탕한 듯하지만 정직하지 못하고, 충실한 듯하지만 소박하지 못하며, 성실한 듯하지만 신용을 지키지 않는 사람들. 나는 그들이 왜 그리 되었는지 정말 모르겠구나."

해설 :

'원愿'은 '소박하다'는 의미로 해석한다.

8.17

子曰: 學如不及, 猶恐失之.
자 왈   학 여 불 급   유 공 실 지

공자가 말했다. "학문을 할 때는 스스로 충실하지 못하다고 여기며 계속 노력해야 한다."

8.18

子曰: 巍巍乎, 舜禹之有天下也而不與焉.
자 왈　외 외 호　순 우 지 유 천 하 야 이 불 여 언

공자가 말했다. "위대하시다! 순舜임금과 우禹임금은 천하天下를 소유하시고도 그것을 관여치 않으셨으니."

8.19

子曰: 大哉! 堯之爲君也. 巍巍乎! 唯天爲大, 唯
자 왈　대 재　요 지 위 군 야　외 외 호　유 천 위 대　유

堯則之. 蕩蕩乎, 民無能名焉. 巍巍乎, 其有成功
요 칙 지　탕 탕 호　민 무 능 명 언　외 외 호　기 유 성 공

也. 煥乎其有文章!
야　환 호 기 유 문 장

공자가 말했다. "위대하시도다. 요 임금과 같은 군주, 얼마나 숭고한가! 오직 하늘이 가장 크고, 오직 요 임금만이 하늘을 닮았도다. 얼마나 광대한가! 백성들은 무엇으로 그를 칭송할 줄 모르는도다. 그의 공적은 얼마나 숭고하며, 그가 제정한 예의제도는 얼마나 휘황찬란한가!"

여기에서 '환煥'은 '광휘光輝'로 해석한다.

8.20

舜有臣五人, 而天下治. 武王曰: 予有亂臣十人.
순 유 신 오 인 이 천 하 치 무 왕 왈 여 유 난 신 십 인

孔子曰: 才難, 不其然乎. 唐虞之際, 於斯爲盛,
공 자 왈 재 난 불 기 연 호 당 우 지 제 어 사 위 성

有婦人焉, 九人而已. 三分天下, 有其二, 以服事
유 부 인 언 구 인 이 이 삼 분 천 하 유 기 이 이 복 사

殷, 周之德, 其可謂至德也已矣.
은 주 지 덕 기 가 위 지 덕 야 이 의

순 임금이 어진 신하 다섯을 두어 천하를 잘 다스렸다. 무왕이 말
했다. "나에게는 천하를 잘 다스린 열 명의 신하가 있다."

공자가 말했다. "인재 얻기란 어렵다. 정녕 그렇지 아니한가! 요
순임금과 주 무왕 시기에만 인재가 넘쳤다. 더구나 열 명의 신하 중
에는 부인도 들어가 있으니 실제로는 아홉 사람뿐이다. 주 문왕文王
은 천하를 삼분三分하여 그 둘을 소유하시고도 은殷나라를 섬기셨으
니, 그 덕이 지극하지 아니하랴!"

해 설 :

'난신亂臣'의 '난亂'은 『설문說文』에 "난, 치야亂, 治也"로 되어 있다. 즉, '치治'
로 해석한다.

'열 명의 신하' 중 '부인婦人' 한 명은 주 무왕의 부인인 읍강邑姜이다.

8.21

子曰: 禹, 吾無間然矣. 菲飮食而致孝乎鬼神, 惡
자 왈 우 오 무 간 연 의 비 음 식 이 치 효 호 귀 신 악

衣服而致美乎黻冕, 卑宮室而盡力乎溝洫. 禹,
의 복 이 치 미 호 불 면 비 궁 실 이 진 력 호 구 혁 우

吾無間然矣.
오 무 간 연 의

공자가 말했다. "우 임금은 내가 지적할 것이 없다. 스스로 거친 음식을 먹으면서도 제사 음식은 극진히 갖추고, 의복은 남루하게 입으면서도 제사용 의복은 아름답게 갖췄으며, 거처하는 궁실은 허름하게 하면서도 모든 힘을 백성을 위한 치수治水 사업에 쏟았으니, 우 임금은 내가 지적할 것이 없다."

제 9 편

자한 子罕

「자한」편은 모두 31장으로 이뤄져 있다.

주로 공자의 도덕 교육사상을 설명하고 있으며, 공자에 대한 제자들의 평가와 함께 공자의 활동들을 세밀하게 소개하고 있다.

본편에는 우리에게도 잘 알려져 있는 "삼군가탈수야, 필부불가탈지야三軍可奪帥也, 匹夫不可奪志也(삼군三軍의 장수將帥는 빼앗을 수 있으나, 필부匹夫의 뜻은 빼앗을 수 없다)", "세한연후, 지송백지후조야歲寒然後, 知松柏之後彫也(날씨가 추워진 뒤에야 비로소 소나무와 잣나무가 뒤늦게 시듦을 알 수 있다)"의 구절을 비롯하여 "후생가외, 언지래자지불여금야後生可畏, 焉知來者之不如今也", "출즉사공경, 입즉사부형出則事公卿, 入則事父兄", "지자불혹, 인자불우, 용자불구知者不惑, 仁者不憂, 勇者不懼" 등 구절이 있는데, 이 역시 우리의 심금을 울려주는 명구다.

9.1

子罕言利與命, 與仁.
자한언리여명 여인

공자는 이익과 운명에 대해서는 거의 말하지 않았지만 인仁은 칭
찬하였다.

해설:

'여與'는 '믿을 신信'과 '찬동할 찬贊'의 뜻을 가진 한자어다.

기존의 "공자는 이利와 명命 그리고 인仁에 대하여 거의 말하지 않았다"는
해석은 인仁을 가장 중시했던 공자의 사상과 완전히 위배된다.[53] 한편 이
문장을 '子罕言利, 與命, 與仁'으로 나눠 해석하여 "공자는 이익에 대하여
거의 말을 하지 않았으나 운명은 믿었고 인은 찬동하였다."로 옮겨야 된다
는 견해도 있다. 그러나 아무래도 인위적인 느낌을 지우기가 힘들다.

9.2

達巷黨人曰: 大哉! 孔子. 博學而無所成名. 子聞
달항당인왈 대재 공자 박학이무소성명 자문

之, 謂門弟子曰: 吾何執, 執御乎, 執射乎, 吾執
지 위문제자왈 오하집 집어호 집사호 오집

御矣.
어의

---

53 실제 『논어』 전편에 걸쳐 인仁은 109곳, 이利는 10곳, 명命은 24곳에서 발견된다.

달항당達巷黨에 사는 사람이 말했다. "위대하구나, 공자여! 박학하였으나 이름을 이루지 못했구나."

공자가 이 말을 듣고 제자들에게 말했다. "내 무엇을 해야 하겠는가? 말 모는 일을 해야 하겠는가? 아니면 활 쏘는 일을 해야 하겠는가? 나는 말 모는 일을 하겠다."

9.3

子曰: 麻冕, 禮也. 今也純, 儉. 吾從衆. 拜下, 禮
자 왈 마 면 예 야 금 야 순 검 오 종 중 배 하 예

也. 今拜乎上, 泰也. 雖違衆, 吾從下.
야 금 배 호 상 태 야 수 위 중 오 종 하

공자가 말했다. "베로 만든 모자가 예禮에 부합한다. 지금 모두 검은 색 실로 만들어 전에 비해 검소하니, 나는 사람들을 따르겠다. 군주를 뵐 때 먼저 당堂 아래에서 절을 한다. 이것이 예에 부합한다. 하지만 지금 사람들은 모두 당 위에서 절을 한다. 이는 교만한 표현이다. 비록 사람들과 다르지만, 나는 당 아래에서 절을 하겠다."

해 설 :

'순純'은 '검은 색 실'이고, '태泰'는 '교만하다'는 의미다.

9.4

子絶四, 毋意, 毋必, 毋固, 毋我.
자 절 사 무 의 무 필 무 고 무 아

공자는 네 가지의 마음이 전혀 없었다. 주관적인 의심이 없었고, 반드시 이루고야 만다는 마음이 없었으며, 자기 고집만 주장하지 않았고, 사사로움이 없었다.

9.5

子畏於匡. 曰: 文王既沒, 文不在兹乎! 天之將喪
자 외 어 광 왈 문 왕 기 몰 문 부 재 자 호 천 지 장 상

斯文也, 後死者不得與於斯文也, 天之未喪斯文
사 문 야 후 사 자 부 득 여 어 사 문 야 천 지 미 상 사 문

也, 匡人其如予何!
야 광 인 기 여 여 하

공자가 광인匡人의 기습을 받았다. 공자가 말했다. "문왕文王이 이미 세상을 떠나셨으니, 문文이 나에게 있지 않겠는가? 하늘이 장차 문文을 없애려 하였다면 뒤에 죽는 사람(내 자신)이 문文에 참여하지 못하였을 것이다. 그러나 하늘이 문文을 없애려 하지 않으셨으니, 광인匡人들이 나를 어떻게 하겠는가?"

해 설 :

여기에서 '문文'은 '문화 도통道統'을 의미한다.

'외畏'는 '위威'의 뜻으로서 "공격, 기습을 받다"는 의미다.

공자 일행이 송나라 광匡 지방에 이르게 되었을 때, 공자의 말을 끌던 제자 안각顏刻이 채찍으로 성벽을 가리키며 말했다. "제가 전에 왔을 때는 저기 무너진 곳으로 들어갔습니다." 때마침 이 말을 들은 광 지방 사람이 노나라 계씨의 가신 양호陽虎가 또 온 것이라고 생각했다. 양호는 전에 광 지방에서 커다란 소란을 벌인 일이 있었는데 공교롭게도 공자가 양호와 닮았었다. 이 때문에 공자 일행은 사람들에게 포위당해 구금되었다.

9.6

太宰問於子貢曰: 夫子聖者與? 何其多能也? 子
태 재 문 어 자 공 왈　부 자 성 자 여　하 기 다 능 야　자

貢曰: 固天縱之將聖, 又多能也. 子聞之, 曰: 太
공 왈　고 천 종 지 장 성　우 다 능 야　자 문 지　왈　태

宰知我乎? 吾少也賤, 故多能鄙事. 君子多乎哉?
재 지 아 호　오 소 야 천　고 다 능 비 사　군 자 다 호 재

不多也.
부 다 야

태재太宰[54]가 자공에게 물었다. "공자는 성인聖人이신가? 어쩌면 그리도 재능과 능력이 많으신가?"

자공이 대답했다. "하늘이 그를 성인으로 삼은 것이며, 또 그로 하여금 다재다능하도록 한 것이오."

54　궁정사무를 맡는 관리.

공자가 이 말을 듣고 말했다. "태재는 어떻게 나를 이해할 수 있었는가? 내 젊었을 적에 미천했기 때문에 여러 비천한 재주를 배울 수 있었다. 군자가 이렇게 재주가 많을 수 있는가? 많지 않을 것이다."

9.7

牢曰: 子云, 吾不試, 故藝.
뇌 왈 자 운 오 불 시 고 예

제자인 뇌牢가 말했다. "스승께서 말씀하시기를 '내가 벼슬을 하지 않았기 때문에 여러 재주를 익힐 수 있었다.'고 하셨다."

9.8

子曰: 吾有知乎哉! 無知也. 有鄙夫問於我, 空空
자 왈 오 유 지 호 재 무 지 야 유 비 부 문 어 아 공 공

如也. 我叩其兩端而竭焉.
여 야 아 고 기 양 단 이 갈 언

공자가 말했다. "내가 아는 것이 있는가? 아는 것이 없다. 그러나 어떤 비루한 사람이 나에게 물으면, 나는 마음을 비우고 문제의 양쪽 극단을 말해주면서 최선을 다해 풀고자 한다."

해 설 :

'갈竭'은 '최선을 다해 추구하다'는 뜻이다.

9.9

子曰: 鳳鳥不至, 河不出圖, 吾已矣夫.
자 왈 봉 조 부 지 하 불 출 도 오 이 의 부

공자가 말했다. "봉황이 오지 않고, 황하黃河에서도 하도河圖가 나
오지 않으니, 글렀구나."

해 설 :

'봉황'과 '하도河圖'는 모두 '성왕聖王의 출현'을 의미한다.

9.10

子見齊衰者, 冕衣裳者與瞽者, 見之, 雖少, 必作.
자 견 재 최 자 면 의 상 자 여 고 자 견 지 수 소 필 작

過之, 必趨.
과 지 필 추

공자는 상복을 입은 사람과, 관복을 입은 사람과, 앞을 보지 못하
는 사람을 보면 그들이 비록 어리더라도 반드시 일어섰고, 그 곁을
지나갈 때에는 반드시 걸음걸이를 빨리하여 걸었다.

해 설 :

'작作'은 '일어서다', '추趨'는 '걸음걸이를 빨리해 걷다'의 의미로서 모두 '경
의'의 뜻을 가지고 있다.

9.11

顔淵喟然歎曰: 仰之彌高, 鑽之彌堅, 瞻之在前,
안 연 위 연 탄 왈　앙 지 미 고　찬 지 미 견　첨 지 재 전

忽焉在後. 夫子循循然善誘人, 博我以文, 約我
홀 언 재 후　부 자 순 순 연 선 유 인　박 아 이 문　약 아

以禮, 欲罷不能. 旣竭吾才, 如有所立卓爾. 雖欲
이 례　욕 파 불 능　기 갈 오 재　여 유 소 립 탁 이　수 욕

從之, 末由也已.
종 지　말 유 야 이

안연이 탄식하며 말했다. "스승님은 우러러볼수록 더욱 높고, 뚫으려 할수록 더욱 끝이 없으며, 바로 앞에 있는 듯 보이지만, 홀연히 뒤에 있는 듯하다. 스승님께서는 한 걸음 한 걸음 나를 잘 이끌어 각종 전적典籍[55]으로 나의 지식을 풍부하게 해주시고 또 각종 예절로 나의 언행을 조정해주셔서 나로 하여금 공부를 그만두고자 해도 그만둘 수 없게 하며 오직 모든 힘을 다하게 만드신다. 마치 대단히 높은 어떤 것이 내 앞에 서있는 듯하여, 비록 내가 따라 오르려 하지만 오히려 나아갈 길이 없다."

9.12

子疾病, 子路使門人爲臣. 病間, 曰: 久矣哉, 由
자 질 병　자 로 사 문 인 위 신　병 간 왈　구 의 재　유

55　전적典籍: 책.

之行詐也. 無臣而爲有臣. 吾誰欺? 欺天乎? 且予
지 행 사 야　무 신 이 위 유 신　오 수 기　기 천 호　차 여

與其死於臣之手也, 無寧死於二三子之手乎? 且
여 기 사 어 신 지 수 야　무 녕 사 어 이 삼 자 지 수 호　차

予縱不得大葬, 予死於道路乎?
여 종 부 득 대 장　여 사 어 도 로 호

공자가 병에 걸리자, 자로가 문인門人을 가신으로 삼았다. 병이
좀 덜해지자 공자가 말했다. "오래되었구나. 자로가 거짓을 행하는
것이! 내게 가신이 없는 것이 마땅하거늘 지금 가신을 두고 있으니,
내 누구를 속이는가? 내가 하늘을 속였구나! 나는 가신의 보살핌 속
에 죽는 것보다 너희 제자들이 있을 때 죽을 것이다. 이것이 좋지 않
으냐? 내가 대부의 예로써 상례를 치르지 못한다고 해도 내가 길가
에 버려진 채 묻는 사람도 없는 경우는 아니지 않느냐?"

해설 :

관직이 없는 자신의 상례가 당연히 대부의 의식에 의해 치러져서는 안 된
다는 공자의 확고한 원칙을 드러내는 글이다.

9.13

子貢曰: 有美玉於斯, 韞匵而藏諸? 求善賈而沽
자 공 왈　유 미 옥 어 사　온 독 이 장 저　구 선 고 이 고

諸? 子曰: 沽之哉, 沽之哉! 我待賈者也.
저　자 왈　고 지 재　고 지 재　아 대 고 자 야

자공이 공자에게 "여기에 아름다운 옥이 있다면, 이것을 궤 속에 넣어 숨겨두고 있겠습니까? 아니면 물건 볼 줄 아는 상인을 찾아 파시겠습니까?"라고 묻자, 공자가 대답했다. "팔아야지, 팔아야지. 나는 물건 볼 줄 아는 사람을 기다리는 중이다."

해 설 :

공자는 스스로를 '대고자待賈者', 즉 '팔리기를 기다리는 사람'이라 칭했다. 공자의 삶은 한마디로 자신을 기용할 위정자를 기다린 삶이었다.

9.14

子欲居九夷. 或曰: 陋, 如之何? 子曰: 君子居之,
자 욕 거 구 이　혹 왈　누　여 지 하　자 왈　군 자 거 지

何陋之有?
하 루 지 유

공자가 동쪽의 구이九夷에 살고자 했다. 어떤 사람이 물었다. "그곳은 대단히 낙후되고 개화가 되지 않은 곳인데, 어떻게 살 수 있나요?"

공자가 말했다. "군자가 거주한다면 곧 낙후하지 않게 된다."

해 설 :

하은주夏殷周 왕조의 발상지, 곧 중원의 동쪽 지역을 통칭하여 '구이九夷'라 하였다. 여기에서는 산동성이나 안휘성을 말한다. 이후 중국이 영토를 확장하면서 '이夷'의 개념은 점차 동쪽으로 이동하여 『삼국지·위지·동이전』

에서 '동이東夷'는 조선, 일본, 만주를 가리키게 되었다.

9.15

子曰: 吾自衛反魯, 然後樂正, 雅頌各得其所.
자 왈   오 자 위 반 노   연 후 악 정   아 송 각 득 기 소

공자가 말했다. "내가 위나라에서 노나라로 돌아온 뒤 비로소 음악이 정리되었고, 『시경』의 아雅와 송頌도 제자리를 찾게 되었다."

9.16

子曰: 出則事公卿, 入則事父兄. 喪事不敢不勉,
자 왈   출 즉 사 공 경   입 즉 사 부 형   상 사 불 감 불 면

不爲酒困, 何有於我哉?
불 위 주 곤   하 유 어 아 재

공자가 말했다. "밖에서는 공경公卿을 모시고, 집에서는 부형父兄을 섬기며, 상사喪事가 있으면 모든 힘을 다해 돕고, 술로 인해 붙잡히지 아니하니, 이러한 것들이 내게 무슨 어려움이 있으랴?"

9.17

子在川上曰: 逝者如斯夫, 不舍晝夜.
자 재 천 상 왈   서 자 여 사 부   불 사 주 야

공자가 시냇가에서 말했다. "가는 세월이 이 물과 같아 밤낮을 그치지 않고 흘러가는구나!"

9.18

子曰: 吾未見好德如好色者也.
자 왈   오 미 견 호 덕 여 호 색 자 야

공자가 말했다. "나는 이제껏 덕을 좋아하기를 여색을 좋아하는 것처럼 하는 사람을 보지 못하였다."

해 설 :

이 대목을 "나는 이제껏 내적인 덕德을 외적인 용모보다 좋아하는 사람을 보지 못하였다."로 해석하는 견해도 있다. 이 경우에 '호색好色'의 '색色'은 외적인 용모 혹은 얼굴로 해석한다.

9.19

子曰: 譬如爲山, 未成一簣, 止, 吾止也. 譬如平
자 왈   비 여 위 산   미 성 일 궤   지   오 지 야   비 여 평

地, 雖覆一簣, 進, 吾往也.
지   수 복 일 궤   진   오 왕 야

공자가 말했다. "흙을 쌓아 산을 만드는 것으로 비유하자면, 이제 한 삼태기의 흙만 보태면 산이 된다하더라도 내가 중지하면 나의 모

든 것은 중지되는 것이다. 평지에 흙을 쌓아 산을 만드는 것으로 비유하자면, 이제 겨우 한 삼태기의 흙만 쌓았다고 해도, 실행하게 되면 나는 전진하는 것이다."

9.20

子曰: 語之而不惰者, 其回也與!
자 왈   어 지 이 불 타 자   기 회 야 여

공자가 말했다. "나의 말을 듣고 한 치의 게으름도 보이지 않고 실행할 수 있는 자는 오직 안회 한 사람뿐이다!"

9.21

子謂顔淵曰: 惜乎! 吾見其進也, 未見其止也.
자 위 안 연 왈   석 호   오 견 기 진 야   미 견 기 지 야

공자가 안연에 대하여 평하였다. "애석하구나! 나는 그가 끊임없이 나아가는 것만 보았을 뿐, 그가 멈춘 것은 결코 보지 못하였다."

9.22

子曰: 苗而不秀者有矣夫, 秀而不實者有矣夫.
자 왈   묘 이 불 수 자 유 의 부   수 이 부 실 자 유 의 부

공자가 말했다. "싹이 났으나 꽃이 피지 못하는 경우도 있고, 꽃이 피었으나 열매를 맺지 못하는 경우도 있다."

9.23

子曰: 後生可畏, 焉知來者之不如今也. 四十五
자 왈 후 생 가 외   언 지 래 자 지 불 여 금 야   사 십 오

十而無聞焉, 斯亦不足畏也已.
십 이 무 문 언   사 역 부 족 외 야 이

공자가 말했다. "젊은이들을 경외해야 할 것이니 어찌 그들의 내일이 지금 사람들을 따라오지 못한다고 판단할 수 있겠는가? 그러나 40, 50세가 되어도 알려짐이 없으면 그 또한 두려워할 것이 못된다."

9.24

子曰: 法語之言, 能無從乎! 改之爲貴, 巽與之言,
자 왈 법 어 지 언   능 무 종 호   개 지 위 귀   손 여 지 언

能無說乎! 繹之爲貴, 說而不繹, 從而不改, 吾末
능 무 열 호   역 지 위 귀   열 이 불 역   종 이 불 개   오 말

如之何也已矣.
여 지 하 야 이 의

공자가 말했다. "예법에 부합된 규칙을 누가 따르지 않을 수 있겠

는가? 오직 자기의 잘못을 고치는 것이 귀중하다. 공손하고 찬성하는 말을 누가 기뻐하지 않을 수 있겠는가? 다만 성실하게 진위와 시비를 추구하는 것이 귀중하다. 기뻐하기만 하고 추구하지 않으며, 따르기만 하고 잘못을 고치지 않는다면, 나도 그런 사람을 어찌 할 방법이 없다."

해 설 :

'손巽'은 '공손하다', '역繹'은 '추구하다'로 해석한다.

9.25

子曰: 主忠信, 無友不如己者, 過則勿憚改.
자 왈　주 충 신　무 우 불 여 기 자　과 즉 물 탄 개

공자가 말했다. "충신忠信을 중시하라. 자기와 길이 같지 않은 사람과 교류하지 말라. 잘못이 있으면 고치기를 꺼려하지 말아야 한다."

해 설 :

'무우불여기자無友不如己者'는 기존에 "자기보다 못한 사람과 교류하지 말라."로 해석되었다. 또는 "충신을 지키지 않는 사람과 사귀지 말라."로 해석하는 견해도 있다.

9.26

子曰: 三軍可奪帥也, 匹夫不可奪志也.
자 왈 삼 군 가 탈 수 야 필 부 불 가 탈 지 야

공자가 말했다. "삼군三軍의 장수將帥는 빼앗을 수 있으나, 필부匹
夫의 뜻은 빼앗을 수 없다."

9.27

子曰: 衣敝縕袍, 與衣狐貉者立而不恥者, 其由
자 왈 의 폐 온 포 여 의 호 학 자 립 이 불 치 자 기 유

也與? 不忮不求, 何用不臧. 子路終身誦之. 子曰:
야 여 불 기 불 구 하 용 부 장 자 로 종 신 송 지 자 왈

是道也, 何足以臧!
시 도 야 하 족 이 장

공자가 말했다. "해진 솜옷을 입고서도 여우나 담비가죽으로 만
든 가죽옷을 입은 자와 같이 서 있으면서 부끄럽게 생각하지 않는
자는 자로일 것이다. '질투하지 않고 탐욕을 부리지 않는데, 왜 나쁘
다고 말하는가?'[56]"

자로가 이 말을 들은 뒤 『시경』의 구절을 평생토록 외웠다. 공자
가 말했다. "이것이 바로 도道이다. 나쁠 이유가 있겠는가!"

56 『시경』「북풍」에 나오는 구절.

9.28

子曰: 歲寒然後, 知松柏之後彫也.
자 왈　세 한 연 후　지 송 백 지 후 조 야

공자가 말했다. "날씨가 추워진 뒤에야 비로소 소나무와 잣나무가 뒤늦게 시듦을 알 수 있다."

9.29

子曰: 知者不惑, 仁者不憂, 勇者不懼.
자 왈　지 자 불 혹　인 자 불 우　용 자 불 구

공자가 말했다. "지혜로운 자는 미혹되지 않고, 인덕仁德한 자는 근심하지 않으며, 용기 있는 자는 두려워하지 않는다."

9.30

子曰: 可與共學, 未可與適道. 可與適道, 未可與
자 왈　가 여 공 학　미 가 여 적 도　가 여 적 도　미 가 여

立. 可與立, 未可與權.
립　가 여 립　미 가 여 권

공자가 말했다. "함께 학문을 할 수 있는 사람이더라도 함께 도道를 추구할 수 있는 것은 아니고, 함께 도를 추구할 수 있는 사람이더라도 함께 도를 견지할 수 있는 것은 아니다. 함께 도를 견지할 수

있다고 해도 반드시 함께 이 세상사에 임기응변할 수 있는 것은 아
니다."

9.31

> 唐棣之華, 偏其反而. 豈不爾思, 室是遠而. 子曰:
> 당 체 지 화　편 기 반 이　기 불 이 사　실 시 원 이　자 왈

> 未之思也, 夫何遠之有!
> 미 지 사 야　부 하 원 지 유

"산앵두나무 꽃이여! 바람에 흔들리는구나. 내 어찌 님을 그리워
하지 않으리오? 단지 살고 있는 곳이 너무 멀구나."

공자가 말했다. "만약 진실로 생각한다면, 먼 곳이 어디 있겠는
가?"

제 10 편

향당 鄕黨

「향당」편은 22장으로 이뤄져 있다.

공자의 용모를 비롯한 공자의 언행과 의식주를 집중적으로 묘사하고 있으며, 공자의 일거수일투족 모두 예禮에 부합됨을 찬양하고 있다. 이를 테면, 공자가 군주나 대부를 만날 때나 관청을 출입하거나 다른 나라에 사신으로 갈 때의 모습이 언제나 정직했다는 것을 묘사하여 그의 인덕한 품격을 여실하게 나타냈다.

또한 이 글은 공자의 일상생활의 갖가지 단면을 구체적으로 기록함으로써 공자를 연구하는 독자들에게 생동감 있는 소재를 제공하고 있다.

10.1

孔子於鄕黨, 恂恂如也, 似不能言者. 其在宗廟

공 자 어 향 당 　 순 순 여 야 　 사 불 능 언 자 　 기 재 종 묘

朝廷, 便便言, 唯謹爾.

조 정 　 변 변 언 　 유 근 이

공자가 고향에 있을 때에는 그 모습이 대단히 온화하고 공손하여 마치 말씀을 잘하지 못하는 듯하였다. 종묘나 조정에 나갈 때에는 말이 유려했으나 다만 신중하고 조심스럽게 하였다.

10.2

朝, 與下大夫言, 侃侃如也. 與上大夫言, 誾誾如

조 　 여 하 대 부 언 　 간 간 여 야 　 여 상 대 부 언 　 은 은 여

也. 君在, 踧踖如也, 與與如也.

야 　 군 재 　 축 적 여 야 　 여 여 여 야

조정에 나가 하대부와 말할 때에는 활기 있게 하였고, 상대부와 말할 때에는 얼굴을 펴고 쟁론도 하였으며, 군주가 있을 때에는 공경하되 조심스러워했고 근신하였다.

10.3

君召使擯, 色勃如也, 足躩如也. 揖所與立,

군 소 사 빈 　 색 발 여 야 　 족 각 여 야 　 읍 소 여 립

左右手, 衣前後, 襜如也. 趨進, 翼如也. 賓退,
좌 우 수 의 전 후 첨 여 야 추 진 익 여 야 빈 퇴

必復命曰: 賓不顧矣.
필 복 명 왈 빈 불 고 의

군주가 공자를 초청하여 빈객으로 접대하자 공자의 얼굴빛은 장중하고 엄숙하였고, 걸음걸이는 날듯이 빨랐다. 함께 서 있는 사람에게 읍할 때는 손을 좌로 혹은 우로 하여 읍하였고 옷은 전후로 날렸지만 가지런히 정돈되었다. 빠른 발걸음을 할 때는 마치 새가 날개를 편 듯하였다. 손님이 물러가면, 반드시 군주에게 보고하면서 "손님은 뒤를 돌아보지 않고 잘 가셨습니다."라고 말했다.

10.4

入公門, 鞠躬如也, 如不容. 立不中門, 行不履閾.
입 공 문 국 궁 여 야 여 불 용 입 부 중 문 행 불 리 역

過位, 色勃如也, 足躩如也, 其言似不足者. 攝齊
과 위 색 발 여 야 족 곽 여 야 기 언 사 부 족 자 섭 자

升堂, 鞠躬如也, 屏氣似不息者. 出, 降一等, 逞
승 당 국 궁 여 야 병 기 사 불 식 자 출 강 일 등 영

顔色, 怡怡如也. 沒階, 趨進, 翼如也. 復其位, 踧
안 색 이 이 여 야 몰 계 추 진 익 여 야 복 기 위 축

踖如也.
척 여 야

조정 정문으로 들어갈 때, 그의 몸가짐은 대단히 공경스러웠고 마치 없는 듯하였다. 서있을 때에는 문 중간에 있지 않았고, 걸을 때에는 문턱을 밟지 않았다. 군주가 계신 자리를 지나갈 때는 얼굴빛이 장중하면서 엄숙하였고, 발걸음도 빨라졌으며 말소리는 마치 힘이 없는 듯하였다. 옷자락을 잡고 당堂에 오를 때는 공경하고 근신하는 모습으로 마치 숨을 쉬지 않는 것처럼 하였다. 나와서 계단을 내려오고 나서야 비로소 얼굴빛을 펴서 편안한 모습을 하였다. 층계를 내려와서는 빨리 몇 걸음 걷는데, 마치 새가 날개를 편 듯하였다. 자기 자리로 되돌아와서는 공손하면서도 불안한 모습이었다.

10.5

執圭, 鞠躬如也, 如不勝. 上如揖, 下如授, 勃如
집 규　국 궁 여 야　여 불 승　상 여 읍　하 여 수　발 여

戰色, 足躍躍, 如有循. 享禮, 有容色. 私覿, 愉愉
전 색　족 축 축　여 유 순　향 례　유 용 색　사 적　유 유

如也.
여 야

군주가 하사한 옥그릇(규圭)을 받고는 공경스럽고 신중하여 마치 들어올리지 못하는 듯하였다. 들어올릴 때는 마치 읍하는 것과 같았으며, 아래로는 마치 남에게 주는 듯하였다. 얼굴빛은 장중하여 전전긍긍하였고, 발걸음은 빠르되 마치 발아래 물건이 떨어진 듯 앞으로 나아갔다. 선물을 바치는 의식에서는 온화한 얼굴빛을 하였다. 그리고 군주와 사사로이 만날 때에는 더욱 편안한 태도였다.

10.6

君子不以紺緅飾, 紅紫不以爲褻服. 當暑, 袗絺
군 자 불 이 감 추 식　홍 자 불 이 위 설 복　당 서　진 치

綌, 必表而出之. 緇衣, 羔裘. 素衣, 麑裘. 黃衣,
격 필 표 이 출 지　치 의　고 구　소 의　예 구　황 의

狐裘. 褻裘長, 短右袂. 必有寢衣, 長一身有半.
호 구　설 구 장　단 우 몌　필 유 침 의　장 일 신 유 반

狐貉之厚以居. 去喪, 無所不佩. 非帷裳, 必殺之.
호 학 지 후 이 거　거 상　무 소 불 패　비 유 상　필 쇄 지

羔裘玄冠不以弔. 吉月, 必朝服而朝.
고 구 현 관 불 이 조　길 월　필 조 복 이 조

　　군자는 옷에 홍색이 감도는 짙은 청색[57]과 홍색이 감도는 흑
색[58] 무늬를 넣지 않고, 홍색 혹은 포로 평소 집에서 입는 옷을 만들
지 않았다. 여름에는 가는 갈포葛布 혹은 굵은 갈포로 만든 홑옷을
입고, 반드시 내의를 입은 뒤 입었다. 검은 옷은 염소 가죽으로 만든
가죽옷과 같이 입고, 흰 옷은 사슴 가죽으로 만든 가죽옷과 같이 입
었다. 또 노란 옷은 여우 가죽으로 만든 가죽옷과 같이 입었다. 평소
집에서 입는 가죽옷은 옷을 길게 하되, 오른쪽 소매를 약간 짧게 하
였다. 잠잘 때는 반드시 잠옷을 입었는데, 그 길이가 키보다 반 장長
길었다. 여우와 담비 가죽으로는 집에 까는 자리를 만들었다. 탈상脫
喪한 뒤 상복을 벗고 각종 장식물을 찼다. 만약 예복이 아니면 반드

57　재계를 올릴 때 입는 옷의 색.

58　상복의 색깔.

시 재단하였다. 염소 가죽으로 만든 검은색 가죽옷과 검은 색 모자
로 조문하지 않았다. 매월 초하룻날에는 반드시 예복을 입고 군주를
뵈었다.

10.7

齊, 必有明衣, 布. 齊必變食, 居必遷坐.
재　필유명의　포　재필변식　거필천좌

목욕재계할 때에는 반드시 명의明衣[59]를 입어야 하는데, 베로 만들
었다. 재계 때에는 반드시 평소의 음식을 바꿔야 하며, 거처도 반드
시 옮겨야 한다.

10.8

食不厭精, 膾不厭細. 食饐而餲, 魚餒而肉敗, 不
식 불 염 정　회 불 염 세　식 의 이 애　어 뇌 이 육 패　불

食. 色惡不食, 臭惡不食, 失飪不食, 不時不食.
식　색 악 불 식　취 악 불 식　실 임 불 식　불 시 불 식

割不正, 不食, 不得其醬, 不食. 肉雖多, 不使勝
할 부 정　불 식　부 득 기 장　불 식　육 수 다　불 사 승

食氣, 唯酒無量, 不及亂. 沽酒市脯, 不食. 不撤
식 기　유 주 무 량　불 급 란　고 주 시 포　불 식　불 철

_____

59 재를 거행하기 전에 하는 목욕 후 입는 옷.

薑食, 不多食.
강 식   부 다 식

　밥은 정精한 것을 싫어하지 않았으며, 회膾는 가늘게 썬 것을 싫어하지 않았다. 음식이 상하여 변색된 것과 생선과 고기가 부패하여 상한 것을 먹지 않았고, 식물의 빛깔이 변한 것을 먹지 않았다. 냄새가 좋지 않은 것을 먹지 않았으며, 요리가 잘못된 것을 먹지 않았고, 때가 아닌 것을 먹지 않았다. 고기를 바르게 자른 것이 아니면 먹지 않았고, 장醬이 적당하지 않으면 먹지 않았다. 고기는 비록 많아도 밥의 양을 넘지 않았고, 술은 일정한 한계가 없었지만 취할 정도에 이르지 않았다. 또한 시장에서 산 말린 고기와 술은 먹지 않았다. 식사 때 생강은 항상 갖추었으나, 많이 먹지는 않았다.

해 설 :

　'불염不厭'은 불요구不要求, 즉 '바라지 않다'는 뜻이고, '회膾'는 육식채肉食菜로서 고기반찬을 의미하며, '세細'는 '정미精美'를 뜻한다. 이 장은 공자의 일상 식사 습관을 말한 글로서 정교하게 만들어진 아름다운 진수성찬을 바라지 않는 공자의 생활을 묘사했다.

10.9

祭於公, 不宿肉. 祭肉, 不出三日. 出三日, 不食
제 어 공 불 숙 육   제 육   불 출 삼 일   출 삼 일   불 식

之矣.
지 의

군주의 제례에서 썬 고기는 이튿날까지 두지 않았고, 집에서 제사지낸 고기도 삼일을 넘기지 않았다. 삼일을 넘긴 고기는 먹지 않았다.

10.10

食不語, 寢不言.
식 불 어   침 불 언

식사를 하면서 말하지 않았고, 잠잘 때 역시 말을 하지 않았다.

10.11

雖疏食菜羹, 瓜祭, 必齊如也.
수 소 식 채 갱   과 제   필 재 여 야

비록 거친 밥과 나물국이라도 식사 전에 반드시 그 일부로 제사를 모셨으며, 마음을 재계할 때와 같게 하였다.

10.12

席不正, 不坐.
석 부 정   부 좌

자리가 단정하지 않으면 앉지 않았다.

10.13

鄕人飮酒, 杖者出, 斯出矣.
향 인 음 주 장 자 출 사 출 의

고을의 술모임이 끝났을 때에는 반드시 나이든 사람을 먼저 나가
도록 하고 그 뒤에 나왔다.

10.14

鄕人儺, 朝服而立於阼階.
향 인 나 조 복 이 립 어 조 계

고을 사람들이 귀신을 쫓고 신을 맞는 굿을 하면 공자는 조복朝服
을 입고 동쪽 계단에 서 있었다.

10.15

問人於他邦, 再拜而送之. 康子饋藥, 拜而受之
문 인 어 타 방 재 배 이 송 지 강 자 궤 약 배 이 수 지

曰: 丘未達, 不敢嘗.
왈 구 미 달 불 감 상

사람을 다른 나라에 보내어 안부를 물을 때에는 두 번 절하고 보
냈다. 계강자季康子가 약藥을 보내오자, 공자는 절하고 받으면서 말했
다. "나는 아직 현달顯達하지 못하여 감히 받을 수 없습니다."

해 설 :

공자는 평생 정치를 펼쳐 천하에 도를 시행하고자 노력한 인물이었다. 특히 계강자는 공자가 희망했던 벼슬을 제공할 가능성이 가장 많았던 사람이었다. 이 글이 묘사하고 있는 상황은 그런 계강자가 선물로 준 약을 받은 뒤의 모습이다. 그러므로 '미未'는 "아직…아니다"의 의미로 해석하고 '달達'은 '입신출세'의 의미인 '현달顯達'로 해석하는 것이 타당하다.

10.16

廐焚, 子退朝曰: 傷人乎? 不問馬.
구 분 자 퇴 조 왈   상 인 호   불 문 마

마구간에 불이 났었는데, 공자는 퇴조退朝하여 "사람이 다쳤느냐?" 하고 말에 대해서는 묻지 않았다.

10.17

君賜食, 必正席先嘗之. 君賜腥, 必熟而薦之. 君
군 사 식 필 정 석 선 상 지 군 사 성 필 숙 이 천 지   군

賜生, 必畜之. 侍食於君, 君祭, 先飯. 疾, 君視
사 생 필 휵 지 시 식 어 군 군 제   선 반   질   군 시

之, 東首, 加朝服, 拖紳. 君命召, 不俟駕行矣.
지 동 수 가 조 복   타 신   군 명 소   불 사 가 행 의

군주가 음식을 내리면 반드시 자리를 정돈하고 먼저 맛보고, 군

주가 생고기를 내리면 반드시 익혀서 먼저 조상께 올리고, 군주가 살아있는 것을 내리면 반드시 길렀다. 군주를 모시고 식사할 때는 군주가 식사 전에 제사를 모실 때 먼저 맛을 보았다.

공자가 병에 걸리자, 군주가 문병을 왔다. 공자는 머리를 동쪽으로 향하고 누웠으며, 조복으로 몸을 덮고 허리띠를 그 위에 걸쳐놓았다. 군주가 부르면 수레가 도착하기 전에 먼저 걸어갔다.

10.18

入太廟, 每事問.
입 태 묘　　매 사 문

주공을 모시는 주나라 태묘에 가게 되면, 모든 일을 물었다.

10.19

朋友死, 無所歸, 曰: 於我殯. 朋友之饋, 雖車馬,
붕 우 사　무 소 귀　왈　어 아 빈　붕 우 지 궤　수 거 마

非祭肉, 不拜.
비 제 육　불 배

벗이 세상을 떠났는데 거둬줄 친척이 없으면 공자는 "상사喪事는 내가 책임지리라."고 하였다. 벗이 보낸 선물은 비록 마차라 하더라도 제사지낸 고기가 아니면 절하지 않았다.

10.20

寢不尸, 居不容. 見齊衰者, 雖狎必變, 見冕者與
침 불 시 거 불 용 견 제 최 자 수 압 필 변 견 면 자 여

瞽者, 雖褻必以貌. 凶服者, 式之. 式負版者. 有
고 자 수 설 필 이 모 흉 복 자 식 지 식 부 판 자 유

盛饌, 必變色而作. 迅雷風烈, 必變.
성 찬 필 변 색 이 작 신 뢰 풍 렬 필 변

누워서 휴식할 때에는 다리를 굽히지 아니하고, 집에서 거처할
때에는 모양을 내지 않았다. 상복喪服을 입은 사람을 보면 비록 절친
한 사이라도 반드시 엄숙한 태도를 보였고, 면류관을 쓴 관리와 앞
을 보지 못하는 사람을 보면 비록 항상 만나는 사이라도 반드시 예
의를 다하였다. 상복 입은 사람을 만나면 공경하는 모습으로 대하였
고 지도地圖와 호적戶籍을 짊어진 자에게도 공경을 표하였다. 풍성한
성찬盛饌을 받으면 반드시 표정을 엄숙하게 하고 공경한 모습으로
고마움을 표하였다. 천둥번개가 치고 바람이 크게 일면 반드시 얼굴
빛을 고쳐 이로써 하늘에 존경의 뜻을 보였다.

해 설 :

'침불시寢不尸'에 대한 해석에서 '침寢'은 '자다'보다는 '누워서 휴식하다'는
의미로 해석하고, '불시不尸'는 '다리를 굽히지 않다'로 해석한다. 이러한
해석은 올바름, 즉 직直 혹은 정正을 강조하는 공자의 사상에 부합된다. 이
대목은 신교身敎로써는 작은 일이지만 자세한 곳까지 관심을 갖는 공자의
교육 사상을 구체적으로 잘 드러내고 있다.

10.21

升車, 必正立, 執綏. 車中, 不內顧, 不疾言, 不親
승 거　필 정 립　집 수　거 중　불 내 고　부 질 언　불 친

指.
지

수레를 탈 때에는 반드시 똑바로 선 뒤에 손잡이를 잡았다. 수레
에서는 고개를 돌리지 않았고, 큰소리로 얘기하지 않았으며, 손가락
질을 하지 않았다.

10.22

色斯擧矣, 翔而後集. 曰: 山梁雌雉, 時哉時哉,
색 사 거 의　상 이 후 집　왈　산 량 자 치　시 재 시 재

子路共之, 三嗅而作.
자 로 공 지　삼 후 이 작

눈이 마주치자 꿩이 날아올랐다가 나무 위에 앉았다.[60] 공자가
"꿩이로구나! 참으로 좋은 때로다. 좋은 때로다!"하였다. 자로가 새
에게 손을 흔들었다. 새는 날갯짓을 하고 날아갔다.

---

60 '집集'이라는 한자는 나무 위에 새가 모여 있는 모양으로서 '모이다'의 의미를
　가지고 있지만, 꿩은 함께 모이지 않는 새이므로 '집集'을 한자어 모양그대로
　'앉다'로 옮겼다.

해 설 :

이 글에는 여러 다른 해석이 있다. 예를 들어, 첫 구절을 "꿩이 사람의 기색을 살피고 날아올랐다가 다시 나무에 앉는" 광경으로 풀이하고, 이에 따라 '시재시재時哉時哉'를 "꿩도 시時에 맞게 행동한다."는 해석이 있다. 조선의 대유학자였던 정약용은 이 구절을 "사냥꾼이 다리 쪽으로 가는 것을 본 공자가 꿩이 날아가야 할 때라고 염려한 말"이라고 풀이했다. 마지막 두 구절을 "자로는 꿩을 요리해 올렸다. 공자는 차마 거절할 수 없어 세 번 냄새만 맡고는 일어나셨다."로 해석하거나,[61] "자로가 꿩에게 먹이를 주자 꿩이 세 번 냄새 맡고 날아갔다."고 풀이하기도 한다. 필자 생각으로는, 공자 일행이 산으로 유람을 가서 자유롭게 날아다니는 꿩을 보고 뜻을 얻지 못한 자신과 비교하여 "참으로 좋은 때로구나!"라고 영탄詠歎하는 감정으로 해석하는 것이 가장 자연스러울 듯하다.

---

61 「술이述而」편에 공자가 새 사냥은 하지만 잠을 자는 새는 사냥하지 않았다는 내용이 나온다. 공자가 새를 먹지 않았던 것이 아니다.

제 11 편

선진 先進

「선진」편은 모두 25장으로 구성되어 있다.

이 글은 제자들에 대한 공자의 평가와 그 과정에서 나타나는 "과유불급"의 중용사상, 그리고 각종 지식과 관리로서의 임무 관계를 기술하고 있다. 특히 "미능사인, 언능사귀未能事人, 焉能事鬼?", "미지생, 언지사未知生, 焉知死?"와 같이 귀신과 생사生死의 문제에 대한 공자의 생각을 흥미롭게 드러내고 있다.

마지막 부분에는 공자와 제자들의 지향하는 바가 묘사되어 있어 공자 정치사상의 구체적인 모습을 잘 들여다 볼 수 있다.

11.1

子曰: 先進於禮樂野人也, 後進於禮樂君子也.
자 왈 선 진 어 례 악 야 인 야 후 진 어 례 악 군 자 야

如用之, 則吾從先進.
여 용 지 즉 오 종 선 진

공자가 말했다. "예악禮樂 학습을 잘 수행한 제자들은 아직 재야
에 있어 줄곧 벼슬이 없고, 예악 학습을 그다지 잘 수행하지 못한 자
들은 오히려 벼슬을 얻었구나. 만약 나에게 인재를 선택하라고 한다
면 나는 예악 학습을 잘 수행한 제자들을 선택할 것이다."

해 설 :

'야인野人'은 제자들을 가리키고, 군자는 이미 벼슬자리에 있는 사람을 가
리킨다.

이 글은 열심히 학습을 수행했지만 아직 뜻을 펴지 못한 제자들을 안타깝
게 여기는 공자의 심정을 담고 있다.

11.2

子曰: 從我於陳蔡者, 皆不及門也. 德行: 顔淵,
자 왈 종 아 어 진 채 자 개 불 급 문 야 덕 행 안 연

閔子騫, 冉伯牛, 仲弓. 言語: 宰我, 子貢. 政事:
민 자 건 염 백 우 중 궁 언 어 재 아 자 공 정 사

冉有, 季路. 文學: 子游, 子夏.
염 유 계 로 문 학 자 유 자 하

공자가 말했다. "진나라부터 채나라까지 나를 따르던 제자들이 지금은 모두 여기에서 내 가르침을 받지 않고 있구나!"

덕행에는 안연, 민자건, 염백우, 중궁이었고, 언어에는 재아, 자공이었으며, 정사에는 염유, 계로였고, 문학에는 자유, 자하였다.

11.3

子曰: 回也, 非助我者也. 於吾言無所不說.
자 왈 회 야 비 조 아 자 야 어 오 언 무 소 불 열

공자가 말했다. "안회는 그저 나를 돕는 제자가 아니었다. 나의 말에 대해 기뻐하지 않는 바가 없었다."

11.4

子曰: 孝哉! 閔子騫! 人不間於其父母昆弟之言!
자 왈 효 재 민 자 건 인 불 간 어 기 부 모 곤 제 지 언

공자가 말했다. "효성스럽구나. 민자건이여! 사람들은 그 부모형제가 그를 칭찬하는 말을 비판하지 못하는구나!"

해 설 :

'간間'은 '비판하다'로 해석한다.

민자건閔子騫

노나라 사람. 성은 민閔, 이름은 손損, 자건子騫은 자字이다.
공자보다 15살 적었으며 효성이 지극했다고 전해진다.

11.5

南容, 三復白圭, 孔子以其兄之子, 妻之.
남 용 삼 복 백 규 공 자 이 기 형 지 자   처 지

　남용이 백규白圭라는 내용의 시詩를 세 번 외우니, 공자는 자기 형의 딸을 그에게 시집보냈다.

11.6

季康子問: 弟子孰爲好學? 孔子對曰: 有顏回者
계 강 자 문   제 자 숙 위 호 학   공 자 대 왈   유 안 회 자

好學, 不幸短命死矣. 今也則亡.
호 학 불 행 단 명 사 의   금 야 즉 무

　계강자가 "제자 중에 누가 학문을 좋아합니까?"라 묻자, 공자가 대답했다. "안회라는 자가 학문을 좋아했었는데 불행히도 명命이 짧아 죽었습니다. 지금은 없습니다."

11.7

顏淵死, 顏路請子之車以爲之椁. 子曰: 才不才,
안 연 사 안 로 청 자 지 거 이 위 지 곽 자 왈   재 불 재

亦各言其子也. 鯉也死, 有棺而無椁, 吾不徒行
역 각 언 기 자 야   리 야 사 유 관 이 무 곽 오 불 도 행

以爲之槨, 以吾從大夫之後, 不可徒行也.
이 위 지 곽   이 오 종 대 부 지 후   불 가 도 행 야

안연이 죽자 그의 부친 안로가 공자의 수레를 팔아 외관을 만들 것을 청하자 공자가 말했다. "재주가 있든 없든, 각자 자기 아들을 말한다. 내 아들 이鯉가 죽었을 때에 관棺만 있었고 곽槨은 없었다. 내가 수레를 팔아 곽槨을 만들어주지 못함은 내가 대부大夫의 뒤를 따랐던 까닭에 도보로 걸어 다닐 수 없었기 때문이다."

11.8

顔淵死. 子曰: 噫! 天喪予! 天喪予!
안 연 사   자 왈   희   천 상 여   천 상 여

안연이 죽자, 공자가 탄식했다. "아! 하늘이 나를 죽도록 하는구나! 하늘이 나를 죽도록 하는구나!"

해 설:

가장 아끼던 제자 안연의 죽음에 대한 공자의 진실된 슬픔을 강렬하게 표현하고 있다.

11.9

顔淵死, 子哭之慟. 從者曰: 子慟矣.
안 연 사   자 곡 지 통   종 자 왈   자 통 의

曰: 有慟乎? 非夫人之爲慟而誰爲?
왈 유통호 비부인지위통이수위

안연이 죽자, 공자가 곡을 하며 애통해하였다. 제자가 말했다.
"스승님께서 지나치게 애통해하십니다."

공자가 말했다. "지나치게 애통해하였느냐? 내 저 사람을 위해
애통해하지 않으면 누구를 위해 애통해하겠는가?"

11.10

顔淵死, 門人欲厚葬之. 子曰: 不可. 門人厚葬之.
안 연 사 문 인 욕 후 장 지 자 왈 불 가 문 인 후 장 지

子曰: 回也視予猶父也, 予不得視猶子也. 非我
자 왈 회 야 시 여 유 부 야 여 부 득 시 유 자 야 비 아

也, 夫二三子也.
야 부 이 삼 자 야

안연이 죽자, 제자들이 성대하게 장사지내려 하였다. 그러나 공
자는 "그럴 수 없다."라고 말했다. 그래도 제자들은 성대하게 장례를
치렀다. 공자가 말했다. "안회는 나를 아버지처럼 여겼는데, 나는 자
식처럼 대하지 못했다. 하지만 이것은 나의 잘못이 아니라 제자들의
잘못이다."[62]

---

62 공자는 안연의 장례도 자기 자식처럼 어디까지나 자기 원칙에 입각해 치르려 했
  다. 하지만 제자들은 성대하게 장례를 치렀고, 공자는 이런 제자들의 행동을 지

11.11

季路問事鬼神. 子曰: 未能事人, 焉能事鬼? 曰:
계 로 문 사 귀 신　자 왈　미 능 사 인　언 능 사 귀　왈

敢問死. 曰: 未知生, 焉知死?
감 문 사　왈　미 지 생　언 지 사

계로가 귀신을 섬기는 것에 대해 묻자, 공자가 "사람을 잘 섬길
수도 없으면서 어떻게 귀신鬼神을 섬길 수 있겠는가?"라고 말했다.
"죽음이 무엇입니까? 감히 묻습니다." 하자, 공자는 "삶의 도리도 아
직 모르는데 어떻게 죽음을 알겠는가?"라고 대답했다.

해 설 :

현실주의자인 공자의 면모가 분명하게 드러나고 있다. 이러한 실용주의
경향은 중국의 뿌리 깊은 전통으로 이어졌다.

11.12

閔子侍側, 誾誾如也. 子路, 行行如也. 冉有, 子
민 자 시 측　은 은 여 야　자 로　행 행 여 야　염 유　자

貢, 侃侃如也. 子樂. 若由也, 不得其死然.
공　간 간 여 야　자 락　약 유 야　부 득 기 사 연

민자건이 공자 옆에서 모실 때는 온화하였고, 자로는 강건하였으

적했다.

며, 염유와 자공은 즐거운 모습이었다. 공자는 기분이 좋았다. "그런데 자로가 이대로라면 좋은 죽음을 얻지 못할 듯하구나."

해 설 :

과연 훗날 관리가 된 자로는 반란에 끝까지 저항하다 죽음을 당했다. 공자는 자로가 죽었다는 소식을 전해 듣고 대단히 상심하였다.

11.13

魯人爲長府. 閔子騫曰: 仍舊貫如之何, 何必改
노 인 위 장 부 　 민 자 건 왈 　 잉 구 관 여 지 하 　 하 필 개

作? 子曰: 夫人不言, 言必有中.
작 　 자 왈 　 부 인 불 언 　 언 필 유 중

노나라가[63] 장부長府라는 국고를 고쳐짓자, 민자건이 말했다. "옛날대로가 어떨까요? 군이 고칠 필요가 있는지요?"

그러자 공자가 말했다. "저 사람은 평소 말이 없지만, 한번 말을 하면 반드시 끝까지 실행한다."

11.14

子曰: 由之瑟奚爲於丘之門? 門人不敬子路. 子
자 왈 　 유 지 슬 해 위 어 구 지 문 　 문 인 불 경 자 로 　 자

---

63 노인魯人은 노나라 권력자를 지칭한다.

曰: 由也升堂矣, 未入於室也.
왈 유야승당의 미입어실야

공자가 말했다. "자로는 어찌 내 집 문 앞에서 비파를 연주하는 가?" 제자들이 이로 인해 모두 자로를 존중하지 않았다.

공자가 말했다. "자로는 학문에서 이미 당堂에 올라올 정도다. 다만 아직 방에 들어오지는 못한다."

11.15

子貢問: 師與商也孰賢? 子曰: 師也過, 商也不
자공문 사여상야숙현 자왈 사야과 상야불

及. 曰: 然則師愈與? 子曰: 過猶不及.
급 왈 연즉사유여 자왈 과유불급

자공이 "자장과 자하 중에 누가 낫습니까?"하고 묻자, 공자가 "자장은 지나치고, 자하는 미치지 못한다."라고 대답했다. 자공이 "그러면 자장이 낫습니까?"라고 묻자, 공자가 이렇게 대답했다. "지나침은 미치지 못함과 같다."

해 설 :

'과유불급過猶不及', 가슴에 품어야 할 교훈이자 소중한 잠언이다.

11.16

季氏富於周公, 而求也爲之聚斂而附益之. 子曰:
계 씨 부 어 주 공   이 구 야 위 지 취 렴 이 부 익 지   자 왈

非吾徒也, 小子! 鳴鼓而攻之可也.
비 오 도 야   소 자   명 고 이 공 지 가 야

　　계씨가 주나라의 제후보다 더 부유하였는데도 염유는 그를 위해
세금을 긁어모아 그의 재산을 더 늘려주었다. 공자가 말했다. "염유
는 나의 제자가 아니다. 너희들은 깃발을 들고 북을 울려 그를 공격
해라."

　해 설 :

　　이 글에는 불의에 단호한 공자의 태도가 여실히 표현되고 있다.

11.17

柴也愚, 參也魯, 師也辟, 由也喭.
시 야 우   삼 야 노   사 야 벽   유 야 언

　　시柴는 우직하고, 삼參(증자)은 노둔하며, 사師(자장)는 편향되고,
유由(자로)는 거칠다.

11.18

子曰: 回也其庶乎, 屢空. 賜, 不受命, 而貨殖焉,
자 왈   회 야 기 서 호   누 공   사   불 수 명   이 화 식 언

億則屢中.
억 즉 루 중

공자가 말했다. "안회顔回는 고상하고 뛰어났지만, 언제나 가난했다. 자공은 숙명을 받아들이지 않고 재산을 모았으며, 예측을 하면 자주 적중하였다."

해 설 :

'서庶'는 품학겸우品學兼優, 즉 "품성이 고상하고 학문이 뛰어나다"는 뜻이다.

중국 춘추시대 때, '억億'이라는 글자는 '예측豫測'의 의미로 사용되었다. 주희朱熹는 이 '억億'을 "의탁야意度也"라고 풀이하였다.

11.19

子張問善人之道. 子曰: 不踐迹, 亦不入於室.
자 장 문 선 인 지 도   자 왈   불 천 적   역 불 입 어 실

자장이 선인善人의 도를 묻자, 공자가 대답했다. "성인의 발자취를 따라 걷지 않는다면, 학문과 수양이 경지에 이르지 못한다."

11.20

子曰: 論篤是與, 君子者乎, 色莊者乎.
자 왈　논 독 시 여　군 자 자 호　색 장 자 호

　공자가 말했다. "사람들의 의론議論이 독실하고 성실하면, 곧 찬동을 표한다. 다만 그 사람이 군자인지, 용모만 장중한 거짓 군자인지를 살펴봐야 한다."

11.21

子路問: 聞斯行諸? 子曰: 有父兄在, 如之何其聞
자 로 문　문 사 행 저　자 왈　유 부 형 재　여 지 하 기 문

斯行之? 冉有問: 聞斯行諸? 子曰: 聞斯行之. 公
사 행 지　염 유 문　문 사 행 저　자 왈　문 사 행 지　공

西華曰: 由也問聞斯行諸, 子曰: 有父兄在, 求也
서 화 왈　유 야 문 문 사 행 저　자 왈　유 부 형 재　구 야

問聞斯行諸, 子曰: 聞斯行之. 赤也惑, 敢問. 子
문 문 사 행 저　자 왈　문 사 행 지　적 야 혹　감 문　자

曰: 求也退, 故進之. 由也兼人, 故退之.
왈　구 야 퇴　고 진 지　유 야 겸 인　고 퇴 지

　자로가 "들으면 곧 실행하여야 합니까?"하고 묻자, 공자가 "부형父兄이 살아계시는데, 어찌 들으면 곧 실행할 수 있겠는가?"라고 대답했다. 염유가 "들으면 곧 실행하여야 합니까?"하고 묻자, 공자가 "들으면 실행하여야 한다."하고 말했다.

공서화가 물었다. "자로가 '들으면 곧 실행하여야 합니까?'하고 묻자, 스승님께서 '부형父兄이 살아계시다.' 하셨고, 염유가 '들으면 곧 실행하여야 합니까?'하고 묻자, 스승님께서 '들으면 곧 실행하여야 한다.'고 대답하시니, 저는 의문이 들어 감히 묻습니다."

이에 공자가 말했다. "염유는 항상 물러나기 때문에 그를 격려한 것이고, 자로는 용기가 넘치므로 그를 자제시킨 것이다."

11.22

子畏於匡, 顔淵後. 子曰: 吾以女爲死矣. 曰: 子
자 외 어 광   안 연 후   자 왈   오 이 여 위 사 의   왈   자

在, 回何敢死?
재   회 하 감 사

공자가 광인匡人의 기습을 받았을 적에 안연顔淵이 뒤쳐져 있었다. 공자가 "나는 네가 죽은 줄로 생각했었다."하고 말하니, 안연이 이렇게 말했다. "스승님이 살아계신데 제가 어찌 감히 죽겠습니까?"

11.23

季子然問: 仲由, 冉求可謂大臣與? 子曰: 吾以子
계 자 연 문   중 유   염 구 가 위 대 신 여   자 왈   오 이 자

爲異之問, 曾由與求之問. 所謂大臣者, 以道事
위 이 지 문   증 유 여 구 지 문   소 위 대 신 자   이 도 사

君, 不可則止. 今由與求也, 可謂具臣矣. 曰: 然
군 불가즉지 금유여구야 가위구신의 왈 연

則從之者與? 子曰: 弑父與君, 亦不從也.
즉 종 지 자 여 자 왈 시 부 여 군 역 불 종 야

계자연季子然이 물었다. "중유와 염구는 대신大臣이라고 이를 만합니까?"

공자가 말했다. "나는 당신이 특이한 질문을 하리라고 생각했었는데, 결국 유由와 구求에 대한 질문을 하시는군요! 이른바 대신大臣이란 도道로써 군주를 섬기고 옳지 못하면 그만 두게 합니다. 지금 유由와 구求는 그렇지는 못한 신하라고 할 수 있습니다."

계자연季子然이 물었다. "그렇다면 이들은 그저 따르기만 하는 자들입니까?"

공자가 대답했다. "아버지와 임금을 시해하는 일은 따르지 않을 것입니다."

해설 :

'대신大臣'은 군주에게 감히 간언을 하는 신하이지만 '구신具臣'은 간언하지 못하고 그저 추종하면서 봉록만 받는 신하를 말한다.

11.24

子路使子羔爲費宰. 子曰: 賊夫人之子! 子路曰:
자 로 사 자 고 위 비 재 자 왈 적 부 인 지 자 자 로 왈

有民人焉, 有社稷焉, 何必讀書, 然後爲學. 子曰:
유 민 인 언 유 사 직 언 하 필 독 서 연 후 위 학 자 왈

是故惡夫佞者.
시 고 오 부 녕 자

자로가 자고子羔를 비읍費邑의 읍재邑宰로 삼자, 공자가 말했다. "이는 남의 자제를 해치는 일이도다!"

자로가 말했다. "그 지방에도 백성이 있고 사직이 있어 백성을 다스리고 사직을 지키는 것 역시 학습이니, 굳이 반드시 글을 읽은 뒤에야 학문이라 할 수 있겠습니까?"

그러자 공자가 말했다. "그러므로 내가 미사여구를 늘어놓는 자를 미워하는 것이다."

11.25

子路曾晳冉有公西華侍坐, 子曰: 以吾一日, 長
자 로 증 석 염 유 공 서 화 시 좌 자 왈 이 오 일 일 장

乎爾, 毋吾以也. 居則曰不吾知也, 如或知爾, 則
호 이 무 오 이 야 거 즉 왈 불 오 지 야 여 혹 지 이 즉

何以哉. 子路率爾而對曰: 千乘之國, 攝乎大國
하 이 재 자 로 솔 이 이 대 왈 천 승 지 국 섭 호 대 국

之間, 加之以師旅, 因之以饑饉, 由也爲之, 比及
지 간 가 지 이 사 려 인 지 이 기 근 유 야 위 지 비 급

三年, 可使有勇, 且知方也. 夫子哂之. 求! 爾何
삼 년 가 사 유 용 차 지 방 야 부 자 신 지 구 이 하

如? 對曰: 方六七十, 如五六十, 求也爲之, 比及
여 대왈 방육칠십 여오륙십 구야위지 비급

三年, 可使足民, 如其禮樂, 以俟君子. 赤! 爾何
삼년 가사족민 여기예악 이사군자 적 이하

如? 對曰: 非曰能之, 願學焉. 宗廟之事, 如會同,
여 대왈 비왈능지 원학언 종묘지사 여회동

端章甫, 願爲小相焉. 點! 爾何如? 鼓瑟希, 鏗爾
단장보 원위소상언 점 이하여 고슬희 갱이

舍瑟而作, 對曰: 異乎三子者之撰. 子曰, 何傷乎,
사슬이작 대왈 이호삼자자지찬 자왈 하상호

亦各言其志也. 曰: 莫春者, 春服旣成, 冠者五六
역각언기지야 왈 모춘자 춘복기성 관자오륙

人, 童子六七人, 浴乎沂, 風乎舞雩, 詠而歸. 夫
인 동자육칠인 욕호기 풍호무우 영이귀 부

子, 喟然嘆曰: 吾與點也. 三子者出, 曾晳後, 曾
자 위연탄왈 오여점야 삼자자출 증석후 증

晳曰: 夫三子者之言, 何如? 子曰: 亦各言其志也
석왈 부삼자자지언 하여 자왈 역각언기지야

已矣, 曰: 夫子何哂由也. 曰: 爲國以禮, 其言不
이의 왈 부자하신유야 왈 위국이례 기언불

讓, 是故哂之. 唯求則非邦也與, 安見方六七十,
양 시고신지 유구즉비방야여 안견방륙칠십

如五六十而非邦也者. 唯赤則非邦也與, 宗廟會
여오륙십이비방야자 유적즉비방야여 종묘회

同, 非諸侯而何, 赤也爲之小, 孰能爲之大.
동 비제후이하 적야위지소 숙능위지대

자로, 증석, 염유, 공서화가 공자를 모시고 앉았는데, 공자가 말했다. "내가 너희들보다 다소 연장이라 하여 너희들의 뜻을 말하는 데 머뭇거리지 말아라. 너희들이 평소에 말하기를 '나를 알아주지 못한다.' 하는데, 만일 혹시라도 제후들이 너희들을 알아주어 등용한다면 어찌 하겠느냐?"

자로子路가 가장 빨리 대답했다. "천승千乘의 중등국가는 능히 다스릴 수 있습니다. 대국이 위협하고 천재지변이 몰려오며 전란이 계속되어도, 3년 뒤에는 능히 백성들을 용맹스럽게 만들고 또 법도를 알게 할 것입니다." 공자가 빙그레 웃었다.

"구求야! 너는 어떻게 하겠느냐?" 하자, 다음과 같이 대답했다. "저는 단지 방方 60~70리里, 혹은 50~60리里 정도의 소국을 시험적으로 다스려볼 정도입니다. 그리하여 3년이 지나면 백성들을 풍족하게 할 수 있습니다. 예의나 교화 등의 큰일은 오직 현인군자가 나타나기만을 기다려야 할 것입니다."

"적赤아! 너는 어떻게 하겠느냐?" 하자, 다음과 같이 대답했다. "저는 국가를 다스린다는 말씀을 감히 드릴 수 없습니다. 다만 다스리는 실천 중 배울 수 있기를 바랄 뿐입니다. 가령 국가의 제사나 외국과의 맹회盟會에서 조그만 업무를 맡아볼 수 있을 정도입니다."

"점點아! 너는 어떻게 하겠느냐?" 하자, 증석은 비파를 타다가 비파를 내려놓으며 일어나 대답했다. "저는 세 사람과 뜻이 다릅니다."

공자가 "무엇이 나쁘겠는가? 또한 각기 자기의 뜻을 말하는 것이다."라고 말하자, 증석이 다음과 같이 대답했다. "늦봄 3월에 봄옷을 입고서 마음에 맞는 몇 사람과 함께 기수沂水에서 물놀이를 하고 무우舞雩에서 바람 쐬고 노래하면서 돌아오겠습니다.”

공자가 “아!”하고 감탄하며 “나도 점點과 같다.”라고 하였다. 세 사람이 나가고 증석이 뒤에 남았는데, 증석이 말했다. “저 세 사람의 말이 어떻습니까?”

공자가 대답했다. “또한 각각 제 뜻을 말했을 뿐이다.”

그러자 증석이 “스승님께서는 어찌하여 유由를 비웃었습니까?”하고 물었다. “나라를 다스림은 예禮로써 해야 하는데, 그의 말이 겸손하지 않았다. 그러므로 웃은 것이다.”

“구求가 말한 것은 나라를 다스리는 일이 아닙니까?”하고 묻자, 다음과 같이 대답했다. “방方60~70리里, 또는 50~60리里가 되고서 나라가 아닌 것을 어디서 보겠느냐?”

다시 “적赤은 나라를 다스리는 일이 아닙니까?”하고 묻자, 이렇게 대답했다. “종묘宗廟의 일과 회동會同하는 일이 제후의 일이 아니고 무엇이겠느냐? 적赤의 재주로 소소가 된다면 누가 능히 대大가 되겠느냐?”

해 설 :
‘차지방야且知方也’의 ‘방方’은 ‘법도’로 해석한다.

제 12 편

안연 顔淵

「안연」편은 총 24장으로 구성되어 있다.

이 글에는 제자들이 공자에게 어떻게 해야만 인仁이라 할 수 있는가에 대해 묻고 있는 내용이 기술되고 있는데, 이 부분은 지금도 연구자들에게 즐겨 인용되는 내용이다. 이밖에도 공자가 과연 어떤 사람을 군자라 할 수 있는가의 문제를 어떻게 인식하고 있었는지를 살펴볼 수 있다.

본편에는 우리에게도 잘 알려져 있는 "극기복례위인, 일일극기복례, 천하귀인언克己復禮爲仁, 一日克己復禮, 天下歸仁焉", "비례물시, 비례물청, 비례물언, 비례물동非禮勿視, 非禮勿聽, 非禮勿言, 非禮勿動", "군군, 신신, 부부, 자자君君, 臣臣, 父父, 子子", "기소불욕, 물시어인己所不欲, 勿施於人", "군자성인지미, 불성인지악君子成人之美, 不成人之惡", "사생유명, 부귀재천死生有命, 富貴在天", "사해지내, 개형제야四海之內, 皆兄弟也" 등 주옥같은 명구가 소개되고 있다.

12.1

顔淵問仁. 子曰: 克己復禮爲仁, 一日克己復禮,
안 연 문 인 자 왈 극 기 복 례 위 인 일 일 극 기 복 례

天下歸仁焉. 爲仁由己, 而由人乎哉? 顔淵曰: 請
천 하 귀 인 언 위 인 유 기 이 유 인 호 재 안 연 왈 청

問其目. 子曰: 非禮勿視, 非禮勿聽, 非禮勿言,
문 기 목 자 왈 비 례 물 시 비 례 물 청 비 례 물 언

非禮勿動. 顔淵曰: 回雖不敏, 請事斯語矣.
비 례 물 동 안 연 왈 회 수 불 민 청 사 사 어 의

안연이 인仁을 묻자, 공자가 말했다. "자기를 절제하여 모든 것을 예禮의 원칙에 의거하는 것이 바로 인仁이다. 이렇게 한다면 천하의 모든 것이 모두 인仁에 귀의하게 된다. 인덕의 실행은 완전히 스스로에게 달려 있는 것이지, 어찌 남에게 달려있는 것이겠는가?"

안연이 "인을 실행하는 조목條目[64]을 묻고자 합니다."하고 말하자, 공자가 말했다. "예가 아니면 보지 말고, 예가 아니면 듣지 말며, 예가 아니면 말하지 말고, 예가 아니면 행하지 말라."

안연이 말했다. "제가 비록 불민不敏하오나 스승님의 말씀대로 하겠습니다."

해 설 :

'민敏'은 '총명하다', '사리에 밝다'를 뜻하므로, '불민不敏'은 '어리석은 제가'라는 의미를 가진 겸손한 말투이다.

---

64 조목條目: 법률이나 규정 따위의 낱낱의 조나 항목.

안회顔回

노나라 사람. 성은 안顔, 이름은 회回, 자字는 자연子淵.
안연顔淵이라고도 불린다. 공자가 가장 사랑하는 제자였다.
공자보다 40살 적었고, 공자가 71세 때 죽은 것으로 전해진다.

12.2

仲弓問仁. 子曰: 出門如見大賓, 使民如承大祭,
중 궁 문 인   자 왈   출 문 여 견 대 빈   사 민 여 승 대 제

己所不欲, 勿施於人, 在邦無怨, 在家無怨. 仲弓
기 소 불 욕   물 시 어 인   재 방 무 원   재 가 무 원   중 궁

曰: 雍雖不敏, 請事斯語矣.
왈   옹 수 불 민   청 사 사 어 의

중궁仲弓이 인仁을 묻자, 공자가 말했다. "밖에서 항상 큰 손님을 만난 듯이 하며, 백성에 대해서는 큰 제사祭祀를 받들 듯이 하고, 자신이 하고 싶지 않은 것을 남에게 강제하지 말아야 한다. 이렇게 하면 나라에 있어서도 원망함이 없으며, 집안에 있어서도 원망함이 없을 것이다."

중궁이 말했다. "제가 비록 불민不敏하오나 스승님의 말씀대로 하겠습니다."

12.3

司馬牛問仁. 子曰: 仁者, 其言也訒. 曰: 其言也
사 마 우 문 인   자 왈   인 자   기 언 야 인   왈   기 언 야

訒, 斯謂之仁矣乎? 子曰: 爲之難, 言之得無訒乎!
인   사 위 지 인 의 호   자 왈   위 지 난   언 지 득 무 인 호

사마우司馬牛가 인仁을 묻자, 공자가 말했다. "인자仁者의 말은 신중하다."

사마우가 말했다. "말을 신중하게 하면 곧 인仁이라 할 수 있습니까?"

공자가 말했다. "이것을 행하기란 매우 어렵다. 말할 때에 신중하지 않을 수 있겠느냐?"

12.4

司馬牛問君子. 子曰: 君子不憂不懼. 曰: 不憂不
사 마 우 문 군 자 자 왈 군 자 불 우 불 구 왈 불 우 불

懼, 斯謂之君子矣乎? 子曰: 內省不疚, 夫何憂何懼.
구 사 위 지 군 자 의 호 자 왈 내 성 불 구 부 하 우 하 구

사마우가 군자에 대해 묻자, 공자가 말했다. "군자는 걱정하지 않으며 두려워하지 않는다."

사마우가 말했다. "근심하지 않고 두려워하지 않으면 곧 군자라 할 수 있습니까?"

공자가 말했다. "마음에 부끄러운 것이 없으니, 무엇을 근심하고 무엇을 두려워하겠는가?"

12.5

司馬牛憂曰: 人皆有兄弟, 我獨亡. 子夏曰: 商聞
사 마 우 우 왈 인 개 유 형 제 아 독 무 자 하 왈 상 문

之矣, 死生有命, 富貴在天. 君子敬而無失, 與人
지 의 사 생 유 명 부 귀 재 천 군 자 경 이 무 실 여 인

恭而有禮, 四海之內, 皆兄弟也. 君子何患乎無
공 이 유 례　사 해 지 내　개 형 제 야　군 자 하 환 호 무

兄弟也.
형 제 야

사마우가 걱정하면서 말했다. "사람들은 모두 형제兄弟가 있는데 나만 홀로 없구나."

자하가 말했다. "내가 들으니, 죽음과 삶은 운명에 달려 있고, 부富와 귀貴는 하늘에 달려 있다 하였다. 군자가 공경하여 방종함이 없으며, 다른 사람에게 공손하고 예禮가 있으면 사해四海 사람들이 모두 형제이니, 군자가 어찌 형제가 없음을 걱정하겠는가?"

해 설 :

'군자경이무실君子敬而無失'에서 '실失'은 '방종放縱'으로 해석한다.

12.6

子張問明. 子曰: 浸潤之讒, 膚受之愬, 不行焉,
자 장 문 명　자 왈　침 윤 지 참　부 수 지 소　불 행 언

可謂明也已矣. 浸潤之讒, 膚受之愬, 不行焉, 可
가 위 명 야 이 의　침 윤 지 참　부 수 지 소　불 행 언　가

謂遠也已矣.
위 원 야 이 의

자장子張이 지혜에 대하여 묻자, 공자가 이렇게 말했다. "서서히 스며드는 참소讒訴[65]와 피부병과 같은 비방이 너에게 도무지 통하지 않는다면 가히 지혜롭다 칭할 만하다. 서서히 스며드는 참소와 피부병과 같은 비방이 너에게 도무지 통하지 않는다면 가히 장기적 안목을 지녔다고 이를 만하다."

12.7

子貢問政. 子曰: 足食, 足兵, 民信之矣. 子貢曰:
자 공 문 정　자 왈　족 식　족 병　민 신 지 의　자 공 왈

必不得已而去, 於斯三者, 何先? 曰: 去兵. 子貢
필 부 득 이 이 거　어 사 삼 자　하 선　왈　거 병　자 공

曰: 必不得已而去, 於斯二者, 何先? 曰: 去食, 自
왈　필 부 득 이 이 거　어 사 이 자　하 선　왈　거 식　자

古皆有死, 民無信不立.
고 개 유 사　민 무 신 불 립

자공子貢이 정사政事를 묻자, 공자가 말했다. "양식을 풍족히 하고, 병兵을 풍족히 하면 백성들이 믿을 것이다."

자공이 말했다. "만약 부득이하게 버려야한다면 이 세 가지 중에 무엇을 먼저 버려야 합니까?"

공자가 말했다. "병兵을 버려야 한다."

자공이 말했다. "만약 부득이하게 버려야한다면 이 두 가지 중에

---

65 참소讒訴: 남을 헐뜯어서 죄가 있는 것처럼 꾸며 윗사람에게 고하여 바치다.

무엇을 먼저 버려야 합니까?"

그러자 공자가 이렇게 대답했다. "양식을 버려야 하니, 예로부터 죽음은 누구에게나 다 오거니와, 신의가 없으면 권력은 설 수 없다."

해 설 :

'필부득이이거必不得己而去'에서 '필必'은 '반드시'보다 '만약'으로 해석하는 것이 자연스럽다.

사람들은 흔히 먹고 사는 문제, 즉 경제가 최고라고 주장한다. 경제만 잘 성장하기만 하면 권력도 따라서 안정된다고 주장하지만 공자는 경제 그리고 군사보다 더 중요한 것은 민심이자 백성들의 신뢰라고 단언한다. 이 장에 나오는 민무신불립民無信不立, 즉 백성의 신뢰를 얻지 못하면 (권력은) 설 수 없다는 말은 모든 위정자들의 지표가 되어왔다.

12.8

棘子成曰: 君子, 質而已矣, 何以文爲. 子貢曰:
극 자 성 왈　 군 자　 질 이 이 의　 하 이 문 위　 자 공 왈

惜乎! 夫子之說君子也, 駟不及舌. 文猶質也, 質
석 호　 부 자 지 설 군 자 야　 사 불 급 설　 문 유 질 야　 질

猶文也. 虎豹之鞹, 猶犬羊之鞹.
유 문 야　 호 표 지 곽　 유 견 양 지 곽

극자성棘子成[66]이 말했다. "군자는 내면의 내용만 있으면 족한데,

---

66 위나라 대부.

외면적인 문文이 필요가 있겠습니까?"

자공이 말했다. "안타깝군요. 당신의 입 밖으로 나온 군자관君子觀
은 네 마리의 말이 이끄는 마차도 주워 담을 수 없습니다. 문文이 곧
질質이고 질이 곧 문이기에 모두 중요합니다. 호랑이나 표범의 가죽
은 개나 양의 가죽과 같습니다."

12.9

哀公問於有若曰: 年饑, 用不足, 如之何? 有若對
애 공 문 어 유 약 왈   연 기   용 불 족   여 지 하   유 약 대

曰: 蓋徹乎? 曰: 二, 吾猶不足, 如之何其徹也? 對
왈   합 철 호   왈   이   오 유 부 족   여 지 하 기 철 야   대

曰: 百姓足, 君孰與不足? 百姓不足, 君孰與足?
왈   백 성 족   군 숙 여 부 족   백 성 부 족   군 숙 여 족

애공이 유약有若[67]에게 물었다. "굶주림을 당하여 물자가 부족하
니, 어떻게 해야 하겠소?"

유약이 대답했다. "어찌하여 철법徹法[68]을 쓰지 않으십니까?"

애공이 말했다. "10분의 2도 오히려 부족하니, 어떻게 철법을 쓸
수 있겠소?"

이에 유약이 대답했다. "백성이 풍족하다면 당신께서는 어찌 풍
족하지 않을 수 있겠습니까? 또 만약 백성이 풍족하지 못하다면 당

---

67 공자의 제자. 유자有子로 불렸다.

68 은주殷周 3대에 시행되었던 부세 제도로 1/10의 세금을 납부하도록 하였다.

신께서는 어찌 풍족하실 수 있겠습니까?"

해 설 :

이 글에는 유가의 부민富民 사상이 잘 반영되어 있다.

12.10

子張問崇德辨惑. 子曰: 主忠信, 徙義, 崇德也.
자 장 문 숭 덕 변 혹　자 왈　주 충 신　사 의　숭 덕 야

愛之欲其生, 惡之欲其死, 旣欲其生, 又欲其死,
애 지 욕 기 생　오 지 욕 기 사　기 욕 기 생　우 욕 기 사

是惑也. 誠不以富, 亦祇以異.
시 혹 야　성 불 이 부　역 지 이 이

　자장이 어떻게 해야 덕을 높이며 의혹을 분별할 수 있는가를 묻자, 공자가 이렇게 말했다. "충신忠信을 견지하고 자기의 생각을 의義에 부합하게 하는 것이, 곧 덕을 높이는 길이다. 한 사람을 사랑하여 그 사람이 살기를 바라면, 그는 곧 살 것이고, 그 사람을 미워하여 죽기를 바라면 그는 곧 죽게 될 것이니, 그가 살기를 바라면서도 또 죽기를 바라면, 이것이 곧 미혹이다. 이는 『시경』이 말한 바의 '정말 당신이 가난을 싫어하고 부유함을 좋아했기 때문이 아니라, 단지 당신의 마음이 변했기 때문이었다오'와 같도다."

12.11

齊景公問政於孔子. 孔子對曰: 君君, 臣臣, 父父,
제 경 공 문 정 어 공 자　공 자 대 왈　군 군　신 신　부 부

子子. 公曰: 善哉! 信如君不君, 臣不臣, 父不父,
자 자　공 왈　선 재　신 여 군 불 군　신 불 신　부 불 부

子不子, 雖有粟, 吾得而食諸!
자 불 자　수 유 속　오 득 이 식 저

제경공齊景公이 공자에게 정사政事를 묻자, 공자가 대답했다. "임금은 임금다워야 하고, 신하는 신하다워야 하며, 아버지는 아버지다워야 하고, 자식은 자식다워야 합니다."

제경공이 말했다. "대단히 좋은 말씀입니다. 만약 군주가 군주답지 못하고, 신하가 신하답지 못하며, 아버지가 아버지답지 못하고, 자식이 자식답지 못하다면, 비록 곡식이 있은들 내가 어찌 그것을 먹을 수 있겠습니까?"

12.12

子曰: 片言可以折獄者, 其由也與. 子路, 無宿諾.
자 왈　편 언 가 이 절 옥 자　기 유 야 여　자 로　무 숙 낙

공자가 말했다. "몇 글자 몇 마디 말로 능히 소송을 재단裁斷할 수 있는 자는 바로 유由로다!"

자로는 지키지 못할 약속을 하지 않았다.

해 설 :

여기에서 '편언片言'은 "몇 마디를 듣고"의 뜻이 아니라 "몇 마디 말을 함으로써"의 의미다.

12.13

子曰: 聽訟, 吾猶人也, 必也使無訟乎.
자 왈　청 송　오 유 인 야　필 야 사 무 송 호

공자가 말했다. "송사訟事[69]는 나도 다른 사람과 생각이 같다. 반드시 사람들로 하여금 송사하는 것을 없도록 하겠다."

해 설 :

이 구절에 대한 기존의 주류 해석은 "송사는 나도 다른 사람과 같다. 반드시 사람들이 송사하는 것을 없도록 하겠다."는 것이었다. 그러나 공자가 소송 처리에서 일반인과 같은 수준이라는 것은 공자에 대한 지나친 과소평가이고, 사실과도 부합되지 않는다. 『사기』「공자세가」는 공자가 중도中都의 장관에 임명된 지 1년 만에 주변 나라들이 그를 본받고자 하는 모습과, 이후 사공司空으로 승진했다가 다시 형벌과 규찰을 담당하는 대사구大司寇의 자리에 오른 모습을 기록하고 있다. 그러므로 여기에서 다른 사람과 같은 것은 공자의 '능력'이 아니라 '생각'이다.

한편, "만약 나에게 송사 처리가 맡겨진다면, 반드시 사람들로 하여금 송사하는 일이 없도록 하겠다."라고 해석해야 한다는 견해도 있다. '청송, 오

69　송사訟事: 백성끼리 분쟁이 있을 때, 관부에 호소하여 판결을 구하던 일.

유인야聽訟, 吾猶人也'는 '청송聽訟'을 강조하기 위하여 앞에 놓인 문장이라는 것이다. 강조를 위하여 순서를 바꾼 문장은 중국 고대 문장에서 많이 발견된다. 그리하여 이 대목을 '오유인야, 청송吾猶人也, 聽訟', 즉 "만약 나에게 소송 처리가 맡겨진다면"이라고 풀이하기도 한다.

12.14

子張問政. 子曰: 居之無倦, 行之以忠.
자 장 문 정   자 왈   거 지 무 권   행 지 이 충

자장이 정사政事를 묻자, 공자가 말했다. "관직에 있을 때에는 게으르지 않고, 집행을 할 때는 충심으로 해야 한다."

12.15

子曰: 博學於文, 約之以禮, 亦可以弗畔矣夫.
자 왈   박 학 어 문   약 지 이 례   역 가 이 불 반 의 부

공자가 말했다. "문헌을 널리 배우고, 예禮로써 수양하면 도道에 위배되지 않을 수 있을 것이다."

12.16

子曰: 君子成人之美, 不成人之惡. 小人反是.
자 왈   군 자 성 인 지 미   불 성 인 지 악   소 인 반 시

공자가 말했다. "군자는 다른 사람의 좋은 일을 완성해주고, 다른 사람의 나쁜 점을 조장하지 않는다. 그러나 소인은 그 반대다."

12.17

季康子問政於孔子. 孔子對曰: 政者正也, 子帥
계 강 자 문 정 어 공 자　공 자 대 왈　정 자 정 야　자 수

以正, 孰敢不正.
이 정　숙 감 불 정

계강자가 공자에게 정치를 묻자, 공자가 이렇게 대답했다. "정치란 올바르다는 뜻이니, 당신께서 올바름으로써 솔선수범한다면 누가 감히 올바르지 않겠습니까?"

해 설 :

본래 '정政'은 행정의 보조수단을 의미하는 합성글자이다. 왼쪽의 '정正'은 '바르다', 오른쪽의 '복攵'은 '치다'의 뜻을 가지고 있으며, 『설문說文』에서는 "가볍게 치다(소격야小擊也)"를 뜻한다. 그러므로 '정政'의 의미는 "가르쳐도 고치지 않고, 사악하면서도 바르지 못한 것에 대해 약간의 '타격'을 가함으로써 올바르게 하다."는 의미를 지니고 있다.

12.18

季康子患盜, 問於孔子. 孔子對曰: 苟子之不欲,
계 강 자 환 도　문 어 공 자　공 자 대 왈　구 자 지 불 욕

雖賞之, 不竊.
수 상 지 부 절

계강자季康子가 도둑을 걱정하여 공자에게 대책을 묻자, 공자가 대답했다. "만일 당신께서 욕심을 내지 않는다면 비록 백성들에게 상을 주면서 도둑질하게 하더라도 도둑질하지 않을 것입니다."

해 설 :

한 나라의 군주에게 이 정도의 직언을 감히 할 수 있는 사람은 거의 없다. 공자의 그릇을 알 수 있는 글이다.

12.19

季康子問政於孔子曰: 如殺無道, 以就有道, 何
계 강 자 문 정 어 공 자 왈   여 살 무 도   이 취 유 도   하

如? 孔子對曰: 子爲政, 焉用殺? 子欲善, 而民善
여   공 자 대 왈   자 위 정   언 용 살   자 욕 선   이 민 선

矣. 君子之德風, 小人之德草, 草上之風, 必偃.
의   군 자 지 덕 풍   소 인 지 덕 초   초 상 지 풍   필 언

계강자가 공자에게 정치에 대해 물었다. "무도한 자를 죽여서 도道가 있는 사람을 이롭게 하면 어떻습니까?"

공자가 대답했다. "당신께서는 정사政事를 함에 어찌 살육의 수단을 쓰십니까? 당신께서 선善을 행하고자만 한다면 백성들도 따라 선을 행할 것입니다. 군자의 덕은 바람이요, 소인의 덕은 풀로 비유할 수 있습

니다. 바람이 풀에 불어오면 풀은 반드시 따라서 쓰러질 것입니다."

12.20

子張問: 士何如, 斯可謂之達矣. 子曰: 何哉? 爾
자 장 문　사 하 여　사 가 위 지 달 의　자 왈　하 재　이

所謂達者. 子張對曰: 在邦必聞, 在家必聞. 子曰:
소 위 달 자　자 장 대 왈　재 방 필 문　재 가 필 문　자 왈

是聞也, 非達也. 夫達也者, 質直而好義, 察言而
시 문 야　비 달 야　부 달 야 자　질 직 이 호 의　찰 언 이

觀色, 慮以下人, 在邦必達, 在家必達. 夫聞也者,
관 색　여 이 하 인　재 방 필 달　재 가 필 달　부 문 야 자

色取仁而行違, 居之不疑, 在邦必聞, 在家必聞.
색 취 인 이 행 위　거 지 불 의　재 방 필 문　재 가 필 문

자장子張이 물었다. "선비가 어떻게 해야 비로소 통달했다고 할 수 있습니까?"

공자가 말했다. "네가 말하는 통달이란 것이 대체 무엇이냐?"

자장이 대답했다. "나라에서 관리로 일할 때도, 대부 집에서 일할 때도 반드시 명성이 나는 것입니다."

공자가 말했다. "그것은 명망名望인 것이지 통달이 아니다. 이른 바 통달한 사람이란 그 품행이 정직하고 예의를 애호하며 얼굴색을 잘 살펴 다른 사람을 배려한다. 이런 사람은 나라에서도 통달하고 집안에서도 통달했다고 할 수 있다. 하지만 거짓 명성을 얻은 사람들은 겉으로는 인의의 모습을 띠지만 그 행위는 인의에 위배되고 스

스로도 자신하지 못하여 나라에서도 거짓 명성을 취할 뿐이고 집안에서의 명성도 거짓일 뿐이다."

12.21

樊遲從遊於舞雩之下. 曰: 敢問崇德, 修慝, 辨惑.
번 지 종 유 어 무 우 지 하　왈　감 문 숭 덕　수 특　변 혹

子曰: 善哉問! 先事後得, 非崇德與? 攻其惡, 無
자 왈　선 재 문　선 사 후 득　비 숭 덕 여　공 기 악　무

攻人之惡, 非修慝與? 一朝之忿, 忘其身, 以及其
공 인 지 악　비 수 특 여　일 조 지 분　망 기 신　이 급 기

親, 非惑與?
친　비 혹 여

번지가 공자를 모시고 무우舞雩 아래에서 산보를 할 때, 공자에게 물었다. "감히 덕을 높이고, 사악한 생각을 바꾸며, 의혹을 분별할 수 있는 방법에 대해 묻겠습니다."

공자가 대답했다. "참으로 좋은 질문이구나! 먼저 힘을 다하여 노력하라. 그 연후에 비로소 어떤 성과가 있게 된다. 이것이 곧 덕을 높이는 것이 아니겠느냐? 스스로의 사악함을 제거하고, 다른 사람의 사악함을 비판하지 말라. 이것이 자기의 사악한 마음을 수양하는 길이 아니겠느냐? 일시의 분노로 자신의 안위와 자기의 가까운 사람들까지 연루시켜서는 안 된다. 이것이 미혹이 아니겠느냐?"

12.22

樊遲問仁. 子曰: 愛人. 問知. 子曰: 知人. 樊遲未
번지문인 자왈 애인 문지 자왈 지인 번지미

達. 子曰: 擧直錯諸枉, 能使枉者直. 樊遲退, 見
달 자왈 거직조저왕 능사왕자직 번지퇴 견

子夏曰: 鄕也, 吾見於夫子而問知. 子曰: 擧直錯
자하왈 향야 오견어부자이문지 자왈 거직조

諸枉, 能使枉者直, 何謂也. 子夏曰: 富哉! 言乎!
저왕 능사왕자직 하위야 자하왈 부재 언호

舜有天下, 選於衆, 擧皐陶, 不仁者遠矣. 湯有天
순유천하 선어중 거고요 불인자원의 탕유천

下, 選於衆, 擧伊尹, 不仁者遠矣.
하 선어중 거이윤 불인자원의

번지가 인仁을 묻자, 공자가 말했다. "사람을 사랑하는 것이다."

다시 번지가 지智를 묻자, 공자가 말했다. "사람을 이해하는 것이다."

하지만 번지가 아직 그 뜻을 이해하지 못하자, 공자가 말했다. "정직한 사람을 기용하여 잘못된 것을 고치면 잘못된 사람을 곧게 할 수 있다."

번지가 물러나와 자하를 만나 물었다. "방금 스승님을 뵙고 지智를 물었더니, '정직한 사람을 기용하여 잘못된 것을 고치면 잘못된 사람을 곧게 할 수 있다 하셨으니, 무슨 말씀인가?"

자하가 말했다. "풍부하다. 그 말씀이여! 순임금이 천하를 다스릴 때 여러 사람들 중 고요皐陶를 기용하니 불인不仁한 자들이 멀리 사라졌고, 탕왕이 천하를 다스릴 때 여러 사람들 중 이윤伊尹을 기용하니 불인不仁한 자들이 멀리 사라졌다."

12.23

> 子貢問友. 子曰: 忠告而善道之, 不可則止, 毋自
> 자 공 문 우　자 왈　충 고 이 선 도 지　불 가 즉 지　무 자
>
> 辱焉.
> 욕 언

자공이 벗에 대하여 묻자, 공자가 말했다. "충심으로 권해주고 잘 이끌어주어라. 만약 그가 듣지 않으면 그만 두어서, 스스로 욕되게 하지 말아야 한다."

12.24

> 曾子曰: 君子以文會友, 以友輔仁.
> 증 자 왈　군 자 이 문 회 우　이 우 보 인

증자가 말했다. "군자는 학문으로 벗과 교류하고, 벗으로 자신의 인덕을 수양한다."

제 13 편

자로 子路

「자로」편은 모두 30장으로 이뤄져 있다.

본편은 비교적 광범한 분야를 다루고 있으며, 어떻게 국가를 다스릴 것인가라는 정치 주장부터 공자의 교육사상, 개인의 도덕수양과 품격을 갖춰나가는 문제, 그리고 '화이부동和而不同'[70]의 사상을 망라하고 있다. 물론 여기에서도 익히 알려진 명구가 나열된다. "명부정, 즉언불순, 언불순, 즉사불성, 사불성, 즉예악불흥, 예악불흥, 즉형벌부중, 형벌부중, 즉민무소조수족名不正, 則言不順, 言不順, 則事不成, 事不成, 則禮樂不興, 禮樂不興, 則刑罰不中, 刑罰不中, 則民無所措手足", "언필신, 행필과言必信, 行必果", "군자, 화이부동. 소인, 동이불화君子, 和而不同. 小人, 同而不和", "군자, 태이불교, 소인, 교이불태君子, 泰而不驕, 小人, 驕而不泰", "욕속즉불달欲速則不達" 등등이 바로 그것이다.

---

70 화이부동和而不同: 남과 사이좋게 지내기는 하나 무턱대고 어울리지는 아니하다.

13.1

子路問政. 子曰: 先之勞之. 請益, 曰: 無倦.
자 로 문 정 자 왈 선 지 로 지 청 익 왈 무 권

자로가 정사政事를 묻자, 공자가 말했다. "솔선할 것이며, 백성들로 하여금 근면토록 해야 한다."

자로가 더 말씀해 주기를 청하자, "게을러서는 안 된다." 하였다.

13.2

仲弓, 爲季氏宰問政. 子曰: 先有司, 赦小過, 擧
중 궁 위 계 씨 재 문 정 자 왈 선 유 사 사 소 과 거

賢才. 曰: 焉知賢才而擧之? 曰: 擧爾所知, 爾所
현 재 왈 언 지 현 재 이 거 지 왈 거 이 소 지 이 소

不知, 人其舍諸.
부 지 인 기 사 저

중궁仲弓이 계씨季氏의 가신이 되어 정사政事를 묻자, 공자가 말했다. "먼저 관리에게 임무를 다하게 하고 그들의 작은 허물은 용서하며, 현인과 능력 있는 사람을 등용해야 한다."

"어떻게 현인과 유능한 사람을 알아 등용할 수 있습니까?"하고 묻자, 공자는 "네가 알고 있는 사람을 등용한다면, 네가 알지 못하는 현명한 사람을 남들이 내버려두겠느냐?"라고 말했다.

자로子路

노나라 사람. 성은 중仲, 이름은 유由, 자로子路는 자字이다. 계로季路라고 불리기도 한다.
공자보다 9살 적었으며 공자의 제자들 중 제일 오래 공자를 섬겼다.
공자가 망명생활을 끝내고 노나라로 돌아갈 때 위나라에 남아 공씨의 가신이 되었다.
후에 반란에 휘말려 병사들에게 무참히 살해를 당한 뒤, 젓갈로 담가졌다.
당현종唐玄宗은 자로를 위후衛侯로 봉하였고, 송대에서는 그를 하내공河內公 그리고
위공衛公으로 가봉加封하였다. 명대에 와서는 선현중자先賢仲子로 불리게 되었다.

13.3

子路曰: 衛君待子而爲政, 子將奚先? 子曰: 必也
자로왈 위군대자이위정 자장해선 자왈 필야

正名乎. 子路曰: 有是哉, 子之迂也! 奚其正. 子
정명호 자로왈 유시재 자지우야 해기정 자

曰: 野哉, 由也! 君子於其所不知, 蓋闕如也. 名
왈 야재 유야 군자어기소부지 개궐여야 명

不正, 則言不順, 言不順, 則事不成, 事不成, 則
부정 즉언불순 언불순 즉사불성 사불성 즉

禮樂不興, 禮樂不興, 則刑罰不中, 刑罰不中, 則
예악불흥 예약불흥 즉형벌부중 형벌부중 즉

民無所措手足. 故君子名之, 必可言也, 言之, 必
민무소조수족 고군자명지 필가언야 언지 필

可行也, 君子於其言, 無所苟而已矣.
가행야 군가어기언 무소구이이의

자로가 말했다. "위衛나라 군주君主[71]가 스승님께 나라를 다스리
도록 하려 합니다. 스승님께서는 장차 무엇을 먼저 하시겠습니까?"

공자가 대답했다. "반드시 이름을 바로세우겠다."

그러자 자로가 말했다. "그러십니까? 스승님의 말씀은 너무나 우
원迂遠[72]합니다. 어떻게 이름을 바로잡을 수 있겠습니까?"

---

71 출공出公 첩輒을 말한다.

72 우원迂遠하다: 방법, 태도, 생활 따위가 현실과 거리가 멀다.

공자가 말했다. "참으로 조야粗野[73]하구나, 유由여! 군자는 자기가 알지 못하는 것에 대해서는 일단 자신의 견해를 보류하는 법이다. 이름이 바르지 못하면 말이 순조롭지 못하고, 말이 순조롭지 못하면 일이 이루어지지 못한다. 일이 이루어지지 못하면 예악禮樂이 일어나지 못하고, 예악이 일어나지 못하면 형벌刑罰이 들어맞지 못한다. 형벌이 들어맞지 못하면 백성들은 손발을 둘 곳이 없어진다. 그러므로 군자는 이름을 정하면 반드시 정확하게 말해야 하고, 말을 하게 되면 반드시 실행할 수 있어야 한다. 군자는 자기가 한 말에 대하여 결코 대충 행하여서는 안 된다."

해 설 :

이 부분은 유명한 정명론正名論과 관련된 내용이다. '정명正名'과 관련하여 '명名'이 과연 '명분'인가 아니면 '이름'인가의 견해가 나뉘어왔다. 필자는 '이름'이라 판단한다. 그리하여 정명正名이란 "정확한 이름, 혹은 명칭"을 의미하며, 명실상부名實相符, 모름지기 '이름'과 '실질'이 서로 정확하게 부합해야 한다.

13.4

樊遲請學稼. 子曰: 吾不如老農. 請學爲圃. 曰:
번 지 청 학 가 자 왈 오 불 여 로 농 청 학 위 포 왈

吾不如老圃. 樊遲出, 子曰: 小人哉! 樊須也. 上
오 불 여 로 포 번 지 출 자 왈 소 인 재 번 수 야 상

---

73 조야粗野: 천하고 상스럽다.

好禮, 則民莫敢不敬. 上好義, 則民莫敢不服. 上
호 례 즉 민 막 감 불 경   상 오 의   즉 민 막 감 불 복   상

好信, 則民莫敢不用情. 夫如是, 則四方之民襁
호 신   즉 민 막 감 불 용 정   부 여 시   즉 사 방 지 민 강

負其子而至矣, 焉用稼.
부 기 자 이 지 의   언 용 가

번지樊遲가 농사일을 배우기를 청하자, 공자가 말했다. "나는 늙은 농부만 못하다."

채전菜田 가꾸는 것을 배우기를 청하자, 공자가 말했다. "나는 늙은 원예사만 못하다."

번지가 나가자, 공자가 말했다. "소인이구나! 번수樊須여! 윗사람이 예를 중시하면 백성들은 곧 경외하게 되고, 윗사람이 의를 중시하면 백성들은 곧 따르게 되며, 윗사람이 신의를 중시하면 백성들은 곧 진심으로 너를 대하게 될 것이다. 만약 그렇다면, 사방의 백성들이 곧 자기 아이들을 업고 달려올 것인데 굳이 밭에 나가 농사일을 할 필요가 있겠느냐?"

13.5

子曰: 誦詩三百, 授之以政, 不達. 使於四方, 不
자 왈   송 시 삼 백   수 지 이 정   불 달   사 어 사 방   불

能專對. 雖多, 亦奚以爲?
능 전 대   수 다   역 해 이 위

공자가 말했다. "『시경詩經』 3백 편은 대단히 잘 외우지만, 정치를 맡겼을 때에 오히려 제대로 해내지 못하고, 외교사절을 맡도록 해도 혼자서 잘 해내지 못한다면, 외운 것이 많은들 무슨 소용이 있겠는가?"

13.6

子曰: 其身正, 不令而行, 其身不正, 雖令不從.
자 왈 기 신 정 불 령 이 행 기 신 부 정 수 령 부 종

공자가 말했다. "자기 자신이 올바르면 명령하지 않아도 행해지고, 자신이 바르지 못하면 비록 명령한다 하더라도 따르지 않는다."

13.7

子曰: 魯衛之政, 兄弟也.
자 왈 노 위 지 정 형 제 야

공자가 말했다. "노나라와 위나라의 정사는 마치 형제와 같도다!"

13.8

子謂衛公子荊, 善居室, 始有, 曰苟合矣. 少有,
자 위 위 공 자 형 선 거 실 시 유 왈 구 합 의 소 유

曰苟完矣. 富有, 曰苟美矣.
왈 구 완 의 　부 유 　왈 구 미 의

공자가 위나라의 공자 형荊에 대해 말했다. "그는 집안 이재理財에 밝았다. 처음 시작할 때 조금 소유하자 그는 '대략 이 정도면 충분하다.'고 하였고, 조금 더 모이자 '대략 완비된 셈이다.'고 하였으며, 부유해졌을 때에는 '대략 성공이다.'고 하였다."

13.9

子適衛, 冉有僕. 子曰: 庶矣哉. 冉有曰: 旣庶矣,
자 적 위 　염 유 복 　자 왈 　서 의 재 　염 유 왈 　기 서 의

又何加焉? 曰: 富之. 曰: 旣富矣, 又何加焉? 曰:
우 하 가 언 　왈 　부 지 　왈 　기 부 의 　우 하 가 언 　왈

敎之.
교 지

공자가 위나라에 갈 때 염유가 수레를 몰았다. 공자가 말했다. "인구가 많구나."

그러자 염유가 물었다. "이미 인구가 많은데, 아직 더 무엇이 필요합니까?"

공자가 말했다. "그들을 부유하게 해야 한다."

염유가 물었다. "부유해진 뒤에는 또 무엇을 더 해야 합니까?"

공자가 말했다. "그들을 가르쳐야 한다."

해 설 :

이렇게 교육의 중요함을 강조하는 것은 동서양이 다르지 않았다. 소크라테스나 플라톤, 아리스토텔레스도 모두 교육을 강조했다.

13.10

子曰: 苟有用我者, 朞月而已, 可也. 三年, 有成.
자 왈 구 유 용 아 자 기 월 이 이 가 야 삼 년 유 성

공자가 말했다. "만일 누군가 나를 등용하여 나라를 다스리게 한다면, 1년이 지나게 되면 그 모양이 드러날 것이고, 3년이 지나면 반드시 성과가 있을 것이다."

13.11

子曰: 善人爲邦百年, 亦可以勝殘去殺矣. 誠哉,
자 왈 선 인 위 방 백 년 역 가 이 승 잔 거 살 의 성 재

是言也.
시 언 야

공자가 말했다. "'선인善人이 나라를 백 년 동안 다스리면, 잔학殘虐함이 제거되고 살육이 없어진다.'고 하였다. 참으로 옳은 말이다!"

13.12

子曰: 如有王者, 必世而後仁.
자왈 여유왕자 필세이후인

공자가 말했다. "만일 왕자王者[74]가 있다 하더라도 반드시 한 세대가 지난 뒤에야 비로소 인정仁政이 시행될 수 있다."

13.13

子曰: 苟正其身矣, 於從政乎何有, 不能正其身,
자왈 구정기신의 어종정호하유 불능정기신

如正人何?
여정인하

공자가 말했다. "만약 자신의 행위를 단정하게 한다면, 정치를 함에 있어 무슨 어려움이 있겠는가? 만약 자신의 행위를 바르게 할 수 없다면 어떻게 남을 바르게 할 수 있겠는가?"

13.14

冉子退朝. 子曰: 何晏也? 對曰: 有政. 子曰: 其事
염자퇴조 자왈 하안야 대왈 유정 자왈 기사

---

74 왕자王者: 왕도로써 천하를 다스리는 사람.

也? 如有政, 雖不吾以, 吾其與聞之.
야 여유정 수불오이 오기여문지

염유가 조정에서 물러 나오자, 공자가 말했다. "어찌하여 이렇게
늦었느냐?"

염유가 대답했다. "국정이 있어서였습니다."

공자가 말했다. "일반적인 사무였겠지? 만일 국정이었다면 비록
나를 부르지 않더라도 내가 알았을 것이다."

13.15

定公問: 一言而可以興邦, 有諸? 孔子對曰: 言不
정공문 일언이가이흥방 유저 공자대왈 언불

可以若是其幾也. 人之言曰: 爲君難, 爲臣不易.
가이약시기기야 인지언왈 위군난 위신불이

如知爲君之難也, 不幾乎一言而興邦乎? 曰: 一
여지위군지난야 불기호일언이흥방호 왈 일

言而喪邦, 有諸? 孔子對曰: 言不可以若是其幾
언이상방 유저 공자대왈 언불가이약시기기

也. 人之言曰: 予無樂乎爲君, 唯其言而莫予違
야 인지언왈 여무락호위군 유기언이막여위

也. 如其善而莫之違也, 不亦善乎? 如不善而莫
야 여기선이막지위야 불역선호 여불선이막

之違也, 不幾乎一言而喪邦乎?
지위야 불기호일언이상방호

노나라 정공定公이 공자에게 물었다. "한 마디 말로 나라를 흥하게 할 수 있다 하니, 그러한 말이 있습니까?"

공자가 대답했다. "그런 말은 없습니다만, 비슷한 말이 있습니다. 어떤 사람이 말했습니다. '임금 노릇은 어렵고, 신하 노릇도 쉽지 않다.' 만일 임금 노릇하기의 어려움을 안다면 이는 한 마디 말로 나라를 흥하게 한다는 말과 가깝지 않겠습니까?"

정공이 또 물었다. "한 마디 말로 나라를 잃을 수 있다 하니, 그러한 말이 있습니까?"

공자가 대답했다. "그런 말은 없습니다만, 비슷한 말이 있습니다. 어떤 사람이 말했습니다. '임금 노릇을 하는 것은 결코 즐거운 것이 아니다. 나의 즐거움은 오직 내가 말하는 바에 어떤 사람도 어길 수 없는 데에 있다.' 만약 이 말이 맞고 아무도 어기고 저항하지 않는다면 좋은 일 아닐까요? 만약 말이 잘못되어도 아무도 저항하지 않는다면, 그것은 곧 한 마디 말로 나라를 망하게 하는 것과 비슷하지 않겠습니까?"

13.16

葉公問政. 子曰: 近者說, 遠者來.
섭 공 문 정   자 왈   근 자 열   원 자 래

섭공葉公이 정치를 묻자, 공자가 말했다. "가까이 있는 자들이 기뻐하며, 먼 곳에 있는 자들이 오게 하여야 합니다."

13.17

子夏爲莒父宰問政. 子曰: 無欲速, 無見小利, 欲
자 하 위 거 보 재 문 정　자 왈　무 욕 속　무 견 소 리　욕

速則不達, 見小利則大事不成.
속 즉 부 달　견 소 리 즉 대 사 불 성

　자하가 거보莒父의 읍재邑宰가 되어 정사를 묻자, 공자가 말했다.
"빨리 하려 말고, 조그만 이익을 구하지 말아야 한다. 빨리 하려고
하면 오히려 이루지 못하고, 조그만 이익을 구하면 큰일을 이루지
못한다."

13.18

葉公語孔子曰: 吾黨有直躬者, 其父攘羊, 而子
섭 공 어 공 자 왈　오 당 유 직 궁 자　기 부 양 양　이 자

證之. 孔子曰: 吾黨之直者異於是. 父爲子隱, 子
증 지　공 자 왈　오 당 지 직 자 이 어 시　부 위 자 은　자

爲父隱, 直在其中矣.
위 부 은　직 재 기 중 의

　섭공이 공자에게 말했다. "우리 고을에 정직한 사람이 있으니, 그
아버지가 남의 양을 훔치자, 아들이 부친을 고발하였습니다."
　공자가 말했다. "우리 고을의 정직한 사람과 당신이 말한 정직한
사람은 다릅니다. 아버지가 자식을 위하여 숨겨주고 자식이 아버지
를 위하여 숨겨주니, 정직이 바로 그 가운데 있습니다."

해 설 :

현대 형법에서도 논의가 분분한 이른바 '친친상은親親相隱'의 내용이다. 친족 간에는 서로 범죄 행위를 숨겨주고 고발하지 않거나 증언을 하지 않을 수 있음을 말한다. 사실 고대 그리스 사회에서는 친족의 죄를 감춰주는 관념이 있었다. 즉, 부모자식의 관계는 신의 비호를 받는다고 인식하여 친족을 고발하여 죄를 받게 하는 것은 신에 대한 거역과 등치되었다. 고대 중국뿐만 아니라 고대 그리스의 『이상국理想國』과 고대 로마의 「12표법表法」에도 '친친상은'과 관련된 내용이 포함되어 있다.

13.19

樊遲問仁. 子曰: 居處恭, 執事敬, 與人忠, 雖之
번 지 문 인   자 왈   거 처 공   집 사 경   여 인 충   수 지

夷狄, 不可棄也.
이 적   불 가 기 야

번지가 인仁을 묻자, 공자가 대답했다. "평소 집에서는 공손하고, 일을 할 때는 성실하며, 사람을 대할 때에는 충심으로 한다. 비록 이적夷狄[75]의 땅에 가더라도 포기할 수 없다."

---

75 이적夷狄: 오랑캐.

13.20

子貢問曰: 何如斯可謂之士矣. 子曰: 行己有恥,
자공문왈　하여사가위지사의　자왈　행기유치

使於四方, 不辱君命, 可謂士矣. 曰: 敢問其次.
사어사방　불욕군명　가위사의　왈　감문기차

曰: 宗族稱孝焉, 鄕黨稱弟焉. 曰: 敢問其次. 曰:
왈　종족칭효언　향당칭제언　왈　감문기차　왈

言必信, 行必果, 硜硜[76]然小人哉! 抑亦可以爲次
언필신　행필과　갱갱　연소인재　억역가이위차

矣. 曰: 今之從政者, 何如? 子曰: 噫! 斗筲之人,
의　왈　금지종정자　하여　자왈　희　두소지인

何足算也.
하족산야

　자공子貢이 "어떻게 하면 선비라 말할 수 있습니까?"하고 묻자,
공자가 말했다. "몸가짐에 부끄러움이 있고, 사방四方에 사신使臣으로
가서도 군주君主의 명命을 욕되게 하지 않으면 선비라 이를 만하다."

　자공이 "감히 그 다음을 묻겠습니다." 하자, "종족宗族들이 효성
스럽다고 칭찬하고 고을에서 공손하다고 칭찬하는 인물이다."라고
하였다.

　"감히 그 다음을 묻겠습니다." 하자, 공자가 "말이 미덥고, 행동
에 결과가 있다면, 마치 돌처럼 단단한 소인이라도 그 다음이 될 만

---

76 갱갱硜硜은 작고 단단한 돌을 말하는데, 여기에서는 고집만 부리고 융통성이 없
　는 사람을 뜻한다.

하다." 하고 말했다.

"지금 정치를 하는 사람들은 어떻습니까?" 하자, 공자가 말했다. "아! 한 말이나 한 말 두 되 들어갈 정도의 좁은 소견을 가진 사람들 이니 족히 따질 것이 있겠는가?"

13.21

子曰: 不得中行而與之, 必也狂狷乎. 狂者進取,
자 왈 부 득 중 행 이 여 지 필 야 광 견 호 광 자 진 취

狷者有所不爲也.
견 자 유 소 불 위 야

공자가 말했다. "중용의 도를 실행하는 사람을 만나 교류하지 못 한다면, 반드시 광자狂者[77]나 견자狷者[78]와 교류해야 할 것이다. 광자는 어느 일이든 용감하게 전진하고, 견자는 나쁜 일을 하지 않는다."

13.22

子曰: 南人有言曰, 人而無恒, 不可以作巫醫. 善
자 왈 남 인 유 언 왈 인 이 무 항 불 가 이 작 무 의 선

夫! 不恒其德, 或承之羞. 子曰: 不占而已矣.
부 불 항 기 덕 혹 승 지 수 자 왈 불 점 이 이 의

---

77 과격한 경향을 가진 사람.

78 지나치게 신중한 사람.

공자가 말했다. "남쪽 사람들의 말에 '사람이 항심恒心[79]이 없으면 무당도 될 수 없다.'고 하였는데, 참으로 좋은 말이다. 사람이 자신의 덕을 오랫동안 보존하지 못하면 치욕을 피하기 어렵다."

공자가 말했다. "항심을 갖지 못한 사람은 점괘를 볼 필요도 없다."

13.23

子曰: 君子, 和而不同. 小人, 同而不和.
자 왈 군 자 화 이 부 동 소 인 동 이 불 화

공자가 말했다. "군자는 화합하지만 동일하지 않으며, 소인은 동일하지만 화합하지 않는다."

해 설 :

『논어』에는 주옥과도 같은 수많은 명구가 있지만, 바로 이 "군자, 화이부동. 소인, 동이불화君子, 和而不同. 小人, 同而不和"야말로 명구 중의 명구라 할 수 있다. 실로 촌철살인, 심금을 울리는 금언이다. 특히 구동존이求同存異, 즉 '차이점은 우선 보류하고 먼저 공통점을 추구하는' 관점에서 보는 '동이불화同而不和'는 그다지 큰 차이점도 없으면서 아예 눈을 감고 '무조건 반대'만 내세우는 오늘의 정치 현실에 대한 신랄한 풍자다.

---

79 항심恒心: 늘 지니고 있는 떳떳한 마음.

13.24

子貢問曰: 鄕人皆好之, 何如? 子曰: 未可也. 鄕
자공문왈 향인개호지 하여 자왈 미가야 향

人皆惡之, 何如? 子曰: 未可也. 不如鄕人之善者
인개오지 하여 자왈 미가야 불여향인지선자

好之, 其不善者惡之.
호지 기불선자오지

　　자공이 "고을 사람들이 모두 좋아하는 사람은 어떻습니까?"라고 묻자, 공자가 대답했다. "아직 부족하다."

　　다시 자공이 "고을 사람들이 모두 미워하는 사람은 어떻습니까?"라고 묻자, 공자가 대답했다. "역시 아직 부족하다. 가장 좋은 사람은 고을 사람 중 좋은 사람들이 그를 좋아하고, 나쁜 사람들이 그를 싫어하는 사람이다."

13.25

子曰: 君子易事而難說也, 說之不以道, 不說也.
자왈 군자이사이난열야 열지불이도 불열야

及其使人也, 器之. 小人難事而易說也, 說之雖不
급기사인야 기지 소인난사이이열야 열지수불

以道, 說也. 及其使人也, 求備焉.
이도 열야 급기사인야 구비언

　　공자가 말했다. "군자를 위해 일을 하는 것은 쉽다. 다만 그를 기

쁘게 하기란 어렵다. 정도가 아닌 방법으로 그를 기쁘게 하고자 하지만 그는 기뻐하지 않는다. 그러나 그가 사람을 기용할 때는 적재적소의 인물을 기용한다. 반면 소인을 위해 일을 하는 것은 어렵지만 그를 기쁘게 하기란 쉽다. 정도가 아닌 방법으로 그를 기쁘게 하고자 해도 그는 기뻐한다. 그러나 그가 사람을 기용할 때가 되면, 모든 책임을 전가시킨다."

13.26

子曰: 君子, 泰而不驕, 小人, 驕而不泰.
자 왈 　군 자 　 태 이 불 교 　 소 인 　 교 이 불 태

공자가 말했다. "군자는 태연하지만 교만하지 않고, 소인은 교만하지만 태연하지 못하다."

13.27

子曰: 剛毅木訥, 近仁.
자 왈 　 강 의 목 눌 　 근 인

공자가 말했다. "강하고 굳세며, 소박하고 어눌語訥함이 인仁에 가깝다."

13.28

子路問曰: 何如斯可謂之士矣? 子曰: 切切偲偲,
자 로 문 왈　하 여 사 가 위 지 사 의　자 왈　절 절 시 시

怡怡如也, 可謂士矣. 朋友切切偲偲, 兄弟怡怡.
이 이 여 야　가 위 사 의　붕 우 절 절 시 시　형 제 이 이

　자로가 "어떻게 해야 선비라 할 만합니까?"하고 묻자, 공자가 대답했다. "서로 성실하게 권면勸勉하고 화기애애하게 잘 지내면 가히 선비라 할 만하다. 벗 사이에는 서로 성실하게 권면하며, 형제 사이에는 화기애애하게 잘 지낸다."

13.29

子曰: 善人敎民七年, 亦可以卽戎矣.
자 왈　선 인 교 민 칠 년　역 가 이 즉 융 의

　공자가 말했다. "선인善人이 7년 동안 백성을 가르치면, 그들을 전쟁에 나가게 할 수 있다."

해 설 :

공자가 군사 분야도 결코 등한시하지 않았던 점을 드러내는 대목이다.

13.30

子曰: 以不教民戰, 是謂棄之.
자 왈　이 불 교 민 전　시 위 기 지

공자가 말했다. "백성들에게 전쟁을 가르치지 않는 것은 곧 그들을 포기하는 것이다."

제 14 편

헌문 憲問

「헌문」편은 총 46장으로 구성되어 있다.

주로 군자가 반드시 갖춰야 할 품덕品德을 비롯하여 당시 사회의 각종 현상에 대한 공자의 평론 등의 내용을 담고 있다. 여기에서 공자는 견리사의見利思義[80]의 의리관義利觀을 제시한다.

본편에 출전을 두고 있는 "불환인지불기지, 환기불능야不患人之不己知, 患其不能也", "고지학자위기, 금지학자위인古之學者爲己, 今之學者爲人", "군자치기언이과기행君子恥其言而過其行", "군자사불출기위君子思不出其位"는 현대를 살아가는 우리들이 마땅히 좌우명으로 삼아야 할 내용이다.

---

80 견리사의見利思義: 눈앞의 이익을 보면 의리를 먼저 생각하다.

14.1

憲問恥. 子曰: 邦有道, 穀. 邦無道, 穀, 恥也.
헌 문 치　자 왈　방 유 도　곡　방 무 도　곡　치 야

원헌原憲[81]이 수치에 대하여 묻자, 공자가 대답했다. "나라에 도가 있을 때 관리가 되어 녹祿을 받고, 나라에 도가 없는데도 녹을 받는 것이 바로 수치다."

14.2

克, 伐, 怨, 欲, 不行焉, 可以爲仁矣? 子曰: 可以
극 벌 원 욕　불 행 언　가 이 위 인 의　자 왈　가 이

爲難矣, 仁則吾不知也.
위 난 의　인 즉 오 부 지 야

"이기기를 좋아하고, 자기의 공을 자랑하고, 원망하고, 탐욕을 내지 않는다면 인仁에 이르렀다고 할 수 있습니까?"

이에 공자가 말했다. "실로 이루기 어려운 경지이지만, 그것이 인仁에 이른 것인지는 내가 알 수 없다."

81　공자의 제자. 자字는 자사子思.

자사子思

노나라 사람. 성은 원原, 이름은 헌憲, 자사子思는 자字이다.
원사原思라고도 불린다. 공자보다 36살 적었다.
당대에는 원백原伯로 피봉被封되고, 송대에는 임성후任城侯로 가봉加封되었다.
명대에 와서는 선현원자先賢原子로 불리게 되었다.

14.3

　　子曰: 士而懷居, 不足以爲士矣.
　　자 왈　사 이 회 거　부 족 이 위 사 의

공자가 말했다. "선비로서 편안하기를 생각하면 선비라 할 수 없
다."

14.4

　　子曰: 邦有道, 危言危行. 邦無道, 危行言孫.
　　자 왈　방 유 도　위 언 위 행　방 무 도　위 행 언 손

공자가 말했다. "나라에 도가 있을 때에는 바른 말과 바른 행위를
해야 하고, 나라에 도가 없을 때에는 바른 행동을 하되 말은 공손해
야 한다."

해 설 :

'위危'는 '직直', 곧 '정직正直'의 의미로 해석한다.

14.5

　　子曰: 有德者必有言, 有言者不必有德. 仁者必
　　자 왈　유 덕 자 필 유 언　유 언 자 불 필 유 덕　인 자 필

有勇, 勇者不必有仁.
유 용　용 자 불 필 유 인

공자가 말했다. "덕이 있는 자는 반드시 자기 견해가 있다. 그러나 자기 견해가 있다고 해서 반드시 덕이 있는 것은 아니다. 인자仁者는 반드시 용기가 있다. 그러나 용기가 있다고 해서 반드시 인덕을 지닌 것은 아니다."

14.6

南宮适問於孔子曰: 羿善射, 奡蕩舟, 俱不得其
남 궁 괄 문 어 공 자 왈   예 선 사   오 탕 주   구 부 득 기

死然. 禹稷躬稼而有天下. 夫子不答. 南宮适出.
사 연   우 직 궁 가 이 유 천 하   부 자 부 답   남 궁 괄 출

子曰: 君子哉若人! 尙德哉若人!
자 왈   군 자 재 약 인   상 덕 재 약 인

남궁괄南宮适[82]이 공자에게 물었다. "예羿는 활에 능했고, 오奡는 수전水戰에 능했지만, 모두 좋게 죽지 못하였습니다. 그러나 우禹왕과 직稷은 농사를 지었지만 천하를 가졌습니다."

공자는 대답하지 않았다. 남궁괄이 밖으로 나가자, 공자가 말했다. "이 사람은 군자로구나! 이 사람은 참으로 덕을 존중하는구나!"

---

82 남용南容.

14.7

子曰: 君子而不仁者有矣夫, 未有小人而仁者也.
자 왈　군 가 이 불 인 자 유 의 부　미 유 소 인 이 인 자 야

공자가 말했다. "군자 중에 인덕을 갖추지 못한 자는 있지만, 소인이면서 인덕을 갖춘 자는 없다."

14.8

子曰: 愛之, 能勿勞乎? 忠焉, 能勿誨乎?
자 왈　애 지　능 물 로 호　충 언　능 물 회 호

공자가 말했다. "사랑하는데, 그를 위해 수고로움이 없을 수 있겠는가? 충심으로써 대하는데 그를 위해 충고를 하지 않을 수 있겠는가?"

14.9

子曰: 爲命, 裨諶草創之, 世叔討論之, 行人子羽
자 왈　위 명　비 침 초 창 지　세 숙 토 론 지　행 인 자 우

修飾之, 東里子産潤色之.
수 식 지　동 리 자 산 윤 색 지

공자가 말했다. "정鄭나라의 공문은 비침裨諶[83]이 기초하고, 세숙世叔[84]이 의견을 내며, 외교관인 자우子羽[85]가 수식修飾[86]을 한 뒤 동리東里[87]의 자산子産[88]이 최종적으로 윤색潤色을 하였다."

14.10

或問子産. 子曰: 惠人也. 問子西. 曰: 彼哉彼哉.
혹 문 자 산   자 왈   혜 인 야   문 자 서   왈   피 재 피 재

問管仲. 曰: 人也奪伯氏騈邑三百, 飯疏食, 沒齒
문 관 중   왈   인 야 탈 백 씨 병 읍 삼 백   반 소 식   몰 치

無怨言.
무 원 언

어떤 사람이 자산子産에 대해 묻자 공자가 대답했다. "사람에게 은혜를 베푸는 사람이다."

자서子西[89]에 대해 물으니, 공자가 대답했다. "그로구나! 그로구나!"

---

83 정나라 대부 비조裨竈.

84 정나라 대부 유길游吉.

85 정나라 대부 공손휘公孫揮.

86 수식修飾: 문장의 표현을 화려하게, 또는 기교 있게 꾸미다.

87 자산이 살던 마을 이름. 지금의 정주시鄭州市.

88 정나라 대부 공손교公孫僑.

89 공자가 살던 당시 자서子西라는 사람이 세 명 있었는데, 여기에 나오는 자서는 자산子産의 뒤를 이어 정나라 정사를 맡았던 인물로 보인다.

다시 관중管仲에 대해 묻자, "인재로다! 그는 백씨伯氏가 지닌 많은 영토를 빼앗았는데, 백씨伯氏는 평생 거친 밥을 먹으면서도 죽을 때까지 원망하는 말이 없었다."라고 말했다.

해 설 :

기존에 '병읍駢邑'은 대부분 "병읍삼백호駢邑三百戶"로 해석되어왔는데, 병읍이 구체적으로 어디인지는 설명된 적이 없다. 따라서 병읍駢邑은 '이어진 많은 읍', 즉 '많은 영토'로 해석한다. 당시 삼백三百 등의 표현은 '많다'는 의미로 사용되었다.

한편 '피재피재彼哉彼哉'는 당시 폄하하는 어기語氣를 가진 말이었다.

14.11

子曰: 貧而無怨難, 富而無驕易.
자 왈   빈 이 무 원 난   부 이 무 교 이

공자가 말했다. "가난하면서 원망이 없기는 어렵지만, 부자이면서 교만이 없기는 쉽다."

14.12

子曰: 孟公綽爲趙魏老則優, 不可以爲滕薛大夫.
자 왈   맹 공 작 위 조 위 로 즉 우   불 가 이 위 등 설 대 부 공자가 말했다. "맹공작孟公綽[90]은 조씨趙氏와 위씨魏氏의 가신이 되기에는 충분하지만 등滕나라와 설薛나라와 같은 소국의 대부大夫는 할 수 없다."

해 설 :

여기에서 '노老'는 '대부大夫의 가신家臣'을 가리킨다.

14.13

子路問成人. 子曰: 若臧武仲之知, 公綽之不欲,
자 로 문 성 인   자 왈   약 장 무 중 지 지   공 작 지 불 욕

卞莊子之勇, 冉求之藝, 文之以禮樂, 亦可以爲
변 장 자 지 용   염 구 지 예   문 지 이 예 악   역 가 이 위

成人矣. 曰: 今之成人者, 何必然? 見利思義, 見
성 인 의   왈   금 지 성 인 자   하 필 연   견 리 사 의   견

危授命, 久要不忘平生之言, 亦可以爲成人矣.
위 수 명   구 요 불 망 평 생 지 언   역 가 이 위 성 인 의

자로가 어떻게 해야 완전히 갖춘 사람이 될 수 있는가를 물으니, 공자가 대답했다. "장무중[91]의 지혜와 맹공작孟公綽의 극제克制[92]와 변

---

90 노나라 대부. 맹손씨의 가족.

91 노나라 대부.

92 극제克制: 자제

장자卞莊子[93]의 용기, 염구의 재능 그리고 예악禮樂으로 다시 수식하면 갖춘 사람이 되었다고 할 만하다."

공자가 또 말했다. "그런데 지금에 이르러 갖춘 사람이 굳이 그러할 필요가 있겠는가? 이익을 보면 의義를 생각하며, 위태로운 일을 보면 목숨을 바치며, 오랫동안 빈궁에 처했을지라도 평생의 결심을 잊지 않는다면 가히 완전히 갖춘 사람이라고 할 수 있다."

14.14

子問公叔文子於公明賈. 曰: 信乎, 夫子不言, 不
자 문 공 숙 문 자 어 공 명 가 왈 신 호 부 자 불 언 불

笑, 不取乎? 公明賈對曰: 以告者過也. 夫子時然
소 불 취 호 공 명 가 대 왈 이 고 자 과 야 부 자 시 연

後言, 人不厭其言, 樂然後笑. 人不厭其笑. 義然
후 언 인 불 염 기 언 낙 연 후 소 인 불 염 기 소 의 연

後取, 人不厭其取. 子曰: 其然? 豈其然乎?
후 취 인 불 염 기 취 자 왈 기 연 기 기 연 호

공자가 공명가公明賈[94]에게 공숙문자公叔文子[95]에 대해 물었다. "참으로 공숙문자 그 분은 말씀이 없고 웃지도 않으시며 이익을 취하지도 않는지요?"

93　노나라 변읍卞邑 대부.

94　위나라 사람.

95　위衛나라 대부大夫 공손지公孫枝.

공명가가 대답했다. "당신께 말을 전해준 사람이 잘못 전해주었군요. 그 분은 말해야 할 때 말을 하므로 사람들이 그의 말을 싫어하지 않고, 즐거울 때 비로소 웃으므로 사람들이 그의 웃음을 싫어하지 않으며, 이익이 예禮에 부합해야 비로소 취하므로 사람들이 그가 이익을 취함을 싫어하지 않는 것입니다."

그러자 공자가 말했다. "그렇군요. 어찌 그럴 수 있을까요?"

14.15

子曰: 臧武仲以防求爲後於魯, 雖曰不要君, 吾
자 왈 장 무 중 이 방 구 위 후 어 노 수 왈 불 요 군 오

不信也.
불 신 야

공자가 말했다. "장무중이 방읍防邑을 내세워 노나라 군주에게 장씨 후계자를 경대부로 임명할 것을 요구하였으니, 어떤 사람들은 그가 군주를 협박하지 않았다고 하지만, 나는 믿지 않는다."

14.16

子曰: 晋文公譎而不正, 齊桓公正而不譎.
자 왈 진 문 공 휼 이 부 정 제 환 공 정 이 불 휼

공자가 말했다. "진문공은 사람을 속이고 바르지 않았지만, 제환공은 바르고 사람을 속이지 않았다."

14.17

子路曰: 桓公殺公子糾, 召忽死之, 管仲不死. 曰:
자 로 왈 환 공 살 공 자 규 소 홀 사 지 관 중 불 사 왈

未仁乎? 子曰: 桓公九合諸侯, 不以兵車, 管仲之
미 인 호 자 왈 환 송 구 합 제 후 불 이 병 거 관 중 지

力也, 如其仁, 如其仁.
력 야 여 기 인 여 기 인

자로가 말했다. "환공이 공자 규糾를 죽이자, 소홀은 스스로 죽었지만 관중은 죽지 않았으니, 관중을 인仁하다고 할 수 없지 않을까요?"

그러자 공자가 말했다. "환공이 여러 차례 제후들의 맹회盟會를 소집하고 무력을 사용하지 않은 것은 모두 관중의 힘이었다. 이것이 곧 그의 인덕이로다. 이것이 곧 그의 인덕이로다."

14.18

子貢曰: 管仲非仁者與? 桓公殺公子糾, 不能死,
자 공 왈 관 중 비 인 자 여 환 공 살 공 자 규 불 능 사

又相之. 子曰: 管仲相桓公, 霸諸侯, 一匡天下,
우 상 지 자 왈 관 중 상 환 공 패 제 후 일 광 천 하

民到于今受其賜. 微管仲, 吾其被髮左衽矣. 豈
민 도 우 금 수 기 사 미 관 중 오 기 피 발 좌 임 의 기

若匹夫匹婦之爲諒也, 自經於溝瀆, 而莫之知也.
약 필 부 필 부 기 위 량 야 자 경 어 구 독 이 막 지 지 야

자공이 말했다. "관중이 인자일 수는 없겠지요? 환공이 공자 규糾를 죽였는데, 죽지 못하고 또 그의 재상이 되었습니다."

공자가 말했다. "관중이 환공을 보좌하여 제후의 패자가 되게 하여 천하를 바로잡았으니, 백성들은 지금까지 그 혜택을 받고 있다. 관중이 없었다면 우리는 머리를 풀고 옷깃을 왼편으로 하는 오랑캐가 되었을 것이다. 어찌 필부匹夫나 필부匹婦처럼 조그마한 절개節槪[96]와 신의信義를 지키기 위하여 스스로 조그만 산골짜기에서 목매어 죽어 아무도 알지 못하게 하겠는가!"

14.19

公叔文子之臣大夫僎與文子同升諸公, 子聞之,
공 숙 문 자 지 신 대 부 선 여 문 자 동 승 제 공   자 문 지

曰: 可以爲文矣.
왈   가 이 위 문 의

공숙문자公叔文子의 가신인 대부大夫 선이 문자와 함께 대부가 되었다. 공자가 이 말을 듣고 말했다. "(그가 죽은 뒤) 문文이라는 시호를 줄 만하다."

---

96 절개節槪: 신념, 신의 따위를 굽히지 아니하고 굳게 지키는 꿋꿋한 태도.

14.20

子言衛靈公之無道也. 康子曰: 夫如是, 奚而不
자 언 위 령 공 지 무 도 야 강 자 왈 부 여 시 해 이 불

喪? 孔子曰: 仲叔圉治賓客, 祝鮀治宗廟, 王孫賈
상 공 자 왈 중 숙 어 치 빈 객 축 타 치 종 묘 왕 손 가

治軍旅, 夫如是, 奚其喪?
치 군 려 부 여 시 해 기 상

공자가 위령공의 무도함을 말하자, 강자康子가 말했다. "이렇게 되었는데도 왜 그는 망하지 않습니까?"

공자가 대답했다. "그를 위하여 중숙어가 빈객을 대접하고 축타가 종묘를 관리하며, 왕손가가 군대를 통솔하고 있습니다. 이와 같으니 어찌 그가 망하겠습니까?"

14.21

子曰: 其言之不怍, 則爲之也難.
자 왈 기 언 지 부 작 즉 위 지 야 난

공자가 말했다. "아무렇게나 말하고도 부끄러움을 모른다면, 실행하기 어렵다."

해 설 :

'작怍'은 '참괴慙愧[97]'의 의미로 해석한다.

14.22

陳成子弑簡公, 孔子沐浴而朝, 告於哀公曰: 陳
진 성 자 시 간 공 공 자 목 욕 이 조 고 어 애 공 왈 진

恒弑其君, 請討之. 公曰: 告夫三子. 孔子曰: 以
항 시 기 군 청 토 지 공 왈 고 부 삼 자 공 자 왈 이

吾從大夫之後, 不敢不告也. 君曰: 告夫三子者,
오 종 대 부 지 후 불 감 불 고 야 군 왈 고 부 삼 자 자

之三子告, 不可. 孔子曰: 以吾從大夫之後, 不敢
지 삼 자 고 불 가 공 자 왈 이 오 종 대 부 지 후 불 감

不告也.
불 고 야

진성자陳成子가 간공簡公을 시해하자, 공자는 목욕재계하고 곧 조
정에 나아가 애공哀公에게 보고하였다. "진항陳恒이 군주를 시해하였
으니, 군대를 내어 토벌하소서."

애공이 말했다. "세 명의 대부에게 보고하시오."

공자가 퇴조한 뒤 말했다. "내가 대부大夫를 이미 지냈기 때문에
감히 보고하지 않을 수 없었는데, 군주께서는 세 명의 대부에게 말
하라 하시는구나."

---

97 참괴慙愧: 매우 부끄러워하다.

공자가 세 명의 대부에게 가서 말했는데, 할 수 없다고 하자 공자가 말했다. "내가 대부의 뒤를 따르는 위치이기 때문에 감히 보고하지 않을 수 없었다."

해 설 :

공자는 비록 전에 대부를 지냈지만 당시 이미 퇴직했기 때문에 대부 아래 있어 대부의 뒤를 따른다고 한 것이다. 공자는 "지위에 있지 않으면 정사를 말하지 않는다"는 원칙을 가지고 있지만, 신하가 군주를 시해하는 하극상에 너무 분노한 나머지 곧장 군주에게 보고했다. 이 글은 공자가 스스로 어찌할 수 없음을 탄식하는 내용이다.

14.23

子路問事君. 子曰: 勿欺也, 而犯之.
자 로 문 사 군　자 왈　물 기 야　이 범 지

자로가 임금 섬기는 것을 묻자, 공자가 대답했다. "속일 수는 없지만, 직간은 할 수 있다."

14.24

子曰: 君子上達, 小人下達.
자 왈　군 자 상 달　소 인 하 달

공자가 말했다. "군자는 위로 대의에 통달하고, 소인은 아래로 온

갖 나쁜 일에 통달한다."

14.25

子曰: 古之學者爲己, 今之學者爲人.
자 왈 　 고 지 학 자 위 기 　 금 지 학 자 위 인

공자가 말했다. "옛날 학자는 자신을 위해 학문을 하였는데, 지금 학자는 남에게 보이기 위해 학문을 한다."

해 설 :

여기의 '위인爲人'을 '다른 사람을 위하여'로 해석하여 "지금 학자는 다른 사람을 위하여 애쓴다."고 해석하는 견해가 있다. 하지만 이는 잘못된 해석이다. 공자는 3대代를 존숭하여 종신토록 그 '과거'를 회복하고자 노력한 인물이었다. 그러므로 공자가 지금의 학자를 옛 학자보다 높이 평가한다는 것은 전혀 상식적이지 못하다. 그리하여 옛 학자는 자신을 위하여 성실하게 학문을 수행했지만 지금의 학자는 오로지 현시욕으로 남에게 보이기 위해서 할 뿐이라고 비판하고 있다.

14.26

蘧伯玉使人於孔子. 孔子與之坐而問焉曰: 夫子
거 백 옥 사 인 어 공 자 　 공 자 여 지 좌 이 문 언 왈 　 부 자

何爲? 對曰: 夫子欲寡其過而未能也. 使者出, 子
하 위 　 대 왈 　 부 자 욕 과 기 과 이 미 능 야 　 사 자 출 　 자

曰: 使乎使乎!
왈　　사 호 사 호

거백옥蘧伯玉[98]이 공자에게 사람을 보내 문안드렸다. 공자가 그와 함께 앉아 물었다. "부자夫子(거백옥)께서는 무슨 일을 하시는가?" 하자, "부자께서는 자신의 잘못을 적게 하려고 하시지만 아직 이르지 못하셨습니다."라고 말했다. 그 사람이 나가자, 공자가 말했다. "훌륭한 사자使者구나! 훌륭한 사자구나!"

14.27

子曰: 不在其位, 不謀其政.
자 왈　부 재 기 위　　불 모 기 정

공자가 말했다. "그 지위에 있지 않으면 그 정사를 도모하지 않는다."

해 설 :

이 대목 역시 정명 사상을 반영하고 있다.

---

98 위나라 대부.

14.28

曾子曰: 君子思不出其位.
증 자 왈 군 자 사 불 출 기 위

증자가 말했다. "군자는 생각함에 있어 자기 직위 범위를 넘지 아니한다."

14.29

子曰: 君子恥其言而過其行.
자 왈 군 자 치 기 언 이 과 기 행

공자가 말했다. "군자는 자신의 말이 자신의 실행을 넘어서는 것을 수치로 여긴다."

해 설 :

신의와 실천을 중시하는 공자의 태도를 잘 엿볼 수 있다.

14.30

子曰: 君子道者三, 我無能焉. 仁者不憂, 知者不
자 왈 군 자 도 자 삼 아 무 능 언 인 자 불 우 지 자 불

惑, 勇者不懼. 子貢曰: 夫子自道也.
혹 용 자 불 구 자 공 왈 부 자 자 도 야

공자가 말했다. "군자의 도道가 세 가지인데, 나는 능한 것이 없다. 인자仁者는 걱정하지 않고, 지자智者는 미혹되지 않으며, 용자勇者는 두려워하지 않는다."

자공이 말했다. "이 말씀이야말로 스승님 자신에 대한 표현이시다."

14.31

子貢方人. 子曰: 賜也賢乎哉? 夫我則不暇.
자 공 방 인　자 왈　사 야 현 호 재　부 아 즉 불 가

자공이 다른 사람을 비평하자, 공자가 말했다. "사賜야, 너는 정말로 그렇게 현명하느냐? 나는 (학문에 바빠서) 다른 사람을 비평할 겨를이 없노라."

해 설 :

'방인方人'은 '다른 사람을 비평하다'의 의미이다.

14.32

子曰: 不患人之不己知, 患其不能也.
자 왈　불 환 인 지 불 기 지　환 기 불 능 야

공자가 말했다. "남이 나를 알아주지 못함을 걱정하지 말고, 자신의 능하지 못함을 걱정해야 한다."

14.33

子曰: 不逆詐, 不億不信, 抑亦先覺者, 是賢乎.
자 왈   불 역 사   불 억 불 신   억 역 선 각 자   시 현 호

공자가 말했다. "미리 남이 속임수를 쓸까 의심하지 말며, 또한 남이 성실하지 못하다고 추측하지 말라. 그러나 미리 남의 속임수와 불성실을 알아보는 사람은 참으로 현명하다."

14.34

微生畝謂孔子曰: 丘, 何爲是栖栖者與? 無乃爲
미 생 묘 위 공 자 왈   구   하 위 시 서 서 자 여   무 내 위

佞乎? 孔子曰: 非敢爲佞也, 疾固也.
녕 호   공 자 왈   비 감 위 녕 야   질 고 야

미생묘微生畝[99]가 공자에게 말했다. "구丘 당신은 어찌하여 이리도 불안해하는 것입니까? 당신은 단지 말재주를 드러내려는 것 아닌가 요?"

공자가 말했다. "내 감히 말재주를 자랑하려는 것이 아니라, 고집 만 부리는 사람들을 미워할 뿐입니다."

---

99 노나라 사람.

14.35

子曰: 驥不稱其力, 稱其德也.
자 왈 기 불 칭 기 력 칭 기 덕 야

공자가 말했다. "천리마가 칭찬을 받을 만 한 것은 그 힘이 아니라, 그 품덕品德이다."

해 설 :

'기驥'는 천리마를 가리킨다.

14.36

或曰: 以德報怨, 何如? 子曰: 何以報德? 以直報
혹 왈 이 덕 보 원 하 여 자 왈 하 이 보 덕 이 직 보

怨, 以德報德.
원 이 덕 보 덕

어떤 사람이 말했다. "덕으로 원한을 갚는 것은 어떠합니까?"

이에 공자가 대답했다. "무엇으로 덕을 갚을 것인가? 마땅히 정직으로 원한을 갚고, 덕으로 덕을 갚아야 한다."

14.37

子曰: 莫我知也夫! 子貢曰: 何爲其莫知子也? 子
자 왈 막 아 지 야 부 자 공 왈 하 위 기 막 지 자 야 자

曰: 不怨天, 不尤人, 下學而上達, 知我者, 其天
왈　불원천　불우인　하학이상달　지아자　기천

乎!
호

공자가 말했다. "아무도 나를 알아주지 않는구나!"

자공이 물었다. "어떻게 스승님을 알아주는 사람이 없다고 할 수
있습니까?"

그러자 공자가 말했다. "나는 하늘을 원망하지 않으며 또 사람을
탓하지 않고, 아래로 예악을 배워 위로 천명에 이르렀으니, 나를 알
아주는 것은 오직 하늘이구나!"

14.38

公伯寮愬子路於季孫. 子服景伯以告曰: 夫子固
공백료소자로어계손　자복경백이고왈　부자고

有惑志於公伯寮, 吾力猶能肆諸市朝. 子曰: 道
유혹지어공백료　오력유능사저시조　자왈　도

之將行也與, 命也. 道之將廢也與, 命也. 公伯寮
지장행야여　명야　도지장폐야여　명야　공백료

其如命何!
기여명하

공백료公伯寮[100]가 계손季孫에게 자로를 고발했다. 자복경백子服景伯[101]이 공자에게 말했다. "부자夫子(계손)께서 공백료의 말을 완전히 믿고 계신데, 내가 공백료를 죽일 힘은 충분히 있습니다. 그의 시체를 거리에 널어놓을 수 있습니다."

그러자 공자가 말했다. "도가 행해질 수 있는 것도 천명이 결정하며, 도가 행해질 수 없는 것도 천명이 결정하니, 공백료가 천명을 어찌 할 수 있겠습니까?"

14.39

子曰: 賢者避世, 其次避地, 其次避色, 其次避言.
자 왈　현자피세　기차피지　기차피색　기차피언

子曰: 作者七人矣.
자 왈　작자칠인의

공자가 말했다. "현자賢者는 세상을 피하고, 그 다음은 그 지역을 피하며, 그 다음은 사람의 얼굴을 피하고, 그 다음은 좋지 않은 말을 피한다."

공자가 말했다. "이렇게 한 사람이 이미 일곱 명이 있다."

해 설 :

여기에서 7인이란 백이와 숙제, 우중虞仲, 이일夷逸, 주장朱張, 유하혜柳下

---

100 노나라 계손(계평자)의 가신.

101 노나라 대부大夫 자복하子服何.

惠, 그리고 소련少連이다.

14.40

子路宿於石門. 晨門曰: 奚自? 子路曰: 自孔氏.
자 로 숙 어 석 문　신 문 왈　해 자　자 로 왈　자 공 씨

曰: 是知其不可而爲之者與.
왈　시 지 기 불 가 이 위 지 자 여

자로가 석문石門에서 하룻밤을 잤다. 성문을 지키는 사람이 "어디에서 온 사람이오?"라고 묻자, 자로는 "공자 선생님의 사람이오."라고 대답했다. 그러자 그는 "불가능한 줄 알면서도 굳이 하려는 그 사람 말이오?"라고 말하였다.

14.41

子擊磬於衛, 有荷蕢而過孔氏之門者曰: 有心哉,
자 격 경 어 위　유 하 궤 이 과 공 씨 지 문 자 왈　유 심 재

擊磬乎! 旣而曰: 鄙哉! 硜硜乎, 莫己知也, 斯已
격 경 호　기 이 왈　비 재　갱 갱 호　막 기 지 야　사 이

而已矣, 深則厲, 淺則揭. 子曰: 果哉! 末之難矣.
이 이 의　심 즉 려　천 즉 게　자 왈　과 재　말 지 난 의

공자가 위나라에서 경磬[102]을 연주하고 있었는데, 바구니를 메고 공자가 머무는 곳 문 앞을 지나가던 자가 말했다. "경을 연주하는 자의 마음에 걱정이 있도다."

그는 한참 경 연주를 듣더니, "참으로 비루하고 고집스럽구나. 답답한 소리로다. 마치 사람들이 자기를 알아보지 못한다고 말하는 듯하구나. 그렇다면 그만둬야 할 일이로다. 물이 깊으면 오히려 옷을 벗지 않고 건너고, 물이 얕으면 오히려 옷을 걷어 올리고 건넌다."

공자가 말했다. "정말로 과단성 있는 사람이로다. 그를 설복시킬 방법이 없구나!"

해 설 :

'심즉려, 천즉게深則厲, 淺則揭'는 『시경詩經』에 나오는 시구로서 이에 대해서는 여러 해석이 있지만, "물이 깊으면 옷을 벗고 건너도 소용이 없으므로 오히려 옷을 입고 건너야 하고, 물이 얕으면 옷을 걷어 올리고 건넌다."는 해석이 설득력을 지닌다. 즉, 물이 깊으면 아무리 옷을 걷어 올려도 옷이 젖지 않고 건널 수 없으므로 차라리 옷을 입고 건넌다는 의미다. 처세는 어렵지만 상황에 맞춰 대처해야 한다는 뜻을 내포하고 있다.

14.42

子張曰: 書云, 高宗諒陰, 三年不言. 何謂也? 子
자 장 왈　서 운　고 종 량 음　삼 년 불 언　하 위 야　　자

---

102 돌로 만든 악기.

曰: 何必高宗? 古之人皆然. 君薨, 百官總己以聽
왈 하필고종 고지인개연 군 훙 백관총기이청

於冢宰三年.
어 총 재 삼 년

자장이 물었다. "『서경書經』에 '고종高宗이 상喪을 지켜 삼년 동안
정사를 말하지 않았다.' 하니, 무슨 뜻입니까?"

공자가 말했다. "고종만이 아니라 옛사람이 모두 그러하였다. 군
주가 세상을 떠나면 조정백관들 모두 자기 직책을 수행하여 재상의
명을 삼년 동안 받들었다."

해 설 :

'양음諒陰'은 천자가 상喪을 지키는 것을 의미하며, '총재冢宰'는 재상에 해
당하는 벼슬이다.

14.43
子曰: 上好禮則民易使也.
자 왈 상 호 예 즉 민 이 사 야

공자가 말했다. "윗사람들이 예禮를 좋아하면 백성을 다스리기
쉽다."

14.44

子路問君子. 子曰: 修己以敬. 曰: 如斯而已乎?
자 로 문 군 자　자 왈　수 기 이 경　　왈　 여 사 이 이 호

曰: 修己以安人. 曰: 如斯而已乎? 曰: 修己以安
왈　수 기 이 안 인　왈　여 사 이 이 호　왈　수 기 이 안

百姓, 修己以安百姓, 堯舜其猶病諸.
백 성　수 기 이 안 백 성　요 순 기 유 병 저

자로가 군자에 대하여 물으니, 공자가 말했다. "자신을 수양하여 엄숙하고 공경한 태도를 유지하는 것이다."

자로가 "그렇게 하면 충분합니까?"하고 묻자, 공자가 대답했다. "자신을 수양함으로써 주위 사람들을 편안하게 하는 것이다."

다시 "그렇게 하면 충분합니까?"하고 묻자, 공자가 대답했다. "자신을 수양함으로써 모든 백성을 편안하게 하는 것이니, 자신을 수양함으로써 모든 백성을 편안하게 하는 것은 요순임금도 해내지 못할 거라 두려워하신 일이다."

14.45

原壤夷俟. 子曰: 幼而不孫弟, 長而無述焉. 老而
원 양 이 사　자 왈　유 이 불 손 제　장 이 무 술 언　노 이

不死, 是爲賊. 以杖叩其脛.
불 사　시 위 적　이 장 고 기 경

원양原壤[103]이 두 다리를 벌리고 앉아 공자를 기다렸다. 공자가 그를 비난하였다. "너는 어려서는 효제孝悌를 배우지도 않았고, 장성해서는 이뤄놓은 것도 없고, 늙어서는 죽지도 않으니 정말 도적이로다." 그러면서 지팡이로 그의 종아리를 쳤다.

해 설 :

'이사夷俟'는 '다리를 벌리고 앉다.'는 뜻이다.

14.46

> 闕黨童子將命. 或問之曰: 益者與? 子曰: 吾見其
> 궐 당 동 자 장 명　혹 문 지 왈　　익 자 여　　자 왈　오 견 기
>
> 居於位也, 見其與先生並行也. 非求益者也, 欲
> 거 어 위 야　견 기 여 선 생 병 행 야　비 구 익 자 야　욕
>
> 速成者也.
> 속 성 자 야

궐당闕黨[104]의 동자가 공자에게 와서 말을 전했다. 어떤 사람이 공자에게 물었다. "이 아이는 학문에 뜻이 있겠습니까?"

공자가 말했다. "내 그 아이가 어른들과 함께 앉아 있는 것을 보았고, 또 연장자와 함께 걸어 다니는 것을 보았소, 이 아이는 학문에 발

---

103 공자의 오래된 친구로 항상 큰소리로 노래하였으며 공자가 대역무도라 비난했다.

104 궐리闕里. 공자의 집이 있던 곳.

전을 구하는 것이 아니라, 단지 빨리 이루려고 하는 것이오."

해 설 :

'장명將命'은 '전언傳言'[105]의 의미다.

이 부분은 장유유서를 강조한 내용이다.

---

105 전언傳言: 말을 전하다.

제 15 편

위령공 衛靈公

「위령공」편은 총 41장으로 이뤄져 있다.

본편은 군자와 소인에 대한 공자의 관점, 공자의 교육사상과 정치사상, 그리고 공자의 언행을 소개하고 있다.

이 글에 나오는 "인무원려, 필유근우人無遠慮, 必有近憂", "오미견호덕여호색자야吾未見好德如好色者也", "군자구저기, 소인구저인君子求諸己, 小人求諸人", "군자긍이부쟁, 군이부당君子矜而不爭, 群而不黨", "과이불개, 시위과의過而不改, 是謂過矣", "도부동, 불상위모道不同, 不相爲謀", "군자정이불량君子貞而不諒"의 명구도 우리들이 항상 마음에 새겨둬야 할 대목이 아닐 수 없다.

15.1

衛靈公問陳於孔子. 孔子對曰: 俎豆之事, 則嘗
위 령 공 문 진 어 공 자　공 자 대 왈　조 두 지 사　즉 상

聞之矣. 軍旅之事, 未之學也. 明日, 遂行. 在陳
문 지 의　군 려 지 사　미 지 학 야　명 일　수 행　재 진

絶糧, 從者病, 莫能興. 子路慍見曰: 君子亦有窮
절 량　종 자 병　막 능 흥　자 로 온 현 왈　군 자 역 유 궁

乎? 子曰: 君子固窮, 小人窮斯濫矣.
호　자 왈　군 자 고 궁　소 인 궁 사 람 의

위나라 영공靈公이 공자에게 진법陳法[106]을 묻자, 공자는 "예의의
식에 대한 일은 들은 바 있지만, 군대에 관한 일은 배우지 못했습니
다."라고 말하고는 다음날 떠나갔다.

진나라에 있을 때에 양식이 떨어지니, 따르던 사람들 모두 굶주
려 병이 들었다. 자로가 매우 성난 모습으로 공자를 만나 말했다.
"군자가 가난하지만 아무런 방도가 없는 경우도 있습니까?"하고 묻
자, 공자가 말했다. "군자는 비록 곤궁하나 여전히 견지해 나가고,
소인은 곤궁하면 곧 무슨 일이든 한다."

해 설 :

'조두俎豆'는 '제기祭器'의 의미로서 예의를 뜻한다.

---

106 진법陳法: 안진雁陣, 학익진鶴翼陣 따위와 같이 전투를 수행하기 위하여 진陣
을 치는 방법.

'고궁固窮'은 '곤궁을 견디다, 견지하다'의 의미로 해석한다.

15.2

> 子曰: 賜也! 女以予爲多學而識之者與? 對曰: 然,
> 자 왈   사 야   여 이 여 위 다 학 이 지 지 자 여   대 왈   연

> 非與? 曰: 非也. 予一以貫之.
> 비 여   왈   비 야   여 일 이 관 지

    공자가 "사賜야! 너는 내가 많이 배워서 비로소 그것을 기억한다고[107] 생각하느냐?"라고 묻자, 자공이 "그렇습니다. 그것이 아닙니까?"라고 하였다. 그러자 공자가 말했다. "그렇지 않다. 나는 하나의 근본적인 이치로 모든 것을 처음부터 끝까지 관철한 것이다."

15.3

> 子曰: 由! 知德者鮮矣.
> 자 왈   유   지 덕 자 선 의

    공자가 말했다. "유由야! 덕을 아는 자가 너무도 적구나!"

---

107 원문의 지識는 흔히 '식'으로 읽으나 여기서는 '기억하다'는 의미이기에 '지'로 읽는다.

15.4

子曰: 無爲而治者, 其舜也與. 夫何爲哉, 恭己正
자 왈 무 위 이 치 자 기 순 야 여 부 하 위 재 공 기 정

南面而已矣.
남 면 이 이 의

공자가 말했다. "무위無爲로 천하를 능히 다스리신 사람은 순임금
뿐이지 않느냐? 그가 무엇을 하였겠는가? 단지 장엄하고 단정하게
조정 왕위에 앉아 계셨을 뿐이었다."

15.5

子張問行. 子曰: 言忠信, 行篤敬, 雖蠻貊之邦,
자 장 문 행 자 왈 언 충 신 행 독 경 수 만 맥 지 방

行矣. 言不忠信, 行不篤敬, 雖州里, 行乎哉! 立
행 의 언 불 충 신 행 불 독 경 수 주 리 행 호 재 입

則見其參於前也, 在輿則見其倚於衡也. 夫然後
즉 견 기 삼 어 전 야 재 여 즉 견 기 의 어 형 야 부 연 후

行. 子張, 書諸紳.
행 자 장 서 저 신

자장이 통달通達에 대하여 묻자, 공자가 말했다. "말을 함에 충신
忠信하고 일을 행함에 독실하고 공경하면 비록 오랑캐의 나라에 가
더라도 통할 수 있다. 말을 함에 충신하지 못하고 일을 행함에 독실
하고 공경하지 못하면 비록 고향이나 자기 나라라 하더라도 통할 수

있겠는가? 일어서면 충신과 독경篤敬[108], 이 몇 글자가 눈앞에 나타나야 하며, 수레에 탔을 때도 이 몇 글자를 수레의 손잡이나무에서 본 듯해야 한다. 이렇게 할 때 비로소 어디를 가든 통할 수 있다." 자장이 이 말을 허리띠에 썼다.

15.6

子曰: 直哉史魚! 邦有道, 如矢. 邦無道, 如矢. 君
자 왈   직 재 사 어   방 유 도   여 시   방 무 도   여 시   군

子哉蘧伯玉! 邦有道, 則仕. 邦無道, 則可卷而懷
자 재 거 백 옥   방 유 도   즉 사   방 무 도   즉 가 권 이 회

之.
지

공자가 말했다. "곧구나, 사어史魚[109]여! 나라에 도道가 있을 때에도 화살처럼 곧으며, 나라에 도가 없을 때에도 화살처럼 곧도다. 군자답도다. 거백옥蘧伯玉[110]이여! 나라에 도道가 있으면 나아가 벼슬을 하고, 나라에 도가 없으면 거두어 몸을 숨기도다!"

---

108 독경篤敬: 말과 행실이 착실하며 공손한 것을 의미한다.

109 위나라 대부.

110 위나라 관리.

15.7

子曰: 可與言而不與之言, 失人. 不可與言而與
자 왈　가 여 언 이 불 여 지 언　실 인　불 가 여 언 이 여

之言, 失言. 知者不失人, 亦不失言.
지 언　실 언　지 자 불 실 인　역 불 실 언

공자가 말했다. "더불어 말할 만한데도 오히려 말하지 않으면 곧 벗을 잃는 것이요, 더불어 말한 만하지 못한데도 오히려 말을 나눈다면 곧 말을 잃는 것이다. 지혜로운 자는 벗을 잃지 아니하며 또한 말을 잃지 않는다."

15.8

子曰: 志士仁人, 無求生以害仁, 有殺身以成仁.
자 왈　지 사 인 인　무 구 생 이 해 인　유 살 신 이 성 인

공자가 말했다. "뜻을 가진 자와 인덕한 자는 삶을 구하여 인仁을 해침이 없고, 오직 자신을 희생하여 인仁을 완성하고자 한다."

15.9

子貢問爲仁. 子曰: 工欲善其事, 必先利其器. 居
자 공 문 위 인　자 왈　공 욕 선 기 사　필 선 리 기 기　　거

是邦也, 事其大夫之賢者, 友其士之仁者.
시 방 야　사 기 대 부 지 현 자　우 기 사 지 인 자

자공이 인仁에 대하여 묻자 공자가 말했다. "공인工人[111]이 그의 일을 잘하려면 반드시 먼저 연장을 예리하게 다듬어야 한다. 이 국가에 살면 대부大夫 중 현자를 섬겨야 하고, 선비 중 인덕한 자를 벗으로 삼아야 한다."

15.10

> 顔淵問爲邦. 子曰: 行夏之時, 乘殷之輅, 服周之
> 안 연 문 위 방   자 왈   행 하 지 시   승 은 지 로   복 주 지
>
> 冕, 樂則韶舞. 放鄭聲, 遠佞人, 鄭聲淫, 佞人殆.
> 면   악 즉 소 무   방 정 성   원 녕 인   정 성 음   녕 인 태

안연이 어떻게 나라를 다스려야 하는가에 대하여 묻자, 공자가 말했다. "하夏나라의 역법曆法을 사용하고, 은殷나라의 수레를 타며, 주나라의 모자를 쓰고, 음악은 순 임금 때의 소무韶舞를 쓸 것이다. 정나라 음악은 금지하고, 망녕된 자는 멀리하라. 정나라 음악은 음란하고 망녕된 자는 위태롭다."

해 설 :

여기에서 '방放'은 '포기하다', '금지하다'의 뜻이다.

---

111 공인工人: 장인匠人.

15.11

子曰: 人無遠慮, 必有近憂.
자 왈　인 무 원 려　필 유 근 우

공자가 말했다. "사람이 원대한 생각이 없으면, 반드시 가까운 근
심이 있다."

15.12

子曰: 已矣乎! 吾未見好德如好色者也.
자 왈　이 의 호　오 미 견 호 덕 여 호 색 자 야

공자가 말했다. "안타깝구나! 내 이제껏 내적인 덕德을 외적인 용
모보다 좋아하는 사람을 보지 못하였다."

해 설 :

'호색好色'에서 '색色'은 얼굴 혹은 용모를 가리킨다.

15.13

子曰: 臧文仲其竊位者與! 知柳下惠之賢而不與
자 왈　장 문 중 기 절 위 자 여　지 유 하 혜 지 현 이 불 여

立也.
립 야

공자가 말했다. "장문중臧文仲은 그 지위를 도적질한 자로구나! 그는 유하혜柳下惠[112]의 현명함을 분명히 알고서도 그와 함께 일하지 아니하였구나!"

15.14

子曰: 躬自厚而薄責於人, 則遠怨矣.
자 왈 궁 자 후 이 박 책 어 인   즉 원 원 의

공자가 말했다. "스스로를 많이 책망하고 남에 책임을 묻는 것은 적게 한다면 곧 남으로부터 원망을 피하게 된다."

15.15

子曰: 不曰, 如之何如之何者, 吾末如之何也已
자 왈 불 왈   여 지 하 여 지 하 자   오 말 여 지 하 야 이

矣.
의

공자가 말했다. "일을 함에 있어 '어찌할까, 어찌할까'라고 말하지 않는 자는 나도 그 사람을 어찌할 도리가 없다."

---

112 노나라 대부로서 예절에 밝았다.

15.16

子曰: 群居終日, 言不及義, 好行小慧, 難矣哉.
자 왈 군 거 종 일 언 불 급 의 호 행 소 혜 난 의 재

공자가 말했다. "하루 종일 같이 지내면서 말하는 것이 의로움에 미치지 못하고 오직 작은 총명만 희롱하니, 이러한 자들은 참으로 가르치기 어렵다."

15.17

子曰: 君子義以爲質, 禮以行之, 孫以出之, 信以
자 왈 군 자 의 이 위 질 예 이 행 지 손 이 출 지 신 이

成之, 君子哉.
성 지 군 자 재

공자가 말했다. "군자는 의義를 근본으로 하고 예禮로써 행하며, 겸손한 말로써 표현하고, 신의로써 이뤄내니, 이것이 곧 군자로다."

15.18

子曰: 君子病無能焉, 不病人之不己知也.
자 왈 군 자 병 무 능 언 불 병 인 지 불 기 지 야

공자가 말했다. "군자는 오직 자신이 능력이 없는 것을 두려워하고, 남이 자신을 알아주지 않는 것을 두려워하지 않는다."

15.19

子曰: 君子疾沒世而名不稱焉.
자 왈 군 자 질 몰 세 이 명 불 칭 언

공자가 말했다. "군자는 죽은 뒤에 그의 이름을 사람들이 칭송하
지 않음을 걱정한다."

15.20

子曰: 君子求諸己, 小人求諸人.
자 왈 군 자 구 저 기 소 인 구 저 인

공자가 말했다. "군자는 자신에게서 구하고, 소인은 남에게서 구
한다."

15.21

子曰: 君子矜而不爭, 群而不黨.
자 왈 군 자 긍 이 부 쟁 군 이 부 당

공자가 말했다. "군자는 장중하되 다른 사람과 쟁론하지 아니하
고, 더불어 지내되 무리를 지어 이익을 추구하지 않는다."

해 설 :

주자朱子는 『사서집주四書集注』에서 '당黨'에 대하여 "상조익비왈당相助匿

非曰黨", 즉 "서로 잘못을 감추는 것을 당黨이라 한다."라고 해석하고 있다.
『설문說文』에는 "당, 불선야黨, 不鮮也"라고 풀이되어 있다. '당黨'이란 '흐릿
하여 선명하지 못하다'는 의미라는 것이다.

이렇듯 '당黨'이라는 글자는 "공동의 이익을 위하여 함께 거짓말로 사람을
속이다"는 의미를 지니고 있다. '당동벌이黨同伐異' 역시 "자기와 같은 무리
는 편들고, 자기편이 아니면 공격하다"는 좋지 못한 뜻으로 쓰이고 있다.
그리고 "'불편부당不偏不黨'[113]해야한다"의 명제에서 '당黨'이라는 단어는
'악惡'의 범주를 뛰어넘지 못하는 이미지를 가지고 있다. '당쟁黨爭'과 '붕당
朋黨'[114], 그리고 '작당作黨하다'의 '작당' 역시 마찬가지이다. 그리하여 당黨
이란 '작당', 혹은 '당리당략黨利黨略'[115]이라는 부정적 이미지의 틀을 결코
넘어설 수 없게 된다. 서구의 'party'의 번역어로 들어온 '정당'은 이렇듯
좋지 못한 의미를 담고 있는 '당黨'이라는 용어를 사용하고 있다. 어느 의
미에서 보면, 정당은 '당黨'의 본래 의미를 너무도 충실하게 '실천'하기 위
하여 '모두 모여서 잘못을 감추고', '거짓말로 사람을 속이고', '싸우고' 있
는 셈이다.

15.22

子曰: 君子不以言擧人, 不以人廢言.
자 왈 군 자 불 이 언 거 인 불 이 인 폐 언

---

113 불편부당不偏不黨: 아주 공평하여 어느 쪽으로도 치우침이 없다.

114 붕당朋黨: 이념과 이해에 따라 이루어진 사람의 집단을 이르던 말.

115 당리당략黨利黨略: 당리(정당의 이익)와 당략(그 이익을 위한 정치적 계략)을
아울러 이르는 말.

공자가 말했다. "군자는 사람의 말로써 그를 추천하지 아니하며, 또 사람이 나쁘다 하여 그의 좋은 말을 버리지 않는다."

15.23

子貢問曰: 有一言而可以終身行之者乎. 子曰:
자 공 문 왈   유 일 언 이 가 이 종 신 행 지 자 호   자 왈

其恕乎, 己所不欲, 勿施於人.
기 서 호   기 소 불 욕   물 시 어 인

자공이 "하나의 말로써 종신토록 행할 만한 것이 있습니까?"하고 묻자, 공자가 말했다. "서恕로다. 자기가 하고 싶지 않은 것을 남에게 강제하지 말라."

해 설 :

공자가 영원한 스승일 수 있는 까닭은 그의 말 한 마디 한 마디가 언제나 바르고 핵심을 찌르며 가장 소박한 말로써 가장 진실 된 뜻을 말하기 때문이다.

15.24

子曰: 吾之於人也, 誰毁誰譽? 如有所譽者,
자 왈   오 지 어 인 야   수 훼 수 예   여 유 소 예 자

其有所試矣. 斯民也, 三代之所以直道而行也.
기 유 소 시 의 사 민 야 삼 대 지 소 이 직 도 이 행 야

공자가 말했다. "내가 다른 사람에 대하여 누구를 비판하고 누구를 칭찬하는가? 내가 칭찬하는 사람은 반드시 칭찬받을 만한 바가 있기 때문이다. 이들은 바로 삼대三代 이래에 올곧게 도를 실행해온 사람들이다."

15.25

子曰: 吾猶及史之闕文也, 有馬者借人乘之. 今
자 왈 오 유 급 사 지 궐 문 야 유 마 자 차 인 승 지 금

亡矣夫.
무 의 부

공자가 말했다. "나도 사서史書에서 의심 가는 곳을 볼 수 있다. 말을 지닌 자가 먼저 남에게 빌려주어 사용토록 하는데, 지금은 그것도 없어졌구나!"

15.26

子曰: 巧言亂德, 小不忍則亂大謀.
자 왈 교 언 란 덕 소 불 인 즉 란 대 모

공자가 말했다. "미사여구의 말은 덕德을 어지럽히고, 작은 일을

인내하지 못하면 큰일을 그르친다."

15.27

子曰: 衆惡之, 必察焉. 衆好之, 必察焉.
자 왈 중 오 지 필 찰 언 중 호 지 필 찰 언

공자가 말했다. "여러 사람이 싫어하는 것은 반드시 살펴보아야 하며, 여러 사람이 좋아하는 것도 반드시 살펴보아야 한다."

15.28

子曰: 人能弘道, 非道弘人.
자 왈 인 능 홍 도 비 도 홍 인

공자가 말했다. "사람이 도道를 넓히는 것이지, 도가 사람을 넓히는 것은 아니다."

15.29

子曰: 過而不改, 是謂過矣.
자 왈 과 이 불 개 시 위 과 의

공자가 말했다. "허물이 있어도 고치지 않으면, 이야말로 가장 큰 허물이다."

15.30

子曰: 吾嘗終日不食, 終夜不寢, 以思, 無益. 不如
자 왈 오 상 종 일 불 식 종 야 불 침   이 사 무 익   불 여

學也.
학 야

공자가 말했다. "내 일찍이 종일토록 밥을 먹지 않으며 밤새도록 잠을 자지 않고서 이리저리 생각했으나 결국 유익함이 없었다. 역시 학습하는 것만 같지 못하다."

15.31

子曰: 君子謀道不謀食. 耕也, 餒在其中矣. 學也,
자 왈 군 자 모 도 불 모 식 경 야 뇌 재 기 중 의   학 야

祿在其中矣. 君子憂道不憂貧.
녹 재 기 중 의   군 자 우 도 불 우 빈

공자가 말했다. "군자는 도道를 도모하고 의식衣食을 도모하지 않는다. 농사도 굶주림이 그 동기가 되고, 학문 역시 봉록이 그 동기가 된다. 하지만 군자는 도를 걱정하고 가난함을 걱정하지 않는다."

15.32

子曰: 知及之, 仁不能守之, 雖得之, 必失之. 知
자 왈 지 급 지 인 불 능 수 지 수 득 지 필 실 지 지

及之, 仁能守之, 不莊以涖之, 則民不敬. 知及之,
급 지   인 능 수 지   불 장 이 리 지   즉 민 불 경   지 급 지

仁能守之, 莊以涖之, 動之不以禮, 未善也.
인 능 수 지   장 이 리 지   동 지 불 이 례   미 선 야

공자가 말했다. "총명으로 그것을 얻을 수 있더라도 인덕으로 능히 그것을 지켜내지는 못한다면, 비록 얻더라도 반드시 잃게 된다. 총명으로 그것을 얻을 수 있고 인덕으로 능히 그것을 지켜내더라도 엄숙하지 못한 태도로 백성을 다스린다면, 백성들은 곧 공경하지 않게 된다. 총명으로 그것을 얻을 수 있고 인덕으로 능히 그것을 지켜내며 엄숙한 태도로 백성을 다스린다고 해도 백성을 동원할 때 예禮로써 대하지 않는다면 완전하게 될 수 없다."

15.33

子曰: 君子不可小知而可大受也, 小人不可大受
자 왈   군 자 불 가 소 지 이 가 대 수 야   소 인 불 가 대 수

而可小知也.
이 가 소 지 야

공자가 말했다. "군자는 작은 일로 그를 알 수는 없으나 큰 것을 받을 수 있고, 소인은 큰 것을 받을 수는 없으나 작은 일로 그를 알 수가 있다."

15.34

子曰: 民之於仁也, 甚於水火. 水火, 吾見蹈而死
자왈 민지어인야 심어수화 수화 오견도이사

者矣. 未見蹈仁而死者也.
자의 미견도인이사자야

공자가 말했다. "인仁에 대한 백성들의 필요는 물과 불보다도 많
도다. 물과 불에 죽는 자는 보았지만, 인仁을 밟다가 죽는 자는 보지
못하였다."

15.35

子曰: 當仁, 不讓於師.
자왈 당인 불양어사

공자가 말했다. "인仁의 정신을 발휘할 때에 이르러서는 (자신이
발휘할 것이지) 다른 사람에게 책임을 넘겨서는 안 된다."

해 설 :

'불양어사不讓於師'에서 '양讓'은 '책임을 묻다'[116], '사師'는 '여러 사람衆人'[117]
으로 해석하는 것이 바람직하다.

---

116 '廣雅'; "讓, 責也."

117 '釋言'; "師, 人也."

15.36

子曰: 君子貞而不諒.
자 왈 군 자 정 이 불 량

공자가 말했다. "군자는 정도正道를 따르고 작은 신의信義에 얽매이지 않는다."

15.37

子曰: 事君, 敬其事而後其食.
자 왈 사 군 경 기 사 이 후 기 식

공자가 말했다. "군주를 섬김에 있어서는 맡은 바를 성실히 수행하고 봉록 받는 일은 그 뒤에 놓아야 한다."

15.38

子曰: 有敎無類.
자 왈 유 교 무 류

공자가 말했다. "어떤 사람이든 모두 교육을 받을 수 있다."

해 설 :

교육에 차별이 있을 수 없다는 공자의 사상이 명확히 표현된 글이다. 다른 해석으로는 "(모든 것에는 차이가 있지만) 교육을 통하여 모든 차별을 없앨 수 있다."가 있다.

15.39

子曰: 道不同, 不相爲謀.
자 왈　도 부 동　불 상 위 모

공자가 말했다. "도道가 같지 않으면 서로 도모하지 말아야 한다."

15.40

子曰: 辭達而已矣.
자 왈　사 달 이 이 의

공자가 말했다. "말이란 뜻을 드러내면 그것으로 충분하다."

15.41

師冕見, 及階, 子曰: 階也. 及席, 子曰: 席也. 皆
사 면 현　급 계　자 왈　계 야　급 석　자 왈　석 야　개

坐, 子告之曰: 某在斯, 某在斯. 師冕出. 子張問
좌　자 고 지 왈　모 재 사　모 재 사　사 면 출　자 장 문

曰: 與師言之道與? 子曰: 然. 固相師之道也.
왈　여 사 언 지 도 여　자 왈　연　고 상 사 지 도 야

악사樂師[118]인 면冕이 공자를 만날 때 계단에 이르자 공자는 계단이라 말하였고, 자리에 이르자 공자는 자리라 말했다. 모두 자리에 앉자 공자는 "아무개는 여기에 있고, 아무개는 여기에 있다"고 말했다. 면이 나간 뒤, 자장이 곧 "악사와 더불어 말씀하는 도道입니까?"라고 물었다. 그러자 공자가 말했다. "그러하다. 진실로 악사樂師를 도와주는 방법이다."

---

118 고대의 악사는 대부분 맹인이었다.

제 16 편

계씨 季氏

「계씨」편은 총 14장으로 구성되어 있다.

본편은 공자와 제자들의 정치활동을 비롯하여 처신의 문제와 다른 사람과 교류할 때 주의해야 할 원칙 등을 담고 있다. "군자유삼계, 소지시, 혈기미정, 계지재색, 급기장야, 혈기방강, 계지재투, 급기노야, 혈기기쇠, 계지재득君子有三戒, 少之時, 血氣未定, 戒之在色, 及其壯也, 血氣方剛, 戒之在鬪, 及其老也, 血氣旣衰, 戒之在得." 바로 군자가 갖춰야 할 삼계三戒의 내용이다. 이밖에 삼외三畏, 구사九思의 문제도 기술된다.

이 글에서는 전쟁을 반대하고 분배의 균형을 강조하는 "불환과이환불균, 불환빈이환불안不患寡而患不均, 不患貧而患不安"의 구절처럼 시대를 앞서가는 공자의 선구자적 시각도 살펴볼 수 있다.

16.1

季氏將伐顓臾. 冉有季路見於孔子曰: 季氏將有
계씨장벌전유 염유계로현어공자왈 계씨장유

事於顓臾. 孔子曰: 求, 無乃爾是過與. 夫顓臾,
사어전유 공자왈 구 무내이시과여 부전유

昔者先王以爲東蒙主, 且在邦域之中矣. 是社稷
석자선왕이위동몽주 차재방역지중의 시사직

之臣也, 何以伐爲? 冉有曰: 夫子欲之, 吾二臣者,
지신야 하이벌위 염유왈 부자욕지 오이신자

皆不欲也. 孔子曰: 求, 周任有言曰, 陳力就列,
개불욕야 공자왈 구 주임유언왈 진력취렬

不能者止, 危而不持, 顚而不扶, 則將焉用彼相
불능자지 위이부지 전이불부 즉장언용피상

矣? 且爾言, 過矣. 虎兕出於柙, 龜玉毀於櫝中,
의 차이언 과의 호시출어합 귀옥훼어독중

是誰之過與? 冉有曰: 今夫顓臾固而近於費, 今
시수지과여 염유왈 금부전유고이근어비 금

不取, 後世必爲子孫憂. 孔子曰: 求, 君子疾夫舍
불취 후세필위자손우 공자왈 구 군자질부사

曰欲之, 而必爲之辭. 丘也聞, 有國有家者, 不患
왈욕지 이필위지사 구야문 유국유가자 불환

寡而患不均, 不患貧而患不安. 蓋均無貧, 和無
과이환불균 불환빈이환불안 개균무빈 화무

寡, 安無傾. 夫如是, 故遠人不服, 則修文德以來
과 안무경 부여시 고원인불복 즉수문덕이래

之, 既來之, 則安之. 今由與求也, 相夫子, 遠人
지 기래지 즉안지 금유여구야 상부자 원인

不服而不能來也, 邦分崩離析而不能守也. 而謀
불복이불능래야 방분붕리석이불능수야 이모

動干戈於邦內, 吾恐季孫之憂, 不在顓臾, 而在
동간과어방내 오공계손지우 부재전유 이재

蕭墻之內也.
소장지내야

　계씨季氏가 전유顓臾[119]를 토벌하려 하였다. 염유와 계로가 공자를 뵙고 말했다. "계씨가 전유顓臾를 공격하려 합니다."

　공자가 말했다. "구求야! 이것은 너의 잘못이 아니더냐? 전유는 전에 주나라 천자가 동몽東蒙의 제사를 주재하도록 하셨고, 또한 노나라 안에 위치하고 있으니, 이는 국가의 신하이다. 왜 정벌하려 하는가?"

　염유가 말했다. "계손季孫께서 하려는 것이지, 저희 두 신하는 모두 원하지 않습니다."

　그러자 공자가 말했다. "구야! 주임周任[120]이 이런 말을 하였다. '너의 모든 능력을 다해 너의 직무를 책임지고 해낼 수 없다면 그만두어라.' 위태로운데도 돕지 못하고, 넘어지는데도 부축하지 못한다면 보조하는 사람은 무엇을 한다는 것이더냐? 또 너의 말은 틀렸다. 호랑이와 들소가 우리에서 뛰쳐나오고, 구갑龜甲[121]과 옥기玉器가 궤

119　노나라의 부속국.

120　주나라 사관.

121　구갑龜甲: 거북의 등 껍데기.

속에서 망가졌다면 이것은 누구의 잘못이겠느냐?"

염유가 말했다. "지금 전유는 성곽이 견고하며 비읍費邑[122]과 가깝습니다. 지금 취하지 않으면 반드시 후세에 자손들의 우환이 될 것입니다."

공자가 말했다. "구야! 군자는 자기가 그것을 원한다고 말하지 않으면서 반드시 그 핑계를 찾아 변명하는 자를 가장 싫어한다. 나는 제후와 대부들이 재부財富의 부족을 걱정하지 않고 재부 분배의 불균형[123]을 걱정하며, 빈궁을 걱정하지 않고 오직 불안정만을 걱정한다고 들었다. 균형이 이뤄지면 이른바 빈궁이 없으며, 모두가 화목하면 재부가 부족하다고 느낄 리 없고, 안정되면 전복될 위험도 없다. 그러므로 만약 먼 곳의 사람이 아직 귀순하지 않으면 인과 의, 예, 악으로써 그들을 불러야 한다. 이미 귀순했다면 곧 그들을 안심시켜야한다. 지금 너희 두 사람은 계씨를 돕고 있지만, 먼 곳 사람들은 귀순하지 않고, 그들을 불러 귀순시킬 수도 없다. 나라의 민심이 이반離叛되고 있는데도 보전하지 못하며, 도리어 나라 안에서 무력을 사용하고자 한다. 나는 오직 계손씨의 우환이 전유에 있지 않고 자기 안에있음이 두렵도다."

해 설 :

이 글은 '환불균患不均', 즉, 재부財富의 분배 문제를 제기하고 있다. 공자는

---

122 계씨의 채읍.

123 '불균형'과 관련된 이 글은 백성들에게 분배되는 재부의 정도가 아닌 집정자들의 탐욕이 백성들의 원한을 초래하고 더 나아가 백성들을 불안하게 한다는 것을 말하고 있다. 한편 이 '불균형'을 '국내 각 정치세력 간의 힘의 불균형'으로해석하는 견해도 있다.

"균무빈, 화무과, 안무경均無貧, 和無寡, 安無傾", 즉 "균형이 이뤄지면 곧 이른바 빈궁도 없다. 모두가 화목하면 곧 재부가 부족하다고 느낄 리 없다. 안정되면 곧 전복될 위험도 없다."고 단언한다. 그리하여 그는 불균형과의 전쟁을 극복하고 안정을 실현하는 것이야말로 가장 중요한 치세治世의 원칙임을 강조한다. 동시에 이 글에는 전쟁을 반대하고 덕치와 인치仁治를 강조하는 공자의 반전反戰 사상이 반영되어 있다.

16.2

孔子曰: 天下有道, 則禮樂征伐自天子出. 天下
공 자 왈   천 하 유 도   즉 예 악 정 벌 자 천 자 출   천 하

無道, 則禮樂征伐自諸侯出. 自諸侯出, 蓋十世
무 도   즉 예 악 정 벌 자 제 후 출   자 제 후 출   개 십 세

希不失矣. 自大夫出, 五世希不失矣. 陪臣執國
희 불 실 의   자 대 부 출   오 세 희 불 실 의   배 신 집 국

命, 三世希不失矣. 天下有道, 則政不在大夫. 天
명   삼 세 희 불 실 의   천 하 유 도   즉 정 부 재 대 부   천

下有道, 則庶人不議.
하 유 도   즉 서 인 불 의

공자가 말했다. "천하에 도가 있으면 예악禮樂 제작과 출병 전쟁을 모두 천자가 결정한다. 천하에 도가 없으면 예악 제작과 출병 전쟁을 모두 제후가 결정한다. 제후가 결정하면, 대개 10대를 지나 무너지지 않은 경우가 매우 드물고, 대부大夫가 결정하면 5대를 지나

자유子有

노나라 사람. 성은 염冉, 이름은 구求, 자유子有는 자字이다.
염유冉有라고도 불린다. 공자보다 29살 적었다. 공자는 그가 천호千戶의 큰 읍邑에서
현령을 맡을 만한 능력을 가진 자라고 평하였다. (공야장 5.7)

무너지지 않는 경우가 매우 드물며, 배신陪臣[124]들이 국명國命을 잡으면 3대를 지나 무너지지 않은 경우가 매우 드물다. 천하에 도가 있으면, 국가 정사가 대부의 손에 있지 않다. 천하에 도가 있으면 백성들이 국가의 정치를 비평하지 않는다."

16.3

孔子曰: 祿之去公室五世矣, 政逮於大夫四世矣.
공 자 왈 녹 지 거 공 실 오 세 의   정 체 어 대 부 사 세 의

故夫三桓之子孫微矣.
고 부 삼 환 지 자 손 미 의

공자가 말했다. "노나라가 국가를 잃은 지 5대가 되었고, 정권이 대부大夫에게 넘어간 지 4대가 되었다. 그러므로 삼환三桓[125]의 자손은 이미 쇠락했도다."

16.4

孔子曰: 益者三友, 損者三友, 友直, 友諒, 友多
공 자 왈 익 자 삼 우 손 자 삼 우 우 직 우 량 우 다

聞, 益矣. 友便辟, 友善柔, 友便佞, 損矣.
문 익 의 우 편 벽 우 선 유 우 편 녕 손 의

---

124 대부의 가신.

125 노나라 환공의 세 아들.

공자가 말했다. "유익한 교류에 세 종류 벗이 있고, 해로운 교류에 세 종류 벗이 있다. 정직한 벗, 성실하고 신의가 있는 벗 그리고 견문이 넓은 벗이 유익하고, 편벽한 벗, 앞에서는 잘 하지만 뒤에서 비방하는 벗 그리고 아첨하는 벗은 해롭다."

16.5

> 孔子曰: 益者三樂, 損者三樂. 樂節禮樂, 樂道人
> 공 자 왈　익 자 삼 요　손 자 삼 요　요 절 례 악　요 도 인
>
> 之善, 樂多賢友, 益矣. 樂驕樂, 樂佚遊, 樂宴樂,
> 지 선　요 다 현 우　익 의　요 교 악　요 실 유　요 연 악
>
> 損矣.
> 손 의

공자가 말했다. "유익한 즐거움이 세 가지 있고, 해로운 즐거움이 세 가지 있다. 예악禮樂을 자신의 취미로 삼고, 다른 사람의 장점을 칭찬하기를 즐거워하며, 현명한 벗이 많음을 즐거워하면 유익하고, 교만함을 좋아하고, 편안함만을 좋아하며, 먹고 마시는 것만을 좋아하면 해롭다."

16.6

> 孔子曰: 侍於君子, 有三愆, 言未及之而言, 謂之
> 공 자 왈　시 어 군 자　유 삼 건　언 미 급 지 이 언　위 지

躁. 言及之而不言, 謂之隱. 未見顏色而言, 謂之
조　언급지이불언　위지은　미견안색이언　위지

瞽.
고

공자가 말했다. "군자를 모실 때 저지르기 쉬운 세 가지 잘못이
있다. 묻지 않았는데 말을 함은 조급한 것이고, 물었는데도 대답을
하지 않음은 숨기는 것이다. 그리고 상대방의 얼굴을 쳐다보지 않고
말을 함은 식별력이 없는 것이다."

16.7

孔子曰: 君子有三戒, 少之時, 血氣未定, 戒之在
공자왈　군자유삼계　소지시　혈기미정　계지재

色, 及其壯也, 血氣方剛, 戒之在鬪, 及其老也,
색　급기장야　혈기방강　계지재투　급기노야

血氣旣衰, 戒之在得.
혈기기쇠　계지재득

공자가 말했다. "군자에게 세 가지 조심해야 할 것이 있으니, 젊
을 때엔 혈기血氣가 아직 안정되지 않았으므로 여색女色을 조심해야
하고, 장성해서는 혈기가 한창 강하므로 싸움을 조심해야 하며, 늙어
서는 혈기가 쇠하므로 소유욕을 조심해야 한다."

해 설 :

여기의 '색色'을 "용모 혹은 얼굴 색"이라 해석하는 견해도 있다. 따라서 '젊을 때는 혈기가 안정되지 않았으므로 용모(혹은 얼굴색)를 조심해야 한다'로 해석하기도 한다.

16.8

孔子曰: 君子有三畏, 畏天命, 畏大人, 畏聖人之
공 자 왈　군 자 유 삼 외　외 천 명　외 대 인　외 성 인 지

言. 小人不知天命而不畏也, 狎大人, 侮聖人之言.
언　소 인 부 지 천 명 이 불 외 야　압 대 인　모 성 인 지 언

공자가 말했다. "군자에게는 세 가지 경외하는 것이 있으니, 천명을 경외하고, 대인大人을 경외하며, 성인聖人의 말씀을 경외한다. 하지만 소인은 천명을 알지 못하여 경외하지 않고, 대인大人을 존중하지 않으며 성인의 말씀을 업신여긴다."

16.9

孔子曰: 生而知之者, 上也. 學而知之者, 次也.
공 자 왈　생 이 지 지 자　상 야　학 이 지 지 자　차 야

困而學之, 又其次也. 困而不學, 民斯爲下矣.
곤 이 학 지　우 기 차 야　곤 이 불 학　민 사 위 하 의

공자가 말했다. "태어나면서 곧 아는 자가 상등上等이요, 배워서

아는 자가 다음이며, 곤경에 처하여 배우는 자가 그 다음이다. 곤경을 겪고서도 배우지 않는 사람은 하등下等이다."

16.10

孔子曰: 君子有九思, 視思明, 聽思聰, 色思溫,
공 자 왈 군 자 유 구 사 시 사 명 청 사 총 색 사 온

貌思恭, 言思忠, 事思敬, 疑思問, 忿思難, 見得
모 사 공 언 사 충 사 사 경 의 사 문 분 사 난 견 득

思義.
사 의

공자가 말했다. "군자에게는 아홉 가지 고려해야 할 일이 있다. 사람이나 어떤 것을 볼 때 정확하게 볼 수 있는가, 다른 사람의 말을 들을 때 정확하게 듣는가, 얼굴빛이 온화한가, 용모가 공손한가, 말을 함에 있어 충심으로 하는가, 다른 사람을 모실 때 공경스러운가, 의심이 생길 때 묻는가, 분노가 생길 때 어려움을 생각하는가, 얼음이 있을 때 의를 생각하는가."

16.11

孔子曰: 見善如不及, 見不善如探湯, 吾見其人
공 자 왈 견 선 여 불 급 견 불 선 여 탐 탕 오 견 기 인

矣, 吾聞其語矣. 隱居以求其志, 行義以達其道,
의 오 문 기 어 의 은 거 이 구 기 지 행 의 이 달 기 도

吾聞其語矣, 未見其人也.
오 문 기 어 의   미 견 기 인 야

공자가 말했다. "좋은 행위를 보면 곧 이르지 못함을 걱정하고, 나쁜 행동을 보면 곧 끓는 물 피하듯 빨리 피해야 한다. 나는 그러한 사람을 보았고, 그러한 말도 들었다. 세상을 피해 숨어 살면서 자신의 뜻을 온전히 보전하고, 의로움을 행함에 도에 이른 경우는 내 그런 말은 들어본 적이 있지만 아직 그런 사람을 본 적이 없다."

16.12

齊景公有馬千駟, 死之日, 民無德而稱焉. 伯夷
제 경 공 유 마 천 사   사 지 일   민 무 덕 이 칭 언   백 이

叔齊餓于首陽之下, 民到于今稱之. 其斯之謂與.
숙 제 아 우 수 양 지 하   민 도 우 금 칭 지   기 사 지 위 여

제경공齊景公은 말 천사千駟[126]를 소유하였으나, 그가 죽은 날에 사람들이 그 덕德을 칭송함이 없었다. 백이와 숙제는 수양산 아래에서 굶주려 죽었으나 사람들은 지금에 이르도록 그들을 칭송하고 있다. 말한 바가 이 뜻 아닌가!

---

126 사駟는 네 마리의 말을 뜻한다.

16.13

陳亢問於伯魚曰: 子亦有異聞乎? 對曰: 未也. 嘗
진 항 문 어 백 어 왈　자 역 유 이 문 호　대 왈　미 야　상

獨立, 鯉趨而過庭. 曰: 學詩乎? 對曰: 未也. 不學
독 립　리 추 이 과 정　왈　학 시 호　대 왈　미 야　불 학

詩, 無以言. 鯉退而學詩. 他日又獨立, 鯉趨而過
시　무 이 언　리 퇴 이 학 시　타 일 우 독 립　리 추 이 과

庭. 曰: 學禮乎? 對曰: 未也. 不學禮, 無以立, 鯉
정　왈　학 례 호　대 왈　미 야　불 학 례　무 이 립　리

退而學禮. 聞斯二者. 陳亢退而喜曰: 問一得三,
퇴 이 학 례　문 사 이 자　진 항 퇴 이 희 왈　문 일 득 삼

聞詩聞禮, 又聞君子之遠其子也.
문 시 문 례　우 문 군 자 지 원 기 자 야

진항陳亢(진자금)이 백어伯魚에게 물었다. "스승님께 특별한 가르
침이라도 들었는가?"

백어가 대답했다. "없다. 한번은 스승께서 당상에 홀로 서 계실
때 내가 빨리 걸어 뜰을 지나는데, '시詩를 배웠느냐?'하고 물으시기
에 '못하였습니다.'하고 대답하였더니, '시詩를 배우지 않으면 말을
할 수가 없다.'라고 하셨다. 나는 돌아가 곧 시詩를 배웠다. 다른 어
느 날 스승께서 또 홀로 서 계실 때에 내가 빨리 걸어 뜰을 지나는
데, '예禮를 배웠느냐?'하고 물으시기에 '못하였습니다.'하고 대답하
였더니, '예禮를 배우지 않으면 설 수가 없다.'라고 하셨다. 나는 돌
아가 곧 예禮를 배웠다. 이 두 가지를 들었노라."

진항이 물러 나와 기뻐하면서 말했다. "하나를 물어서 셋을 들었

으니, 시詩를 듣고 예禮를 들었으며, 또 군자가 그 아들을 편애하지 않음을 들었노라."

16.14

邦君之妻, 君稱之曰夫人, 夫人自稱曰小童. 邦
방 군 지 처   군 칭 지 왈 부 인   부 인 자 칭 왈 소 동   방

人稱之曰君夫人, 稱諸異邦曰寡小君. 異邦人稱
인 칭 지 왈 군 부 인   칭 저 이 방 왈 과 소 군   이 방 인 칭

之亦曰君夫人.
지 역 왈 군 부 인

군자의 처妻를 군주는 부인夫人이라 하고, 부인夫人 스스로는 소동小童이라 하며, 나라 사람들은 군부인君夫人이라 하고, 다른 나라 사람에게는 과소군寡小君이라 한다. 다른 나라 사람들도 그녀를 군부인君夫人이라 한다.

제 17 편

양화 陽貨

「양화」편은 총 26편으로 구성되어 있다.

본편은 공자의 도덕교육 사상을 기술하고 있다. 인仁에 대한 공자의 해석과 더불어 부모가 세상을 떠났을 때 모시는 삼년상의 문제도 언급하고 있으며, 군자와 소인의 구별 문제도 다시 설명하고 있다. 여기에 나오는 유명한 명구로는 "교언영색, 선의인巧言令色, 鮮矣仁"을 비롯한 "성상근야, 습상원야性相近也, 習相遠也", "군자유용이무의위란, 소인유용이무의위도君子有勇而無義爲亂, 小人有勇而無義爲盜" 등이 있다.

17.1

陽貨欲見孔子, 孔子不見, 歸孔子豚. 孔子時其
양 화 욕 현 공 자　공 자 불 견　귀 공 자 돈　공 자 시 기

亡也, 而往拜之, 遇諸塗. 謂孔子曰: 來! 予與爾
무 야　이 왕 배 지,　우 저 도　위 공 자 왈　래　여 여 이

言. 曰: 懷其寶而迷其邦, 可謂仁乎? 曰: 不可. 好
언　왈　회 기 보 이 미 기 방　가 위 인 호　왈　불 가 호

從事而亟失時, 可謂知乎? 曰: 不可. 日月逝矣,
종 사 이 기 실 시　가 위 지 호　왈　불 가　일 월 서 의

歲不我與. 孔子曰: 諾. 吾將仕矣.
세 불 아 여　공 자 왈　낙　오 장 사 의

양화陽貨[127]가 공자를 만나고자 하였으나 공자가 만나주지 않자, 공자에게 삶은 새끼돼지를 선물로 보냈다. 공자는 그가 없는 틈에 그의 집에 사례하러 갔는데, 도중에 그와 마주쳤다. 양화가 공자에게 말했다. "이리 오십시오. 제가 당신과 할 말이 있습니다."

그가 말했다. "자신의 능력을 숨기고 나라를 어지럽게 버려두는 것을 인仁이라고 할 수 있겠습니까?"

공자가 말했다. "그럴 수 없습니다."

"정사에 참여하는 것을 좋아하나 여러 차례 기회를 놓치는 것을 지혜라고 할 수 있겠습니까?"

공자가 말했다. "그럴 수 없습니다."

---

127 양화陽貨는 계씨季氏의 가신家臣으로 이름은 호虎이다. 일찍이 계환자季桓子를 가두고 나라의 정사를 전횡하였다.

"시간은 하루하루 지나가고, 세월은 사람을 기다리지 않습니다."

공자가 말했다. "좋습니다. 내 곧 관리가 되겠습니다."

17.2

子曰: 性相近也, 習相遠也.
자 왈   성 상 근 야   습 상 원 야

공자가 말했다. "성품은 서로 비슷하나 습성은 서로 다름이 있다."

해 설 :

하늘이 준 소질은 비슷하지만 후천적인 교육이나 사회 환경의 조건에 의하여 성격이 달라진다는 공자의 교육관이 잘 나타나고 있다.

17.3

子曰: 唯上知與下愚不移.
자 왈   유 상 지 여 하 우 불 이

공자가 말했다. "오직 상등의 지자智者와 하등의 우자愚者만은 변하지 않는다."

17.4

子之武城, 聞弦歌之聲. 夫子莞爾而笑曰: 割鷄
자 지 무 성　문 현 가 지 성　부 자 완 이 이 소 왈　할 계

焉用牛刀? 子游對曰: 昔者偃也聞諸夫子. 曰: 君
언 용 우 도　자 유 대 왈　석 자 언 야 문 저 부 자　왈　군

子學道則愛人, 小人學道則易使也. 子曰: 二三
자 학 도 즉 애 인　소 인 학 도 즉 이 사 야　자 왈　이 삼

子! 偃之言是也. 前言戲之耳.
자　언 지 언 시 야　전 언 희 지 이

공자가 무성武城에 가서 거문고소리와 노랫소리를 들었다. 공자가 미소를 지으며 말했다. "닭을 잡는 데, 어찌 소 잡는 칼을 쓰느냐?"[128]

그러자 자유子游가 대답했다. "예전에 제가 스승님께서 '군자가 도道를 배우면 사람을 사랑하고, 소인이 도를 배우면 자신의 잘못을 바꾸기 쉽다.'라고 하신 것을 들은 적이 있습니다."

공자가 말했다. "제자여! 너의 말이 옳도다. 방금 내가 한 말은 농담이니라."

해 설:

이 글에서 자유는 공자의 말로 공자의 농담을 교묘하게 반격하고 있으며, 공자는 곧바로 자신의 잘못을 인정하는 모습을 보여주고 있다.

128　당시 자유子游는 무성武城의 현령이었다. 이 대목에서 공자는 '무성이라는 작은 읍을 다스리는데, 어찌 예악이라는 큰 그릇을 사용하느냐'라는 농담을 던진다.

자유子游

오나라 사람. 성은 언言, 이름은 언偃, 자유子游는 자字이다.
공자보다 45살 적었다. 공자의 제자들 중 유일하게 남방나라 출신이다.

17.5

公山弗擾以費畔, 召, 子欲往. 子路不說曰: 末之
공산불요이비반 소 자욕왕 자로불열왈 말지

也已, 何必公山氏之之也? 子曰: 夫召我者, 而豈
야이 하필공산씨지지야 자왈 부소아자 이기

徒哉? 如有用我者, 吾其爲東周乎?
도재 여유용아자 오기위동주호

공산불요公山弗擾가 비읍費邑에서 반란을 일으키고 공자를 부르
자, 공자가 이에 응하고자 하였다. 자로가 불만을 드러내며 말했다.
"가실 곳이 없으면 그만두실 일이지, 왜 반드시 공산불요에게 가시
려 합니까?"

그러자 공자가 말했다. "그는 나를 불렀다. 그저 헛소리일 뿐이
겠느냐? 만약 누가 나를 기용한다면, 나는 곧 동주(의 부흥)를 위하여
동쪽의 주나라를 세우겠다."

17.6

子張問仁於孔子. 孔子曰: 能行五者於天下, 爲
자장문인어공자 공자왈 능행오자어천하 위

仁矣. 請問之. 曰: 恭寬信敏惠, 恭則不侮, 寬則
인의 청문지 왈 공관신민혜 공즉불모 관즉

得衆, 信則人任焉, 敏則有功, 惠則足以使人.
득중 신즉인임언 민즉유공 혜즉족이사인

자장이 공자에게 인仁을 여쭙자, 공자가 말했다. "능히 다섯 가지 덕을 천하에 실행할 수 있으면 그것이 곧 인이다."

자장이 가르침을 청하니, 공자가 대답했다. "공경함(공恭), 너그러움(관寬), 믿음(신信), 성실함(민敏), 베풂(혜惠)이니, 공경하면 곧 모욕을 받지 않고, 너그러우면 곧 여러 사람들의 도움을 얻게 되고, 믿으면 곧 다른 사람에 의해 기용되며, 성실히 노력하면 곧 공을 세우게 되고, 베풀면 곧 사람들에게 도움을 청할 수 있게 된다."

해 설 :

'민敏'은 고어에서 '민첩하다'가 아닌 '용심用心', 즉 '성실하다', 혹은 '노력하다'의 의미로 사용되었다. 민敏은 이곳에 인용된 공恭, 관寬, 신信, 혜惠와 같은 품덕品德 중 하나며, 구체적으로는 용심用心, 즉 '성실히 노력하다'의 뜻으로 해석된다.

17.7

佛肹召, 子欲往. 子路曰: 昔者由也聞諸夫子曰,
필 힐 소 자 욕 왕 자 로 왈 석 자 유 야 문 저 부 자 왈

親於其身爲不善者, 君子不入也. 佛肹以中牟畔,
친 어 기 신 위 불 선 자 군 자 불 입 야 필 힐 이 중 모 반

子之往也. 如之何? 子曰: 然, 有是言也. 不曰堅
자 지 왕 야 여 지 하 자 왈 연 유 시 언 야 불 왈 견

乎, 磨而不磷. 不曰白乎, 涅而不緇. 吾豈匏瓜也
호 마 이 불 린 불 왈 백 호 날 이 불 치 오 기 포 과 야

哉? 焉能繫而不食?
재　언 능 계 이 불 식

　　필힐佛肸이 공자를 부르니, 공자가 가려고 하였다. 그러자 자로가 말했다. "전에 스승께서 '스스로 나쁜 일을 한 자에게 군자는 가지 않는다.'고 하셨습니다. 지금 필힐이 중모읍中牟邑에서 반란을 일으켰는데 스승께서는 오히려 가려고 하시니, 어떻게 이해해야 합니까?"

　　공자가 말했다. "그렇다. 내가 그런 말을 한 적이 있다. 단단한 것은 갈아도 단단하지 않느냐? 흰 것은 물을 들여도 검게 되는 것이 아니지 않느냐? 내가 쓰디쓴 오이이더냐? 어떻게 한 곳에만 매달려서 사람들이 먹지 못하게 하겠느냐."

17.8

子曰: 由也, 女聞六言六蔽矣乎? 對曰: 未也. 居,
자 왈　유 야　여 문 육 언 육 폐 의 호　대 왈　미 야　거

吾語女. 好仁不好學, 其蔽也愚. 好知不好學, 其
오 어 여　호 인 불 호 학　기 폐 야 우　호 지 불 호 학　기

蔽也蕩. 好信不好學, 其蔽也賊. 好直不好學, 其
폐 야 탕　호 신 불 호 학　기 폐 야 적　호 직 불 호 학　기

蔽也絞. 好勇不好學, 其蔽也亂. 好剛不好學, 其
폐 야 교　호 용 불 호 학　기 폐 야 란　호 강 불 호 학　기

蔽也狂.
폐 야 광

공자가 자로에게 "유由야! 너는 여섯 가지 덕(육언六言)과 여섯 가지 폐단(육폐六蔽)을 들어보았느냐?" 하자, 자로가 "아직 들어보지 못하였습니다."라고 대답하였다.

이에 공자가 말했다. "거기 앉거라. 내 너에게 말해 주리라. 인덕을 좋아하나 배우기를 좋아하지 않으면 그 폐단은 우롱을 당하는 것이고, 지혜를 좋아하나 배우기를 좋아하지 않으면 그 폐단은 방탕하게 되는 것이다. 또 믿음을 좋아하나 배우기를 좋아하지 않으면 그 폐단은 가까운 사람을 해치게 되는 것이고, 정직을 좋아하나 배우기를 좋아하지 않으면 그 폐단은 말이 날카롭게 되는 것이며, 용기를 좋아하나 배우기를 좋아하지 않으면 그 폐단은 난을 도모하게 되는 것이고, 강직을 좋아하나 배우기를 좋아하지 않으면 그 폐단은 자기 망상이다."

17.9

子曰: 小子, 何莫學夫詩? 詩, 可以興, 可以觀, 可
자 왈 소 자 하 막 학 부 시 시 가 이 흥 가 이 관 가

以群, 可以怨. 邇之事父, 遠之事君, 多識於鳥獸
이 군 가 이 원 이 지 사 부 원 지 사 군 다 식 어 조 수

草木之名.
초 목 지 명

공자가 말했다. "제자들아, 너희들은 어찌하여 시詩를 배우지 아

니하느냐? 시詩는 뜻을 격발시킬 수 있고, 삼라만상森羅萬象[129]을 살필 수 있게 하며, 사람들과 더불어 사는 법을 배우게 하고, 어떻게 간언 하는지 알게 한다. 가까이는 어버이를 섬길 수 있게 하며, 멀리는 군 주를 섬길 수 있게 한다. 또한 새와 짐승, 풀과 나무의 이름을 많이 알게 한다.”

17.10

> 子謂伯魚曰: 女爲周南召南矣乎? 人而不爲周南
> 자 위 백 어 왈 여 위 주 남 소 남 의 호 인 이 불 위 주 남

> 召南, 其猶正牆面而立也與.
> 소 남 기 유 정 장 면 이 립 야 여

공자가 아들 백어伯魚에게 말했다. “너는 『시경』에 나오는 주남周 南과 소남召南을 배웠느냐? 사람으로서 주남과 소남을 배우지 않는 것은 마치 담장을 앞에 두고 서있는 것과 같다.”

17.11

> 子曰: 禮云禮云, 玉帛云乎哉. 樂云樂云, 鍾鼓云
> 자 왈 예 운 예 운 옥 백 운 호 재 악 운 악 운 종 고 운

> 乎哉.
> 호 재

---

129 삼라만상森羅萬象: 우주에 있는 온갖 사물과 현상.

공자가 말했다. "예禮로구나, 예禮로구나. 하지만 말하는 것은 단지 옥백玉帛[130]과 같은 예기禮器뿐이지 아니한가? 악樂이로구나, 악樂이로구나. 하지만 말하는 것은 단지 종鐘과 북 같은 악기뿐이지 아니한가?"

17.12

子曰: 色厲而內荏, 譬諸小人, 其猶穿窬之盜也
자 왈 색 려 이 내 임 비 제 소 인 기 유 천 유 지 도 야

與.
여

공자가 말했다. "얼굴빛은 위엄이 있는 듯 보이지만 실제로는 겁이 많은 것을 소인에게 비유한다면 마치 쪽문을 넘는 도적과 같다."

해 설 :

'유窬'는 쪽문을 가리킨다. 이 대목은 능력도 재능도 없이 거짓 명성을 얻은 자들이 겉으로는 엄숙하게 보이려고 하지만 실제 마음속으로는 자신의 부족함이 들킬까 항상 전전긍긍하며 겁을 먹고 있는 모습을 자신의 도둑질이 탄로 날까 두려워하는 좀도둑의 모습에 비유한 것이다.

---

130 옥백玉帛: 중국의 제후들이 천자를 만날 때 예물로 바치던 옥과 비단.

17.13

子曰: 鄕原, 德之賊也.
자 왈 향 원 덕 지 적 야

공자가 말했다. "향원鄕原, 즉 도덕수양을 하지 않은 거짓 군자는
곧 도덕을 파괴하는 사람이다."

17.14

子曰: 道聽而塗說, 德之棄也.
자 왈 도 청 이 도 설 덕 지 기 야

공자가 말했다. "길에서 전해들은 말을 또 다른 곳에서 전하는 것
은 덕이 싫어하는 바이다."

17.15

子曰: 鄙夫可與事君也與哉? 其未得之也, 患得
자 왈 비 부 가 여 사 군 야 여 재 기 미 득 지 야 환 득

之. 旣得之, 患失之. 苟患失之, 無所不至矣.
지 기 득 지 환 실 지 구 환 실 지 무 소 부 지 의

공자가 말했다. "비루한 사람과 함께 군주를 섬길 수 있겠는가?
관직을 얻기 전에는 늘 얻지 못함을 걱정하고, 얻고 나면 또 잃을 것
을 걱정한다. 만약 잃을 것을 걱정하게 되면, 어떠한 일도 하게 된다."

17.16

子曰: 古者民有三疾, 今也或是之亡也. 古之狂
자 왈　고 자 민 유 삼 질　금 야 혹 시 지 무 야　고 지 광

也肆, 今之狂也蕩, 古之矜也廉, 今之矜也忿戾,
야 사　금 지 광 야 탕　고 지 긍 야 염　금 지 긍 야 분 려

古之愚也直, 今之愚也詐而已矣.
고 지 우 야 직　금 지 우 야 사 이 이 의

공자가 말했다. "옛날 사람들에게는 세 가지 병폐가 있었는데, 지금에는 그것마저도 본래의 모습이 아니구나! 옛날 자기망상(狂)을 하는 자는 단지 바람이 너무 컸을 뿐인데, 지금의 자기망상자는 방탕하고, 옛날 교만한 자는 단지 다가서기 어려웠을 뿐인데, 지금의 교만한 자는 흉악하고 난폭하다. 옛날 어리석은 사람은 단지 솔직한 것뿐이었는데, 지금의 어리석은 사람은 간사할 뿐이다."

17.17

子曰: 巧言令色, 鮮矣仁.
자 왈　교 언 영 색　선 의 인

공자가 말했다. "화려한 미사여구를 늘어놓고 용모가 빼어난 자들이 인덕仁德한 경우는 드물다."

17.18

子曰: 惡紫之奪朱也, 惡鄭聲之亂雅樂也, 惡利
자 왈   오 자 지 탈 주 야   오 정 성 지 란 아 악 야   오 리

口之覆邦家者.
구 지 복 방 가 자

　　공자가 말했다. "나는 자주색을 악용하여 홍색을 대신하는 것을
미워하며, 정鄭나라의 음악이 아악雅樂을 어지럽히는 것을 미워하며,
교묘한 말로 나라를 전복시키는 것을 미워한다."

17.19

子曰: 予欲無言. 子貢曰: 子如不言, 則小子何述
자 왈   여 욕 무 언   자 공 왈   자 여 불 언   즉 소 자 하 술

焉? 子曰: 天何言哉? 四時行焉, 百物生焉, 天何
언   자 왈   천 하 언 재   사 시 행 언   백 물 생 언   천 하

言哉.
언 재

　　공자가 말했다. "나는 말을 하지 않고 싶구나."
　　자공이 말했다. "스승님께서 만일 말씀하지 않으시면 저희들은
무엇을 전술傳述[131]해야 합니까?"
　　공자가 말했다. "하늘이 무슨 말을 하느냐? 그래도 사시四時는 언

131　전술傳述: 전하여 기술記述하다.

제나 운행되고 만물은 언제나 생장한다. 하늘이 무슨 말을 하느냐?"

17.20

孺悲欲見孔子, 孔子辭以疾. 將命者出戶, 取瑟
유 비 욕 현 공 자   공 자 사 이 질   장 명 자 출 호   취 슬

而歌, 使之聞之.
이 가   사 지 문 지

유비孺悲[132]가 공자를 뵙고자 하였는데, 공자가 병이 있다고 사양하였다. 말을 전달하는 사람이 문밖으로 나가자 공자는 곧 비파를 가져다 한편으로 연주하고 한편으로 노래를 부르며 그로 하여금 듣게 하였다.

17.21

宰我問: 三年之喪, 期已久矣. 君子三年不爲禮,
재 아 문   삼 년 지 상   기 이 구 의   군 자 삼 년 불 위 례

禮必壞. 三年不爲樂, 樂必崩. 舊穀旣沒, 新穀旣
예 필 괴   삼 년 불 위 악   악 필 붕   구 곡 기 몰   신 곡 기

升, 鑽燧改火, 期可已矣. 子曰: 食夫稻, 衣夫錦,
승   찬 수 개 화   기 가 이 의   자 왈   식 부 도   의 부 금

---

132 노나라 사람. 노나라 애공이 그를 보내 공자에게 예를 배우게 했다.

於女安乎? 曰: 安. 女安則爲之, 夫君子之居喪,
어 여 안 호　왈　안　여 안 즉 위 지　부 군 자 지 거 상

食旨不甘, 聞樂不樂, 居處不安, 故不爲也. 今女
식 지 불 감　문 악 불 락　거 처 불 안　고 불 위 야　금 여

安, 則爲之. 宰我出. 子曰: 予之不仁也! 子生三
안　즉 위 지　재 아 출　자 왈　여 지 불 인 야　자 생 삼

年然後, 免於父母之懷. 夫三年之喪, 天下之通
년 연 후　면 어 부 모 지 회　부 삼 년 지 상　천 하 지 통

喪也, 予也有三年之愛於其父母乎?
상 야　여 야 유 삼 년 지 애 어 기 부 모 호

재아宰我가 말했다. "삼년상은 시간이 너무 깁니다. 군자가 3년 동안 예의를 행하지 않으면 예의는 무너질 것이고, 3년 동안 음악을 익히지 않으면 음악은 곧 황폐해질 것입니다. 묵은 곡식을 다 먹고 새 곡식이 나오며, 봉황불 피우는 나무도 1년에 한번 바꾸니, 1년이면 충분할 것입니다."

공자가 말했다. "(1년이라면) 네가 쌀밥을 지어먹고 비단 옷을 입는 것이, 네 마음에 편하겠느냐?"

재아가 말했다. "편합니다."

공자가 말했다. "네 마음이 편하면 그리 하거라. 군자가 상을 치를 때 맛있는 것을 먹어도 달지 않고 음악을 들어도 즐겁지 않으며 집에 있어도 편하지 않기 때문에 그리 하는 것이다. 지금 너처럼 마음이 편하면 너는 그렇게 하거라!"

재아가 밖으로 나가자, 공자가 말했다. "재아는 참으로 인덕仁德이 없구나! 아이가 태어나서 3년이 지난 뒤에야 비로소 부모의 품을

벗어나게 된다. 삼년상을 지내는 것, 이는 천하에 모두 통하는 상례
喪禮이다. 재아는 그의 부모로부터 3년 동안 사랑을 받지 못했단 말
인가?"

17.22

子曰: 飽食終日, 無所用心, 難矣哉. 不有博奕者
자 왈 포 식 종 일 무 소 용 심 난 의 재 불 유 박 혁 자

乎, 爲之猶賢乎已.
호 위 지 유 현 호 이

공자가 말했다. "하루 종일 배부르게 먹고 어디에도 마음을 쓰는
곳이 없다는 것, 참으로 어렵도다. 장기와 바둑 같은 놀이가 있지 않
은가? 그것이라도 하는 것이 오히려 아무 생각이 없는 것보다 낫다."

17.23

子路曰: 君子尙勇乎? 子曰: 君子義以爲上. 君子
자 로 왈 군 자 상 용 호 자 왈 군 자 의 이 위 상 군 자

有勇而無義爲亂, 小人有勇而無義爲盜.
유 용 이 무 의 위 란 소 인 유 용 이 무 의 위 도

자로가 "군자는 용기를 숭상합니까?"라고 묻자 공자가 말했다.
"군자는 의義를 가장 고상한 품덕으로 삼는다. 군자가 용기만 있고
의가 없으면 곧 난亂을 일으키게 되고, 소인이 용기만 있고 의義가

없으면 곧 도적이 된다."

해 설 :

'의義'는 원래 제사예의祭祀禮儀의 '의儀'의 의미를 지닌 글자였는데, '합의合
宜', '적합'이라는 윤리도덕의 차원으로 그 의미가 확대되었다. 공자가 말하
는 '의義'는 자각을 통하여 자신의 행위를 예禮에 부합시키는 의미를 지니
는 것으로서 행위규범과 도덕, 가치의 기준이 되었다. 위의 군자의이위상
君子義以爲上에서 알 수 있듯이, 그 행위가 의義에 부합한가의 여부는 어떤
사람이 도덕 준칙에 부합하는가에 대한 공자의 평가 기준이었다.

17.24

子貢曰: 君子亦有惡乎? 子曰: 有惡. 惡稱人之惡
자 공 왈　군 자 역 유 오 호　자 왈　유 오　오 칭 인 지 악

者, 惡居下流而訕上者, 惡勇而無禮者, 惡果敢
자　오 거 하 류 이 산 상 자　오 용 이 무 례 자　오 과 감

而窒者. 曰: 賜也, 亦有惡乎? 惡徼以爲知者, 惡
이 질 자　왈　사 야　역 유 오 호　오 요 이 위 지 자　오

不孫以爲勇者, 惡訐以爲直者.
불 손 이 위 용 자　오 알 이 위 직 자

자공이 "군자도 싫어하는 것이 있습니까?"라고 물으니 공자가
대답했다. "싫어하는 것이 있다. 남의 나쁜 점을 떠벌리는 자를 싫어
하며, 아랫사람으로서 윗사람을 비방하는 자를 싫어하며, 용감하기
만 하고 예의가 없는 자를 싫어하며, 고집만 부리면서 융통성이 없

는 자를 미워한다."

공자가 "사야, 너도 싫어하는 것이 있느냐?"라고 물으니 자공이 대답했다. "남의 것을 훔쳐 마치 자기의 지식인양 하는 자를 싫어하고, 겸손하지 않은 것을 용감한 것으로 꾸미는 자를 싫어하며, 남의 은밀한 일을 파헤쳐 그것을 솔직한 것으로 여기는 자를 싫어합니다."

17.25

子曰: 唯女子與小人爲難養也, 近之則不孫, 遠
자 왈   유 여 자 여 소 인 위 난 양 야   근 지 즉 불 손   원

之則怨.
지 즉 원

공자가 말했다. "오직 여자와 소인은 가르치기 어렵다. 가까이 하면 공손하지 못하게 되고 멀리 하면 원망하게 된다."

해 설 :

우리에게도 잘 알려져 있는 대목이다. 그런데 여기의 "여자와 소인은 가르치기 어렵다"를 "오직 너의 자식과 소인은 키우고 가르치기 어렵다."로 해석하는 견해가 있다.[133] 이 견해에 따르면, 공자가 살던 시대에 '여자女子'라는 한자어가 존재하지 않았거나 최소한 거의 사용되지 않았던 것으로

---

133 사실 이것은 (지금도 그렇겠지만) 고대시대에 대단히 중요한 문제로 간주되어 왔다. 가령, 그리스 철학자 소크라테스와 다른 철학자들 간의 대화에서도 "태어나서 정식 교육을 받기 전까지 아이들을 어떻게 돌봐야하는지"의 문제가 매우 중요하게 논의되고 있음을 살펴볼 수 있다.

보인다. 『논어』에서 '여女'라는 한자어는 모두 19곳에서 출현한다. 그런데 그 중 18곳은 모두 '너'의 뜻을 가진 '여汝'로 사용되고 있다. 이를테면 『논어』의 「공야장公冶長」편 8장 "자위자공왈: 여(여)여회(안회)야숙유子謂子貢曰: 女(汝)與回(顔回)也孰愈…"에서 '여女'는 '여汝'의 의미로 사용되고 있다.

『논어』에서 유일하게 '여女'라는 한자어가 쓰이고 있는 곳은 '미자微子' 편이다. "제인귀여락, 계환자수지, 삼일부조, 공자행齊人歸女樂, 季桓子受之, 三日不朝, 孔子行." 그 의미는 "제나라에서 가녀歌女를 보내니, 계환자季桓子가 그것을 받고 3일을 조회朝會하지 않자 공자가 떠났다."이다.

한편 이 부분의 해석에서 구체적으로 '여자'와 '소인'을 음란했던 남자南子 부인과 위령공, 환관 옹거라고 지칭하는 견해도 있다. 즉, 공자가 이 말을 한 상황은 위나라에서 공자가 남자 부인과 위령공 그리고 환관 옹거를 만났을 때를 배경으로 하고 있다는 것이다.

17.26

子曰: 年四十而見惡焉, 其終也已.
자 왈 연 사 십 이 견 오 언 기 종 야 이

공자가 말했다. "나이가 사십이 되어서도 여전히 다른 사람의 미움을 받는다면, 그 인생은 끝난 것이다."

제 18 편

미자微子

「미자」편은 총 11장으로 구성되어 있다.

이 글은 공자의 정치사상을 기술하고 있으며, 특히 독립적인 인격을 형성하는 문제에 대한 공자의 주장도 소개하고 있다. 제자와 농부 간에 전개되는 공자에 대한 평가 역시 흥미로운 부분이다.

"왕자불가간, 내자유가추往者不可諫, 來者猶可追", "조수불가여동군, 오비사인지도여, 이수여鳥獸不可與同群, 吾非斯人之徒與, 而誰與?"는 눈을 지그시 감고 깊이 성찰해야 할 주제임에 분명하다.

18.1

微子去之, 箕子爲之奴, 比干諫而死. 孔子曰: 殷
미 자 거 지　기 자 위 지 노　비 간 간 이 사　공 자 왈　은

有三仁焉.
유 삼 인 언

미자微子는 주왕을 떠났고 기자箕子는 남의 노예가 되었으며, 비
간比干은 간諫하다가 죽었다. 공자가 말했다. "은나라에 세 사람의 인
자仁者가 있었다."

18.2

柳下惠爲士師, 三黜. 人曰: 子未可以去乎! 曰:
유 하 혜 위 사 사　삼 출　인 왈　자 미 가 이 거 호　왈

直道而事人, 焉往而不三黜, 枉道而事人, 何必
직 도 이 사 인　언 왕 이 불 삼 출　왕 도 이 사 인　하 필

去父母之邦.
거 부 모 지 방

유하혜柳下惠가 사사士師[134]로 일할 때 세 번 파직되었다. 어떤 사
람이 "당신은 노나라를 떠날 수 있지 아니하오?"라고 하자, 유하혜
가 말했다. "정도로써 군주를 섬기는데, 어디로 간들 여러 차례 파직
당하지 않으리오? 도를 왜곡하여 사람을 섬긴다면 어찌 굳이 부모

---

134 감옥을 관장하는 관리.

의 나라를 떠나겠소?"

18.3

若季氏則吾不能, 以季孟之間
제 경 공 대 공 자 왈   약 계 씨 즉 오 불 능   이 계 맹 지 간

待之. 曰: 吾老矣, 不能用也. 孔子行.
대 지   왈   오 노 의   불 능 용 야   공 자 행

　제나라 경공景公이 (예절을 논하는) 공자에게 말했다. "노나라 군주
가 계씨季氏 대우하듯 하는 것은 내가 할 수 없소. 계씨季氏와 맹씨孟
氏의 중간 정도로는 가능하오." 그러고는 "내 이미 늙었으니, 등용하
지 못하오."라 하였다.
　공자가 제나라를 떠났다.

18.4

齊人歸女樂, 季桓子受之, 三日不朝, 孔子行.
제 인 귀 여 락   계 환 자 수 지   삼 일 부 조   공 자 행

　제나라에서 가녀歌女를 보내니, 계환자季桓子가 그것을 받고 3일을
조회朝會하지 않자, 공자가 떠났다.

　해 설 :
　'귀여락歸女樂'에서 '귀歸'는 '증정하다'의 의미로 사용되고 있다.

18.5

楚狂接輿歌而過孔子曰: 鳳兮鳳兮! 何德之衰?
초 광 접 여 가 이 과 공 자 왈   봉 혜 봉 혜   하 덕 지 쇠

往者不可諫, 來者猶可追, 已而已而. 今之從政
왕 자 불 가 간   내 자 유 가 추   이 이 이 이   금 지 종 정

者殆而. 孔子下, 欲與之言, 趨而辟之, 不得與之
자 태 이   공 자 하   욕 여 지 언   추 이 피 지   부 득 여 지

言.
언

초나라 광인狂人 접여接輿가 공자 앞을 지나며 노래하였다. "봉鳳
이여, 봉鳳이여! 어찌 덕德이 쇠하였는가? 지나간 것은 간諫할 수 없
거니와 오는 것은 오히려 따를 수 있으니, 그만둘지어다. 그만둘지어
다! 오늘날 정사政事에 종사하는 자들은 위험하다."

공자가 수레에서 내려 더불어 말하려고 하였지만, 그가 재빨리
피해 그와 얘기를 하지 못하였다.

18.6

長沮桀溺耦而耕. 孔子過之, 使子路問津焉. 長
장 저 걸 닉 우 이 경   공 자 과 지   사 자 로 문 진 언   장

沮曰: 夫執輿者爲誰? 子路曰: 爲孔丘. 曰: 是魯
저 왈   부 집 여 자 위 수   자 로 왈   위 공 구   왈   시 노

孔丘與? 曰: 是也. 曰: 是知津矣? 問於桀溺. 桀溺
공 구 여   왈   시 야   왈   시 지 진 의   문 어 걸 닉   걸 닉

曰: 子爲誰? 曰: 爲仲由. 曰: 是魯孔丘之徒與? 對
왈　자위수　왈　위중유　왈　시노공구지도여　대

曰: 然. 曰: 滔滔者天下皆是也, 而誰以易之. 且
왈　연　왈　도도자천하개시야　이수이역지　차

而與其從辟人之士也, 豈若從辟世之士哉. 耰而
이여기종피인지사야　기약종피세지사재　우이

不輟. 子路行, 以告, 夫子憮然曰: 鳥獸不可與同
불철　자로행　이고　부자무연왈　조수불가여동

群, 吾非斯人之徒與, 而誰與. 天下有道, 丘不與
군　오비사인지도여　이수여　천하유도　구불여

易也.
역야

　　장저長沮와 걸닉桀溺이 함께 밭을 가는데 공자가 지나다가 자로
를 시켜 나루를 묻게 하였다. 장저가 말하기를 "수레 고삐를 잡고 있
는 분이 누구인가?" 하자, 자로가 "공구孔丘이십니다."하고 답하였
다. 그가 "그 사람이 노나라의 공구인가?"하고 다시 묻자, "그렇습
니다."하고 대답하니, "그는 이미 나루를 알고 있을 것이오." 하였다.
걸닉에게 물으니, 걸닉이 말하기를 "당신은 누구인가?" 하자 자로가
"중유仲由라 하오."하고 답하였다. 그가 "그대가 바로 노나라 공구의
무리인가?"하고 다시 묻자, "그렇소."하고 대답했다. 그가 "홍수처럼
나쁜 것으로 세상이 뒤덮였는데, 당신들은 누구와 함께 바꾸려 하
는 것이오? 그대와 같이 사람을 피하는 사람은 왜 우리를 좇아 세상
을 피하지 않는 것이오?"라고 말하고는 농사일을 계속하였다. 자로
가 돌아와서 공자에게 아뢰니, 공자가 매우 실망하여 말했다. "사람

이란 조수鳥獸와 더불어 무리 지어 살 수 없다. 만약 세상 사람들과
교류하지 않는다면 누구와 교류하겠는가? 만약 천하에 도가 있다면,
나는 너희들과 함께 바꾸려 하지 않을 것이다."

해 설 :

이 글에서 '조수불가여동군鳥獸不可與同群'은 "세상을 떠나 은거하여 숲 속
에 살수 없다"의 뜻으로서 은거를 반대하거나 장저 혹은 걸닉 등의 은사隱
士들을 조수鳥獸의 무리로 비난하는 의미가 아니다.

18.7

子路從而後, 遇丈人以杖荷蓧. 子路問曰: 子見
자 로 종 이 후　우 장 인 이 장 하 조　자 로 문 왈　자 견

夫子乎. 丈人曰: 四體不勤, 五穀不分, 孰爲夫
부 자 호　장 인 왈　사 체 불 근　오 곡 불 분　숙 위 부

子? 植其杖而芸. 子路拱而立. 止子路宿, 殺鷄爲
자　치 기 장 이 운　자 로 공 이 립　지 자 로 숙　살 계 위

黍而食之, 見其二子焉, 明日子路行, 以告. 子曰:
서 이 식 지　현 기 이 자 언　명 일 자 로 행　이 고　자 왈

隱者也, 使子路反見之, 至則行矣. 子路曰: 不仕
은 자 야　사 자 로 반 견 지　지 즉 행 의　자 로 왈　불 사

無義, 長幼之節, 不可廢也. 君臣之義, 如之何其
무 의　장 유 지 절　불 가 폐 야　군 신 지 의　여 지 하 기

廢之. 欲潔其身而亂大倫, 君子之仕也, 行其義
폐 지　욕 결 기 신 이 란 대 륜　군 자 지 사 야　행 기 의

也, 道之不行, 已知之矣.
야 도 지 불 행 이 지 지 의

자로가 따라가다가 뒤처졌는데, 지팡이를 짚고 대바구니를 멘 장인丈人을 만나 물었다. "선생님은 우리 스승님을 보셨습니까?" 그러자 그 노인은 "부지런히 일하지 않고 오곡五穀을 분별하지 못하니, 누구를 스승이라 하는가?"라고 하고는 지팡이를 잡고서 일을 계속하였다. 자로는 손을 마주잡고 공손하게 서 있었다. 그 노인은 자로를 머물러 하룻밤을 묵게 하고는 닭을 잡고 기장밥을 지어 먹이고 그의 두 아들을 만나게 하였다. 다음날 자로가 돌아와서 아뢰니, 공자가 "은자隱者로다." 하고 자로로 하여금 돌아가 만나보게 하였는데, 도착해 보니 떠나가고 없었다. 자로가 말했다. "벼슬하지 않는 것은 잘못이다. 장유長幼의 예절禮節도 폐기할 수 없는데, 군신 간의 관계는 어떻게 폐기할 수 있겠는가? 자신의 청백함을 위하여 오히려 근본의 군신 윤리를 파괴하는 것이다. 군자가 벼슬하는 것은 오직 군신 간의 의義를 실행하기 위함이다. 도道가 행하여지지 못할 것은 이미 알고 있다."

해 설 :

"부지런히 일하지 않고 오곡五穀을 분별하지 못하니, 누구를 스승이라 하는가?" 이 대목을 "열심히 일을 하고 오곡을 분별하는 데 바빠서 미처 어느 분이 스승인지 알지 못하오."라고 해석하는 견해도 있다. 이 견해에 따르면, 평소 성격이 괄괄한 자로가 스승을 조롱하는 식의 말을 듣고도 화를 내지 않고 오히려 공손히 기다리고 더구나 그 집까지 가서 환대를 받고 돌아온다는 것은 부적절하다는 것이다. 또 자로는 은자에게 '자子'로 호칭했는데, 이는 당시 존경의 의미를 지닌 호칭이었다. 당시 유학자와 은자들은 상호 존중하는 관계였지, 조롱하고 매도하는 관계가 아니었다는 견해다. 은자의 말 중 '불不'은 의미를 갖지 않는 허사虛詞일 뿐이고, 이러한 경우는 『시경』에서도 많이 발견된다.

18.8

逸民, 伯夷, 叔齊, 虞仲, 夷逸, 朱張, 柳下惠, 少
일 민 백 이 숙 제 우 중 이 일 주 장 유 하 혜 소

連. 子曰: 不降其志, 不辱其身, 伯夷叔齊與. 謂柳
련 자 왈 불 강 기 지 불 욕 기 신 백 이 숙 제 여 위 유

下惠少連, 降志辱身矣, 言中倫, 行中慮, 其斯而
하 혜 소 련 강 지 욕 신 의 언 중 륜 행 중 려 기 사 이

已矣. 謂虞仲夷逸, 隱居放言, 身中淸, 廢中權.
이 의 위 우 중 이 일 은 거 방 언 신 중 청 폐 중 권

我則異於是, 無可無不可.
아 즉 이 어 시 무 가 무 불 가

사라진 사람은 백이와 숙제, 우중虞仲[135]과 이일夷逸, 주장朱張[136], 유하혜柳下惠 그리고 소련少連[137]이었다. 공자가 말했다. "자신의 뜻

---

135 주나라 시조 고공단보의 둘째 아들로 동생 계력을 위해 몸을 피해 남쪽 형만荊蠻 땅으로 갔다.

136 춘추시대 범여라는 설이 있다.

137 동이東夷 사람으로 예절을 잘 실행하였다.

을 굽히지 않고 자신의 신분을 욕되게 하지 않는 사람은 백이와 숙제이다." 유하혜와 소련少連에 대해서는 "자신의 뜻을 굽힐 것을 강요받아 자기의 신분을 욕되게 하였으나, 그 말은 윤리에 들어맞았고 행실은 인심에 부합하였다."라고 하였다. 우중과 이일夷逸에 대해서는 "은거하는 생활을 하면서 정사에 대해 말을 하지 않고, 능히 몸을 깨끗이 지키고 벼슬을 하지 않음은 임시변통에 부합하였다. 나는 이들과 다르다. 그렇게 할 수도 있고, 그렇게 하지 않을 수도 있다."라고 하였다.

18.9

太師摯適齊, 亞飯干適楚, 三飯繚適蔡, 四飯缺
태 사 지 적 제　아 반 간 적 초　삼 반 료 적 채　사 반 결

適秦, 鼓方叔入於河, 播鼗武入於漢, 少師陽, 擊
적 진　고 방 숙 입 어 하　파 도 무 입 어 한　소 사 양　격

磬襄入於海.
경 양 입 어 해

태사太師 지摯는 제나라로 가고, 아반亞飯 간干은 초나라로 갔으며, 삼반三飯 료繚는 채나라로 가고, 사반四飯 결缺은 진나라로 가고, 북을 치는 방숙方叔은 황하 강가로 갔으며, 작은 북을 치는 무武는 한수漢水 강가로 가고, 소사少師 양陽과 경磬을 치는 양襄은 해변으로 갔다.

해 설 :

여기에 나오는 아반亞飯, 삼반三飯, 사반四飯은 모두 관직명이다.

18.10

周公謂魯公曰: 君子不施其親, 不使大臣怨乎不
주 공 위 노 공 왈 군 자 불 시 기 친 불 사 대 신 원 호 불

以. 故舊無大故, 則不棄也, 無求備於一人.
이 고 구 무 대 고 즉 불 기 야 무 구 비 어 일 인

주공이 노공魯公에게 말했다. "군자는 그 친척을 소원하게 하지
아니하며, 대신大臣들로 하여금 자신들을 기용하지 않음을 원망하게
하지 않는다. 옛 벗과 노신老臣에 큰 과오가 없다면 그들을 버리지
않으며, 다른 사람에게 모든 책임을 요구하지 않는다."

18.11

周有八士: 伯達, 伯适, 仲突, 仲忽, 叔夜, 叔夏,
주 유 팔 사 백 달 백 괄 중 돌 중 홀 숙 야 숙 하

季隨, 季騧.
계 수 계 와

주나라에 여덟 선비가 있었으니, 바로 백달, 백괄, 중돌, 중홀, 숙
야, 숙하, 계수, 계와이다.

제 19 편

자장 子張

「자장」편은 모두 25장으로 이뤄져 있다.

학문에 임하는 공자의 성실한 자세를 잘 드러내고 있으며, 나아가 학문과 관리로서의 직무 관계에 대해서도 설파하고 있다. 이밖에도 은나라 주왕에 대한 공자의 비평, 그리고 군자와 소인이 잘못을 범했을 때 나타나는 상이한 태도도 묘사하고 있다.

이 글에서도 우리는 유명한 "박학이독지, 절문이근사博學而篤志, 切問而近思"를 비롯하여 "군자일언이위지, 일언이위부지君子一言以爲知, 一言以爲不知", "사이우즉학, 학이우즉사仕而優則學, 學而優則仕" 등의 명구를 만나는 즐거움을 맛볼 수 있다.

19.1

子張曰: 士見危致命, 見得思義, 祭思敬, 喪思哀,
자 장 왈 사 견 위 치 명 견 득 사 의 제 사 경 상 사 애

其可已矣.
기 가 이 의

　자장이 말했다. "선비가 위험을 보면 목숨을 바치고, 이득을 보면
의義를 생각하며, 제사祭祀에는 공겸함을 생각하고, 상사喪事에는 슬
픔을 생각한다면, 충분하다."

19.2

子張曰: 執德不弘, 信道不篤, 焉能爲有, 焉能爲
자 장 왈 집 덕 불 홍 신 도 불 독 언 능 위 유 언 능 위

亡?
무

　자장이 말했다. "인덕을 지키되 밝히지는 못하고, 도를 믿되 독
실하지 못하면 어찌 있다고 할 수 있으며, 어찌 없다고 할 수 있겠
는가?"

19.3

子夏之門人問交於子張. 子張曰: 子夏云何?
자 하 지 문 인 문 교 어 자 장 자 장 왈 자 하 운 하

對曰: 子夏曰, 可者與之, 其不可者拒之. 子張曰:
대 왈 자 하 왈 가 자 여 지 기 불 가 자 거 지 자 장 왈

異乎吾所聞. 君子尊賢而容衆, 嘉善而矜不能,
이 호 오 소 문 군 자 존 현 이 용 중 가 선 이 긍 불 능

我之大賢與, 於人何所不容? 我之不賢與, 人將
아 지 대 현 여 어 인 하 소 불 용 아 지 불 현 여 인 장

拒我, 如之何其拒人也?
거 아 여 지 하 기 거 인 야

　　자하의 제자가 자장에게 벗 사귀는 것을 묻자, 자장이 "자하 선생
은 무엇이라고 하던가?"하고 되물었다. 이에 제자가 대답했다. "스
승께서는 '가능한 자는 사귀고 불가능한 자는 사귀지 말라.'고 하셨
습니다."

　　그러자 자장이 말했다. "내가 듣던 것과는 다르다. 군자는 현인을
존중하면서도 또 대중을 용납한다. 또 선인善人을 찬미하면서도 능력
이 부족한 사람을 동정한다. 만약 내가 충분히 현량한 사람이라면, 다
른 사람을 용납하지 못할 것인가? 또 만약 내가 현명하지 못하다면
남들이 나를 거절할 것이니, 내가 어떻게 남을 거절할 수 있겠는가?"

19.4

子夏曰: 雖小道, 必有可觀者焉. 致遠恐泥, 是以
자 하 왈 수 소 도 필 유 가 관 자 언 치 원 공 니 시 이

君子不爲也.
군 자 불 위 야

자하가 말했다. "비록 작은 기술이라도 반드시 취할 바가 있다. 다만 그것으로써는 원대함에 이를 수 없다. 그러므로 군자는 그런 일에 종사하지 않는다."

19.5

子夏曰: 日知其所亡, 月無忘其所能, 可謂好學
자 하 왈　일 지 기 소 무　월 무 망 기 소 능　가 위 호 학

也已矣.
야 이 의

자하가 말했다. "날마다 모르던 것을 알아 가며, 달마다 배운 바를 잊지 않으면 가히 학문을 잘 익히고 있다고 할 만하다."

19.6

子夏曰: 博學而篤志, 切問而近思, 仁在其中矣.
자 하 왈　박 학 이 독 지　절 문 이 근 사　인 재 기 중 의

자하가 말했다. "배우기를 널리 하고 분명하게 기억하며, 내게 절실한 문제에 의문을 제기하면서 사유한다면 인仁은 곧 그 가운데에 있다."

19.7

子夏曰: 百工居肆, 以成其事, 君子學以致其道.
자 하 왈　백 공 거 사　이 성 기 사　군 자 학 이 치 기 도

자하가 말했다. "다양한 공인工人들은 작업장에서 자신의 일을 완성하고, 군자는 학문을 통하여 도에 이른다."

19.8

子夏曰: 小人之過也必文.
자 하 왈　소 인 지 과 야 필 문

자하가 말했다. "소인들은 허물이 있으면 반드시 수식修飾하여 감춘다."

19.9

子夏曰: 君子有三變, 望之儼然, 卽之也溫, 聽其
자 하 왈　군 자 유 삼 변　망 지 엄 연　즉 지 야 온　청 기

言也厲.
언 야 려

자하가 말했다. "군자에게는 세 가지 변화가 있으니, 멀리서 바라보면 엄숙하고, 가까이 보면 온화하며, 그 말을 들어보면 엄격하고 구애됨이 없다."

19.10

子夏曰: 君子信而後勞其民, 未信, 則以爲厲己
자 하 왈 군 자 신 이 후 노 기 민 미 신 즉 이 위 려 기

也, 信而後諫, 未信, 則以爲謗己也.
야 신 이 후 간 미 신 즉 이 위 방 기 야

　　자하가 말했다. "군자는 신임을 얻은 뒤에 그 백성을 다스리니, 신임을 얻지 못하면, 자신들을 학대한다고 여긴다. 신임을 얻은 뒤에 간하니, 신임을 얻지 못하면 군주는 자기를 비방한다고 여긴다."

19.11

子夏曰: 大德不踰閑, 小德出入可也.
자 하 왈 대 덕 불 유 한 소 덕 출 입 가 야

　　자하가 말했다. "큰 덕德이 한계를 넘지 않는다면 작은 덕德은 약간의 문제가 있어도 괜찮다."

19.12

子游曰: 子夏之門人小子, 當灑掃應對進退, 則
자 유 왈 자 하 지 문 인 소 자 당 쇄 소 응 대 진 퇴 즉

可矣, 抑末也. 本之則無如之何? 子夏聞之, 曰:
가 의 억 말 야 본 지 즉 무 여 지 하 자 하 문 지 왈

噫! 言游過矣. 君子之道孰先傳焉, 孰後倦焉? 譬
희 언유과의 군자지도숙선전언 숙후권언 비

諸草木, 區以別矣, 君子之道焉可誣也? 有始有
저초목 구이별의 군자지도언가무야 유시유

卒者, 其惟聖人乎.
졸자 기유성인호

자유가 말했다. "자하의 제자들이 물 뿌리고 청소하며 손님을 모시는 일은 괜찮지만, 이런 일들은 단지 지엽적枝葉的일 뿐이다. 근본적인 것은 도리어 배우지 않으니 어찌된 일인가?"

자하가 듣고서 말했다. "아! 자유가 틀렸다. 군자의 도를 전함에 있어서 어느 것을 먼저 전수할 것이며, 어느 것을 나중에 하겠느냐? 이는 풀과 나무와 같아서 모두 분류되고 구별된다. 군자의 도가 어찌 마음대로 왜곡되어 학생들을 속이겠는가? 처음과 끝을 순서대로 분명하게 가르칠 수 있는 분은 오로지 성인밖에 없다."

19.13

子夏曰: 仕而優則學, 學而優則仕.
자하왈 사이우즉학 학이우즉사

자하가 말했다. "벼슬하면서 여가가 있으면 학문을 하고, 학문에 우수하면 벼슬을 한다."

해 설 :

"학이우즉사學而優則仕" 중 '우優'는 기존에 "여력이 있으면"이라고 해석되어왔다. 하지만 이는 잘못된 해석이다. 공자의 일관된 사상은 내성외왕內聖外王인데 이는 인격적 측면에서 최고의 경지에 도달한 뒤, 이 최고의 인격을 사회화시켜 이상사회를 건설하는 것을 말한다. 여기에서 학문이란 결코 "여력이 있는" 그러한 영역이 될 수 없다. 그러므로 "학문에 우수한 사람은 벼슬을 한다."는 해석이 올바르다.

19.14

子游曰: 喪致乎哀而止.
자 유 왈　상 치 호 애 이 지

자유가 말했다. "상례喪禮에서는 지극한 애도가 가장 중요하다."

19.15

子游曰: 吾友張也, 爲難能也, 然而未仁.
자 유 왈　오 우 장 야　위 난 능 야　연 이 미 인

자유가 말했다. "나의 벗 자장子張은 참으로 얻기 어려운 벗이나, 아직 인仁에 이르지 못했다."

19.16

曾子曰: 堂堂乎張也! 難與並爲仁矣.
증자왈　당당호장야　난여병위인의

　　증자가 말했다. "자장의 외모는 당당하다. 다만 함께 인仁에 이르기는 어렵다."

19.17

曾子曰: 吾聞諸夫子, 人未有自致者也, 必也親
증자왈　오문저부자　인미유자치자야　필야친

喪乎.
상 호

　　증자가 말했다. "스승께 들으니, '사람이 자기도 모르게 감정을 발휘할 수는 없지만, 부모가 돌아가셨을 때는 그럴 수 있다.'고 하셨다."

19.18

曾子曰: 吾聞諸夫子, 孟莊子之孝也, 其他可能
증자왈　오문저부자　맹장자지효야　기타가능

也, 其不改父之臣與父之政, 是難能也.
야　기불개부지신여부지정　시난능야

증자가 말했다. "스승께 들으니, '맹장자孟莊子[138]의 효孝는 다른 사람도 해낼 수 있으나, 아버지의 옛 신하와 아버지의 정치를 고치지 않은 것은 다른 사람이 능히 해낼 수 없는 것이다.'고 하셨다."

19.19

孟氏使陽膚爲士師. 問於曾子. 曾子曰: 上失其
맹 씨 사 양 부 위 사 사　문 어 증 자　증 자 왈　상 실 기

道, 民散久矣. 如得其情, 則哀矜而勿喜.
도　민 산 구 의　여 득 기 정　즉 애 긍 이 물 희

맹씨孟氏가 양부를 전옥관典獄官으로 임명하자, 양부가 증자에게 물었다. 증자가 말했다. "윗사람이 정도에서 벗어나 백성들의 마음이 흩어진지 오래 되었다. 만일 백성들의 억울한 사정을 이해하게 된다면, 마땅히 동정해야 하고, 정확히 살폈다고하여 즐거워해서는 안 된다."

19.20

子貢曰: 紂之不善, 不如是之甚也, 是以君子惡
자 공 왈　주 지 불 선　불 여 시 지 심 야　시 이 군 자 오

居下流, 天下之惡皆歸焉.
거 하 류　천 하 지 악 개 귀 언

---

138 노나라 대부 맹손속孟孫速.

자공이 말했다. "주왕紂王의 악함은 전설보다 더욱 심하였도다. 그러므로 군자의 원한이 하류下流에 처하게 되어 천하의 모든 나쁜 명성이 모두 그에게 돌아갔다."

19.21

子貢曰: 君子之過也, 如日月之食焉, 過也, 人皆
자 공 왈   군 자 지 과 야   여 일 월 지 식 언   과 야   인 개

見之. 更也, 人皆仰之.
견 지   경 야   인 개 앙 지

자공이 말했다. "군자의 허물은 일식日蝕이나 월식月蝕과 같다. 그가 잘못을 범하면 사람들이 모두 볼 수 있고, 그가 잘못을 고치면 사람들이 모두 우러러본다."

19.22

衛公孫朝問於子貢曰: 仲尼焉學? 子貢曰: 文武
위 공 손 조 문 어 자 공 왈   중 니 언 학   자 공 왈   문 무

之道, 未墜於地, 在人. 賢者識其大者, 不賢者識
지 도   미 추 어 지   재 인   현 자 지 기 대 자   불 현 자 지

其小者, 莫不有文武之道焉. 夫子焉不學, 而亦
기 소 자   막 불 유 문 무 지 도 언   부 자 언 불 학   이 역

何常師之有?
하 상 사 지 유

위나라 대부 공손조가 자공에게 물었다. "중니仲尼의 학문은 어디로부터 온 것이오?"

자공이 말했다. "문왕과 무왕의 도가 아직 사라지지 않고 사람들 사이에 남아 있습니다. 현능한 사람은 능히 그 근본을 이해할 수 있으나, 현명하지 못한 자들은 오직 지엽적인 것만 알뿐 문왕과 무왕의 도에서 어느 것도 갖고 있지 않습니다. 저희 스승께서는 어디서든 배우지 않은 곳이 없으며, 또 어찌 고정된 스승으로부터 배울 필요가 있었겠습니까?"

19.23

叔孫武叔語大夫於朝曰: 子貢賢於仲尼. 子服景
숙 손 무 숙 어 대 부 어 조 왈   자 공 현 어 중 니   자 복 경

伯以告子貢. 子貢曰: 譬之宮牆, 賜之牆也及肩.
백 이 고 자 공   자 공 왈   비 지 궁 장   사 지 장 야 급 견

窺見室家之好. 夫子之牆數仞, 不得其門而入,
규 견 실 가 지 호   부 자 지 장 수 인   부 득 기 문 이 입

不見宗廟之美, 百官之富, 得其門者或寡矣. 夫
불 견 종 묘 지 미   백 관 지 부   득 기 문 자 혹 과 의   부

子之云, 不亦宜乎!
자 지 운   불 역 이 호

숙손무숙叔孫武叔[139]이 조정에서 대부들에게 "자공이 중니보다 현

---

139 노나라 대부.

명하다."라고 말했다. 자복경백이 이 말을 자공에게 전해주자, 자공이 이렇게 말했다. "담장으로 비유하면 내 집의 담장은 단지 어깨 높이이지만, 스승님 집의 담장은 매우 높아 몇 길이나 된다. 만약 문을 찾지 못해 들어가지 못한다면, 집안에 있는 장엄한 종묘와 가옥의 현란한 색채를 볼 수 없다. 문을 찾아 들어갈 수 있는 사람이 매우 적을 것이니, 숙손무숙이 그렇게 말하는 것도 매우 자연스러운 것 아닌가?"

해 설 :

'인刃'은 길이의 단위로 고대시대에 1인刃은 7척尺 혹은 8척尺에 해당하였다.

자공은 처음 공자를 스승으로 모신 그 해에 스스로를 공자보다 낫다고 여겼다. 2년째에는 스스로를 공자와 같다고 여겼으나, 3년이 되자 자신이 공자에 미치지 못함을 알았다. 처음 한두 해 동안에는 공자가 성인임을 알지 못했으나 3년 뒤에는 공자가 성인임을 알았다(『논형·강서論衡·講瑞』). 자공은 부유해진 뒤 그 부로써 공자의 주유周遊 천하를 지원하여 공자의 학문과 철학 그리고 정치주장을 널리 알리고 실현되도록 힘썼다. 공자의 삼년상이 끝나자 다른 제자들은 다 떠났지만, 자공은 다시 3년을 더 모시고 떠났다. 사마천은 『사기』「화식열전」에서 "공자의 이름이 능히 천하에 떨칠 수 있었던 데에는 자공의 도움이 결정적인 역할을 하였다. 이야말로 부자가 세력을 얻으면 명성과 지위가 더욱 빛난다는 것이 아니겠는가?"라고 기술하고 있다.

19.24

叔孫武叔毀仲尼. 子貢曰: 無以爲也. 仲尼不可
숙 손 무 숙 훼 중 니　자 공 왈　무 이 위 야　중 니 불 가

毀也. 他人之賢者丘陵也. 猶可踰也. 仲尼日月
훼 야　타 인 지 현 자 구 릉 야　유 가 유 야　중 니 일 월

也. 無得而踰焉. 人雖欲自絶, 其何傷於日月乎!
야　무 득 이 유 언　인 수 욕 자 절　기 하 상 어 일 월 호

多見其不知量也.
다 견 기 부 지 량 야

숙손무숙叔孫武叔이 공자를 비방하자, 자공이 말했다. "그러지 마
십시오. 중니仲尼는 훼방 놓을 수 없습니다. 다른 현인의 덕은 구릉丘
陵과 같아서 넘을 수가 있지만, 중니仲尼의 덕은 해와 달과 같아 도저
히 초월할 수 없습니다. 사람들이 비록 해와 달과의 관계를 끊고자
하여도 어찌 해와 달에 해가 되겠습니까? 단지 스스로의 부족함만
드러내 보일 뿐입니다."

19.25

陳子禽謂子貢曰: 子爲恭也, 仲尼豈賢於子乎?
진 자 금 위 자 공 왈　자 위 공 야　중 니 기 현 어 자 호

子貢曰: 君子一言以爲知, 一言以爲不知. 言不
자 공 왈　군 자 일 언 이 위 지　일 언 이 위 부 지　언 불

可不愼也. 夫子之不可及也, 猶天之不可階而升
가 불 신 야　부 자 지 불 가 급 야　유 천 지 불 가 계 이 승

也. 夫子之得邦家者, 所謂立之斯立, 道之斯行,
야 부 자 지 득 방 가 자 소 위 립 지 사 립 도 지 사 행

綏之斯來, 動之斯和, 其生也榮, 其死也哀. 如之
수 지 사 래 동 지 사 화 기 생 야 영 기 사 야 애 여 지

何其可及也?
하 기 가 급 야

진자금이 자공에게 말했다. "당신은 겸손하군요. 중니仲尼가 어찌 당신보다 현명하다고 말할 수 있겠소?"

그러자 자공이 말했다. "군자는 한 마디 말로 그의 지혜를 표현하기도 하고, 그의 무지를 표현하기도 하니, 말을 신중히 하지 않을 수 없소. 스승님의 높이는 도무지 이를 수 없어, 마치 하늘을 사다리로 오르지 못하는 것과 같다오. 스승께서 나라를 얻어 제후가 되거나 채읍을 얻어 경대부가 되어 백성을 예禮에 세우도록 가르친다면 백성은 곧 예에 설 것이고, 백성을 이끌면 백성은 곧 따라서 걸을 것이며, 백성을 위무慰撫하면 백성은 곧 귀순하게 될 것이고, 백성을 모으면 백성은 곧 마음을 모아 협력할 것이오. 살아계실 때에는 영광스럽고 돌아가실 때에는 모두 애석해하니, 내 어찌 따라갈 수 있다는 말이오?"

제 20 편

요왈 堯曰

『논어』의 마지막 부분인 「요왈」편은 3편으로 구성되어 있는데, 그 내용은 비교적 길다.

이 글은 요임금이 순임금에게 제위를 선양禪讓하고, 순임금이 다시 우임금에게 선양하는 내용을 담고 있다. 즉, 공자가 추앙했던 삼대三代의 선정善政을 소개하면서 국가를 어떻게 다스려야 하는가를 역설하고 있다. "관즉득중, 신즉민임寬則得衆, 信則民任", "군자혜이불비, 노이불원, 욕이불탐, 태이불교, 위이불맹君子惠而不費, 勞而不怨, 欲而不貪, 泰而不驕, 威而不猛", "흥멸국, 계절세, 거일민, 천하지민귀심興滅國, 繼絕世, 擧逸民, 天下之民歸心"은 특히 오늘날 위정자들이 명심해야 할 덕목이다.

堯曰: 咨! 爾舜! 天之曆數在爾躬, 允執其中. 四
요왈 자 이 순 천지력수재이궁 윤집기중 사

海困窮, 天祿永終. 舜亦以命禹. 曰: 予小子履,
해곤궁 천록영종 순역이명우 왈 여소자리

敢用玄牡, 敢昭告于皇皇后帝, 有罪不敢赦. 帝
감용현모 감소고우황황후제 유죄불감사 제

臣不蔽, 簡在帝心. 朕躬有罪, 無以萬方. 萬方有
신불폐 간재제심 짐궁유죄 무이만방 만방유

罪, 罪在朕躬. 周有大賚, 善人是富. 雖有周親,
죄 죄재짐궁 주유대뢰 선인시부 수유주친

不如仁人. 百姓有過, 在予一人. 謹權量, 審法度,
불여인인 백성유과 재여일인 근권량 심법도

修廢官, 四方之政行焉. 興滅國, 繼絶世, 擧逸民,
수폐관 사방지정행언 홍멸국 계절세 거일민

天下之民歸心焉. 所重: 民, 食, 喪, 祭. 寬則得
천하지민귀심언 소중 민 식 상 제 관즉득

衆, 信則民任焉, 敏則有功, 公則說.
중 신즉민임언 민즉유공 공즉열

요임금이 말씀하였다. "훌륭하도다! 순이여! 하늘의 대명大命이 이미 너의 몸에 있도다. 성실하게 그 길을 가도록 하라. 만약 천하백성 모두 곤경과 빈곤으로 숨게 되면, 하늘이 네게 준 지위조차 영원히 끊길 것이다." 순임금도 우임금에게 이렇게 말했다.

탕왕湯王이 말했다. "나 소자小子 이履는 검은 소를 제물로 바쳐

위대한 천제께 아룁니다. 죄가 있는 사람을 제가 감히 마음대로 사면하지 못하며, 천제의 신하도 제가 감히 가릴 수 없어 모두 천제의 뜻대로 분별하고 선택하십시오. 만약 저에게 죄가 있으면, 천하 만방에 연루시키지 마시고, 만약 천하 만방에 죄가 있다면 모두 저 한 사람이 책임을 지겠습니다."

주나라는 모든 제후를 봉하고, 선인善人들은 모두 부유하게 되었다. 주 무왕이 말했다. "내게 비록 가까운 친척이 있으나 인덕을 지닌 사람만 못하다. 백성들에게 과실이 있다면 그 책임은 모두 나 한 사람에 있다."

성실하게 도량형을 검사하고, 주도면밀하게 법도法度를 제정하자 온 나라의 정령이 곧 실행되었다. 멸망한 국가를 회복시켜 주고, 끊어진 가족을 이어주었으며, 세상을 등지고 떠난 사람을 등용하니, 천하 백성들이 곧 진심으로 따랐다. 가장 중요하게 여겨졌던 네 가지 일은 백성, 양식, 상례喪禮, 제사였다. 관후寬厚하면 능히 사람들의 도움을 얻을 수 있고, 성신誠信하면 능히 다른 사람의 부름을 받을 수 있으며, 성실하게 노력하면[140] 능히 공적을 세울 수 있고, 공정하면 곧 백성들이 기뻐한다.

---

140 민敏은 '민첩하다'의 의미가 아니고 '성실하다' 혹은 '노력하다'의 뜻이다.

유가성왕儒家聖王 순舜임금과 우禹임금

상고上古시대의 대표적인 성군聖君.
중국에서는 훌륭한 군주를 요순堯舜에 비유하면서
그의 치세를 흔히 요순시대라고 일컫는다.

20.2

子張問於孔子曰: 何如斯可以從政矣? 子曰: 尊
자장문어공자왈　하여사가이종정의　자왈　존

五美, 屛四惡, 斯可以從政矣. 子張曰: 何謂五
오미　병사악　사가이종정의　자장왈　하위오

美? 子曰: 君子惠而不費, 勞而不怨, 欲而不貪,
미　자왈　군자혜이불비　노이불원　욕이불탐

泰而不驕, 威而不猛. 子張曰: 何謂惠而不費?
태이불교　위이불맹　자장왈　하위혜이불비

子曰: 因民之所利而利之, 斯不亦惠而不費乎?
자왈　인민지소리이리지　사불역혜이불비호

擇可勞而勞之, 又誰怨? 欲仁而得仁, 又焉貪?
택가로이로지　우수원　욕인이득인　우언탐

君子無衆寡, 無小大, 無敢慢. 斯不亦泰而不驕
군자무중과　무소대　무감만　사불역태이불교

乎? 君子正其衣冠, 尊其瞻視, 儼然人望而畏之,
호　군자정기의관　존기첨시　엄연인망이외지

斯不亦威而不猛乎? 子張曰: 何謂四惡? 子曰: 不
사불역위이불맹호　자장왈　하위사악　자왈　불

敎而殺謂之虐, 不戒視成謂之暴, 慢令致期謂之
교이살위지학　불계시성위지포　만령치기위지

賊, 猶之與人也, 出納之吝謂之有司.
적　유지여인야　출납지린위지유사

자장이 공자에게 "어떻게 해야 정사政事에 종사할 수 있습니까?"

라고 묻자, 공자가 "다섯 가지 미덕을 존중하고 네 가지 악정을 배제하면, 능히 정사에 종사할 수 있다."라고 대답했다. 자장이 "다섯 가지 미덕이란 무엇입니까?"라고 묻자, 공자가 "군자가 백성에게 은혜를 베풀되 스스로 낭비하지 않고, 백성을 다스리되 그들의 원망을 받지 않으며, 인덕을 추구하되 이익을 탐하지 않고, 장중하되 교만하지 않으며, 위엄이 있되 사납지 않은 것이다."라고 대답했다. 자장이 "군자가 백성에게 은혜를 베풀되 스스로 낭비하지 않는 것은 무엇을 말함입니까?"라고 묻자, 공자가 "백성들에게 그들에게 이익이 되는 일을 하도록 하는 것, 이것이 백성들에게는 이익이 있되 자기 주머니에서 나가는 것이 아닌 것 아니겠는가. 백성들에게 힘써 할 일을 스스로 선택하게 하여 하도록 한다면, 누가 원한을 가지겠느냐? 자기가 인덕을 추구하여 인을 얻는다면 탐할 다른 것이 있겠는가? 군자는 사람의 많고 적음이나 지위의 높고 낮음과 관계없이 모두 태만하지 않으니, 이것이 장중하되 교만하지 않음이 아니겠는가? 군자가 의관을 바르게 하고 어떤 일이든 올바르게 살피면, 사람들이 스스로 경외심을 가지니 이것이 위엄이 있되 사납지 않음이 아니겠는가?"라고 대답했다. 이어 자장이 "무엇을 네 가지 악정이라 합니까?"라고 묻자, 공자가 대답했다. "미리 가르치지 않고 살육하는 것을 학虐이라 하고, 미리 알리지 않고 성공을 요구하는 것을 폭暴이라 하며, 감독을 하지 않고 갑자기 기한을 정하는 것을 적賊이라 하며, 다른 사람에게 주면서도 인색하게 구는 것을 유사有司, '속이 좁다'라고 한다."

해 설 :

"백성에게 은혜를 베풀되 스스로 낭비하지 않고, 백성을 다스리되 그들의 원망을 받지 않으며, 인덕을 추구하되 이익을 탐하지 않고, 장중하되 교만

하지 않으며, 위엄이 있되 사납지 않다(혜이불비, 노이불원, 욕이불탐, 태이
불교, 위이불맹惠而不費, 勞而不怨, 欲而不貪, 泰而不驕, 威而不猛)." 군자가 지닌
이 다섯 가지 미덕五美은 공자 이래 동양 사회에서 인격미의 전범典範으로
추구되어 왔다.

20.3

子曰: 不知命, 無以爲君子也. 不知禮, 無以立也,
자 왈 부 지 명 무 이 위 군 자 야 부 지 레 무 이 립 야

不知言, 無以知人也.
부 지 언 무 이 지 인 야

공자가 말했다. "천명을 알지 못하면 곧 군자가 될 수 없고, 예禮
를 알지 못하면 곧 입신立身할 수 없으며, 말을 판별하지 못하면 그
사람을 진정으로 알 수 없다."

PHILOSOPHORUM SINENSIUM
PRINCIPIS
CONFUCII
VITA

UM FU CU, *five Confucius quem Sinenfes uti Principem Philosophiæ suæ sequuntur, & coluit, vulgari vel domestico potius nomine Kieu dicto; cognomento Chum nhi, natalem habuit sedem in Regno Lu, (quod Regnum hodie Xantum dicitur) in pago çeu ye territorij Cham pim, quod ad civitatem Kio feu pertinet; hæc autem civitas paret urbi Yen cheu dicta. Natus est anno 21. Imperatoris Lim vam. Fuit hic tertius & vigesimus è tertia Familiâ, seu domo Imperatoria, Cheu dicta, cycli 36. anno 47. Kem sio dicto; secundo item & vigesimo anno Siam cum Regis, qui ea tempestate Regnum Lu obtinebat : die 13. undecima lunæ Kem çu dicta, sub h. vam noctis secundam, anno ante Christi ortum 551. Mater ei fuit Chim, è Familia prænobili Yen orinada; Pater Xo leam he, qui non solum primi ordinis Magistratu, quem gessit in Regno Sum, sed generis quoque nobilitate fuit illustris; stirpem quippe duxit (uti Chronica Sinensium testantur, & tabula genealogica, quæ annualibus inseritur, perspicuè ducet) ex 27. sive penultimo Imperatore Ti ye è 2. familiâ Xam. Porro natus est Confucius Patre jam septuagenario, quem adeo triennis infans mox amisit; sed Mater pupillo deinde superstes fuit per annos unum & viginti, conjuge in monte Tum sam Regni Lu sepulto. Puer jam sexennis præmatura quadam maturitate, viro, quam puero similior, cum æqualibus nunquam visus est lusitare. Oblata edulia non ante delibabat, quam prisco ritu, qui çu ceu nuncupatur, cælo venerabundus obtulisset. Annorum quindecim adolescens totum se dedere cæpit priscorum libris evolvendis, & rejectis iis, quæ minus utilia videbantur, optima quæque

Gg

1687년 프랑스 파리에서 발행된 『중국 철학가 공자』Confucius Sinarum Philosophus 중 "최고의 중국 철학가, 공자의 삶Philosophorum Sinensium Principis, Confucii Vita"의 첫 장. 예수회 선교사였던 Prospero Intorcetta, Philip Couplet, Rougemont, Herdtrich가 라틴어로 공동 집필했다.

『논어』 해제

- 공자의 삶과 『논어』

『논어』, 동양 사유 체계의 기본을 만들다

『논어』는 가히 동양 사상의 원천源泉이자 모태母胎라 할 수 있다. 『논어』는 철학·정치·경제·교육·법률·문예 등 모든 분야를 두루 다루고 있다. 비록 전체 문장 구성은 간략하지만 오히려 그 의미는 대단히 풍부하고 그 내용 또한 심오하여 이후 동양 사회의 모든 분야에서 근본적이고도 결정적인 영향을 미쳤다. 문장의 측면에서도 한문체 문장의 전범典範으로 역할하였다.

송나라 태조를 도와 그로 하여금 능히 천하를 얻게 하고 2대 황제 태종에 이르기까지 천하를 다스리게 하는 데 큰 공을 세웠던 명참모 조보趙普는 공부를 많이 못한 흠이 있었다. 그는 태조로부터 책을 읽으라는 권고를 받은 뒤로 결코 손에서 책을 놓지 않았다. 그 후 조보는 조정에서 중요한 회의가 있을 때면, 그 전에 반드시 방 안에 들어앉아 책을 읽었다. 그가 죽은 뒤에 집안사람들이 그의 책궤를 열어 보니 그 속에 『논어』가 있었다. 조보는 생전에 태종에게 이렇게 아뢰었다. "제게 한 권의 『논어』 책이 있는데, 그 절반은 선제를 도와 천하를 평정하는 데 썼고, 절반은 폐하를 도와 천하를 편안하게 해 드리는 데 썼습니다." 이처럼 『논어』의 영향력과 그 역할은 지대했다.

『논어』는 한 사람의 저자가 일관적인 구성을 바탕으로 서술한 것이 아니라, 공자의 삶 전체에 걸쳐 그 언행을 모아 놓은 것이기 때문에 여타의 경전들과는 달리 격언이나 금언을 모아 놓은 성격을 띤다. '논어論語'라는 명칭의 기원에 대해서도 논의가 분분하지만, 대체로 '논論'이란 '의議(의론하다)', 혹은 '논찬論纂'의 뜻이고 '어語'란 '변론辯論'의 의미로서, 결국 '논어'란 "공자의 말씀과 제자들과의 변론을 모아놓은 어록체語錄體의 기록"이다. 공자가 세상을 떠난 뒤 그의 제자들 대부분은 여기저기 흩어져 교육에 종사했다. 그들은 스승의 말을 죽간 등에 기록해 학생을 가르칠 때 썼는데, 『논어』는 훗날 이것들이 모여서 편찬된 것으로 추정된다. 최종 정리는 공자의 가장 나이 어린 제자였던 증삼의 제자들이 진행하였다는 견해가 유력하다.

현재 『논어』는 총 20편으로 구성되어 있으며, 각 편에 조금씩의 편차는 있으나 대체로는 492장, 600여 문장으로 이뤄져 있다. 서술 방식과 호칭의 차이 등을 기준으로 앞부분의 열 편을 상론上論, 뒷부분의 열 편을 하론下論으로 구분하여 앞부분의 열 편이 더욱 이전 시대에 서술된 것으로 보인다.

오늘날과 같이 『논어』라는 명칭으로 처음 불리게 된 시기는 전한前漢 시대의 경제와 무제 연간年間으로 알려지고 있다. 초기에는 『논어』라는 명칭 대신 전傳, 기記, 논論, 어語 등의 이름으로 불렸고, 지역에 따라 조금씩 다른 판본이 전해지고 있었다. 한나라 시기까지 『노논어魯論語』(20편), 『제논어齊論語』(22편), 『고문논어古文論語』(21편) 등 3종의 『논어』 판본이 존재했는데, 서한西漢 시대 황제의 스승 제사帝師 장우張禹가 논어를 집대성하여 『장후론張候論』이라 칭했다. 이 책은 당시 권위 있는 『논어』의 판본이 되었다. 동한東漢 말기 정현鄭玄이 『장후론張候論』을 원본으로 삼아 『제논어齊論語』와 『고문논어古文論語』를 참조해 주석을 붙여 『논어주論語注』를 저술하였고, 이것이 『논어』의 정본이 되었다.

몸을 일으켜 천하에 도道를 세우고자 하다

공자는 춘추시대 노나라의 한 가신家臣 집안에서 태어났다. 그의 아버지 숙량흘叔梁紇은 선비 계층이었으며 노나라 귀족 장흘臧紇의 가신이었다. 그는 장씨 봉지의 읍재邑宰를 맡고 있었는데, 이 벼슬을 오늘날 우리나라로 말하면 시골 면面의 면장 정도로 볼 수 있다. 일설에 의하면 숙량흘이 공자를 낳을 때 이미 70세였다. 공자의 모친 안顔씨는 가난한 집안 출신으로 그때 나이 겨우 17세였다. 이에 대하여 사마천은 『사기』 「공자세가」에서 "숙량흘은 안씨 여자와 야합野合하여 공자를 낳았다.", "공자가 태어나고 숙량흘은 세상을 떠나 방산防山에 묻혔다. 방산은 노나라 동쪽에 있었는데, 공자는 아버지의 무덤이 어디 있는지 알지 못했고 어머니는 그 장소를 공자에게 가르쳐 주지 않았다."고 기록하고 있다.

공자는 "나는 태어나면서부터 곧 만사를 안 것이 아니고, 옛것을 좋아하여 성실하게 노력하여 그것을 구한 자이다(아비생이지지자, 호고, 민이구지자야我非生而知之者, 好古, 敏以求之者也)[술이 7.19]"라고 말하였다. 그는 자신이 태어나면서부터 모든 것을 안 성인이 아님을 명백히 밝히고 있다. 그는 역사문화를 좋아하고 성실한 학습을 통하여 지식을 얻었다. 『사기』「공자세가」는 "공자는 어린 시절 소꿉놀이를 할 때 곧잘 제사 그릇을 늘어놓고 제사를 모시는 예절 동작을 하였다."고 묘사하고 있다. 이는 공자가 어릴 적에 제사와 예악 활동이 활발한 장면을 자주 접했으며 그로부터 그것을 좋아하고 모방했던 사실을 보여주고 있다. 특히 노나라는 하은주 3대의 예악문명이 집대성 된 곳으로, 당시 "주나라 예의는 모두 노나라에 있다"는 말이 있을 정도로 문화 중심지였다. 노나라의 이러한 문화전통은 공자에게 커다란 영향을 미쳤다.

공자는 자신의 삶에 대하여 "나는 열다섯 살에 학문學問에 뜻을 두었고, 서른 살에 자립自立하였고, 마흔 살에 미혹迷惑되지 않았으며, 쉰 살에 천명天命을 알았고, 예순 살에 귀로 들으면 그대로 이해되었다. 그리고 일흔 살에는 마음에 하고자 하는 바를 좇아도 법도法度를 넘지 않았다(오십유오이지우학, 삼십이립, 사십이불혹, 오십이지천명, 육십이이순, 칠십이종심소욕불유구吾十有五而志于學, 三十而立, 四十而不惑, 五十而知天命, 六十而耳順, 七十而從心所慾不踰矩)[위정 2.4]"고 술회하고 있다. 공자는 이렇게 어릴 적부터 뜻을 세우고 각고의 노력을 하였으며, 신중하게 생각하고 정확하게 판단하여 행동하였다. 그렇게 인품과 학식을 쌓은 공자는 탁월한 인물로 성장했다.

공자가 35세 때 노나라에는 커다란 변동이 있었다. 노나라 선공宣公 이래로 약 백 년 동안 노나라 정치는 계손씨와 숙손씨 그리고 맹손씨의 3대 가문이 좌지우지하였다. 이렇게 하여 늘 허수아비 신세를 한탄하던 소공은 사소한 일을 계기로 나라 안에서 가장 실력자인 계평씨季平氏를 처벌하려 했다. 그 당시 인기 있던 닭싸움으로 인해 계평자가 후소백에 대해 법도에 어긋난 처사를 했기 때문이다. 이에 소공은 계평자를 체포하기 위해 군대를 출동시켰는데 계평자는 맹씨, 숙손씨와 손잡고 연합해서 반격을 하여 오히려 소공의 군대를 격파했다. 그리하여 소공은 제나라로 망명해야 했다. 계손씨는 대신 정공을 왕으로 앉혔다. 노나라의 정치 질서는 이때부터 크게 문란해지기 시작하였다. 비단 노나라만이 아니라 이미 온 천하의 질서와 도덕이 크게 무너지고 있었다. 그리고 공자는 이때부터 적극적으로 몸을 일으켜 어지러워진 천하를 바로 세워야겠다는 스스로의 임무를 실천해나갔다.

높은 산처럼 우러러 보고, 큰 길처럼 따라가다

흔히 공자를 딱딱하고 보수적이며 권위적인 인물로 생각하지만, 실제 공자는 손아랫사람이나 하류 계층의 사람에게도 언제든 가르침을 받으려는 자세를 가지고 평생 학문에 열중하고 그 실천에 최선을 다했던 겸손하고 성실한 사람이었다. 이는 『논어』의 곳곳에서 마치 오늘 그들이 살아서 대화를 나누고 있는 듯 생동감 있게 표현되고 있다. 여기에서 솔직하고 용감한 자로를 비롯하여 현명하고도 선량한 안연, 총명하면서 달변인 자공, 시원시원한 성격의 증석 등 제자들의 성격과 그 행동들이 있는 그대로 가감 없이 표현되고 있다.

공자는 권력을 자기 마음대로 휘두르는 위정자를 그 면전에서라도 기탄없이 비판하여 옳은 길을 가도록 설파했으며, 탐욕을 추구하여 오로지 자기 이익만을 좇는 소인의 행위도 맹렬히 비난하였다. 그러나 결코 가난하다거나 배우지 못했다는 이유로 사람을 차별하지 않았고, 어떤 사람이든 모두 교육받아야 한다고 주창하였다. 다만 그가 시종여일 군주를 사회의 정점으로 설정한 것과 어디까지나 군주만 받드는 존군尊君을 준수해야할 사회적 윤리로서 주창한 점은 당연히 비판 받을만하다. 하지만 때는 신하가 군주를 시해하는 하극상이 끊임없이 벌어지는 불안정한 난세亂世였다. 이로 인한 전란과 기근은 결국 백성들의 몫이었기에, 백성들이 가장 피해를 당하고 희생되어야 하는 비극을 '군주를 정점으로 하는 체제의 안정'으로 예방하고자 한 것으로 풀이할 수 있다.

『논어』「태백」편에 나오는 '민가사유지, 불가사지지民可使由之, 不可使知之[태백 8.9]'는 그간 "백성은 도리道理에 따르게 할 수는 있어도 그 원리原理를 알게 할 수는 없다."로 해석되어 왔다. 그리하여 이 구절은 공자의 '우민愚民' 사상을 지적하는 유력한 증거가 되어왔다. 그러나 이러한 해석은 민본民本 사상으로 연결된 공자의 관점과 전혀 부합되지 않는다. 이 글의 올바른 해석은 "백성들을 교화하고 이끌 수는 있지만, 그들에게 강요해서는 안 된다."이다. 특히 공자는 국가 운영에서 민심民心이야말로 가장 중요한 관건이라고 강조하였다. 그는 국가란 신뢰가 없으면 설 수 없다고 단언하면서, 군사와 양식보다 중요한 것은 백성의 신뢰 그리고 민심이라고 강조하였다. 이러한 그의 주장은 오늘날 우리에게도 여전히 유효하게 적용되는 기본이요 원칙이다.

『사기』의 저자, 사마천은 사실상 공자의 정신적 제자였다. 그는 「공자세가」 말미에 공자에 대한 깊은 존경심을 담아 이렇게 기록했다.

"『시경』에 이런 말이 있다. '높은 산처럼 사람들로 하여금 우러러보게 하고, 큰 길처럼 사람으로 하여금 따라가게 한다(고산앙지, 경항행지 高山仰止, 景行行止).' 비록 내가 공자의 시대로 돌아가지 못하지만 마음속으로는 항상 그를 동경하고 있다. 나는 공자가 남긴 책을 읽어 보고, 그 사람됨이 얼마나 위대한가를 보고 싶었다. 노나라에 갔을 때 공자의 묘당과 그가 남긴 수레와 의복 그리고 예악기물禮樂器物을 참관하였다. 유생들은 공자의 옛집에서 시간에 맞춰 예절을 연습하고 있었고, 나는 시간이 가는 줄 모르고 그곳에 머물러 떠날 수가 없었다. 자고이래로 천하에 군왕에서 현인에 이르기까지 너무도 많은 사람들이 있었고, 살아 있을 때는 한때 영화로웠지만 죽은 뒤에는 그것으로 끝이었다. 공자는 평민이었지만 10여 세대를 이어 학자들이 그를 존숭한다. 위로 천자와 왕후로부터 중원에서 6예六藝를 공부하는 사람들은 모두 공자를 표준으로 하여 시비를 판단하고 있으니, 공자는 진실로 가장 높이 솟아 있는 성인이라고 말할 수 있겠다!"

탁월한 실천적 교육자, 공자

공자는 탁월한 실천적 교육자였다. 공자가 교육하는 현장의 모습은 『논어』에 그대로 표현되고 있다. 그는 가르침에 있어 각 개인의 구체적인 정황에 의거하여 각기 다른 구체적 방안을 제시하였다. 예를 들어, "인仁이란 무엇인가?"라는 제자들의 질문에 대하여 안연에게는 "자기를 절제하여 모든 것을 예禮의 원칙에 의거해 하는 것, 이것이 바로 인仁이다(극기복례위인克己復禮爲仁)[안연 12.1]."라고 대답하였고, 중궁에게는 "자신이 하고 싶지 않은 것을 남에게 강제하지 말아야 한다(기소불욕, 물시어인己所不欲, 勿施於人)[안연 12.2; 위령공 15.23]."라고 대답했으며, 사마우에게는 "인자仁者의 말은 신중하다(인자, 기언야인仁者, 其言也訒)[안연 12.3]."라고 대답하였다.

또 자로가 "어떤 것을 들으면 곧 실행하여야 합니까?"하고 묻자, 공자는 "부형父兄이 살아계시는데, 어찌 들으면 곧 실행할 수 있겠는가?"라고 대답했고, 염유가 "어떤 것을 들으면 곧 실행하여야 합니까?"하고 묻자, 공자는 "들으면 실행하여야 한다."하고 말했다. "염유는 항상 물러나기 때문에 그를 격려한 것이고, 자로는 용기가 넘치므로 그를 자제시킨 것(자로문: 문사행저? 자왈: 유부형재, 여지하기문사행지? 염유문? 문사행저? 자왈: 문사행지. 자왈: 구야퇴, 고진지. 유야겸인, 고퇴지子路問: 聞斯行諸? 子曰: 有父兄在, 如之何其聞斯行之? 冉有問: 聞斯行諸? 子曰: 聞斯行之. 子曰: 求也退, 故進之. 由也兼人, 故退之)[선진 11.21]"이다.

이렇듯 공자는 각기 상대방에 맞춰 그에 부합하는 상이한 처방을 내렸으며, 여기에는 상대방에 대한 높은 책임감과 깊은 애정 그리고 동정심이 내재하고 있다.

『논어』각 편의 요지

『논어』는 공자와 그 제자들의 언행이 담긴 어록으로 내용은 공자의 말과 행동, 공자와 제자 사이의 대화, 공자와 당시 사람들의 대화, 제자들 간의 대화 등으로 구성되어 있다. 그리하여 『논어』에는 한 개인이 세상에 태어나 어떻게 살아가야 할 것인가의 문제가 모두 담겨 있다. 과연 한 인간으로서 갖춰야 할 수양은 어떻게 실현될 수 있는가의 과제부터 학문하는 자세는 어떠해야 하며 또 가족과의 관계는 마땅히 어떠해야 하는 것인가 그리고 몸을 일으켜 사회와 국가의 일에 여하如何한 태도와 시각을 가져야 하는가의 문제를 모두 다루고 있다.

　『논어』는 총 20편으로 나뉘어 있고, 편명編名은 각 편의 가장 앞 글자 두 자를 따서 지었는데 '자왈子曰'로 시작하는 경우에는 그 다음 구절의 맨 앞에 나오는 두 글자를, 만약 맨 앞에 나오는 세 글자가 한 단어라면 세 글자를 취하여 지었다. 편명과 각 장의 실제적 논리 관계는 없다.

　　1편 학이・주로 무본務本의 도리를 말하고 있으며, 독자를 '도덕의
　　　문'으로 이끄는 역할을 하고 있다.
　　2편 위정・주로 국가를 다스리는 도리와 방법을 논하고 있다.

3편 팔일 • 예악禮樂에 대한 공자의 가르침을 기록하고 있다.

4편 이인 • 주로 인덕仁德의 도리를 언급하고 있다.

5편 공야장 • 고금古今 인물에 대한 평가를 담고 있다.

6편 옹야 • 공자와 제자의 언행으로 이뤄져 있다.

7편 술이 • 공자의 용모와 언행을 기록하고 있다.

8편 태백 • 공자와 증자의 대화와 고인古人에 대한 평가로 구성되어 있다.

9편 자한 • 주로 공자가 일을 처리하는 모습을 다루고 있다.

10편 향당 • 주로 공자의 언행과 삶의 모습을 담고 있다.

11편 선진 • 공자의 교육관과 제자에 대한 평가를 다루고 있다.

12편 안연 • 공자가 제자들에게 인仁과 위정爲政, 처세處世를 가르치는 내용을 담고 있다.

13편 자로 • 사람됨과 위정에 대한 공자의 가르침을 기록하고 있다.

14편 헌문 • 주로 수신修身에 관한 공자와 제자의 대화를 다루고 있다.

15편 위령공 • 공자가 주유천하할 때 인仁과 치세에 대한 제자들과의 대화를 담고 있다.

16편 계씨 • 군자의 수신과 예법禮法에 의한 치세를 다루고 있다.

17편 양화 • 주로 인덕과 예악에 대한 공자의 언술을 담고 있다.

18편 미자 • 주로 고대 성현의 사적事迹과 난세에 대한 공자의 시각을 기록하고 있다.

19편 자장 • 주로 학문하는 자세와 공자에 대한 제자들의 존경과 찬양을 기록하고 있다.

20편 요왈 • 고대 성현의 언행과 공자의 위정에 대한 논술을 기록
하고 있다.

유가儒家 사상의 지향점

유가 사상은 수천 년에 걸쳐 중국의 고대 법률을 지배하였고, 사람
들의 생활방식과 사유방식에 융화되어 중국 특유의 법률 의식과 법
률 심리를 형성시켰다. 원래 '유儒'라는 용어는 중국 고대시대에 일
정한 문화지식을 소유하고 예禮에 대하여 이해하고 있으며, 관혼상
제 등의 의식을 돕는 일을 직업으로 하는 사람들을 총칭하고 있었
다. 그런데 공자孔子가 그러한 '의식을 직업으로 삼았던' 사람이었고,
제자들을 모아 지식을 체계적으로 전수하였기 때문에 그가 창립한
학파를 유가라고 부르게 되었던 것이다.

유가의 법률사상은 기본적으로 주周나라 이래의 '예치禮治'와 주
공周公旦이 주장한 "덕을 밝히고 형법을 신중히 행한다."는 사상을 계
승, 발전시킨 것이다. 주공은 종법제도를 주창한 선구자였다. 종법제
도는 혈연을 유대로 하는 가족 전체의 내부 관계를 규율하며 족장과
가장의 통치 지위와 세습 특권을 유지하는 족규族規나 가법家法으로
서 원래 씨족사회 말기의 부계 가부장제로부터 비롯되었다. 주공이
만들었던 '주례周禮'는 종법제도를 형식으로 하고 윤리도덕을 내용으
로 하고 있었다. 그 중에서도 특히 친친親親과 존존尊尊을 가장 중요
한 원칙으로 삼고 있었는데, 여기에서 친친은 부친을 정점에 위치시

킨 가부장제의 종법원칙이고 존존은 군주를 정점에 위치시키는 군주제의 등급원칙이었다. 이로부터 부부관계에 있어서는 남존여비 사상을 강조하고 부자관계에서는 "불효보다 더 큰 죄는 없다"는 말로써 부권父權을 강조하였으며, 씨족관계에서는 조상을 숭배하고 종친을 공경하는 족권族權을 중시하였다. 나아가 국가제도에서는 군주에게 충성하고 사직을 최우선시하는 군권君權을 강조하였다.

법률 역시 이러한 종법등급윤리를 표준으로 삼았다. 주공이 제정한 이러한 예禮는 정치·경제·군사·가정·혼인·윤리·도덕 등 모든 방면에서 행위규범의 총화였으며, 이는 철저하게 상하 등급의 질서를 강조하고 있었다. 특히 '예불하서인, 형불상대부禮不下庶人, 刑不上大夫(예는 서민들에게 베풀지 않고, 형벌은 사대부에 미치지 않는다)'의 원칙은 이른바 예치禮治의 기본 특징이었다. 이는 곧 예치 사상을 종법 등급 제도의 사상 영역에 구현시키고 있음을 의미하고 있다.

주공을 가장 이상적인 군자상으로 삼아 그의 이념을 철저히 존중했던 공자는 주공의 사상을 계승·발전시켜 유교를 완성시켰다. 왜냐하면 그는 지배층인 군자와 생산을 담당하는 소인으로 구분되어 있는 주周 사회질서(주례周禮)를 완전한 사회질서로 인식하고 있었기 때문이다. 이 과정에서 공자는 백성들에게도 예를 가르쳐야 한다고 주장하였고, 또한 친인척만을 중시하고 혈연관계만으로 관작官爵을 세습하도록 했던 주공에 비해 현인천거와 현인정치를 주장하는 등 여러 가지 진일보한 측면을 지니고 있었다. 다만 골간적인 내용과 형식은 주공으로부터 그대로 이어받았다.

그리하여 유가는 예치를 견지하고 덕치를 제창하며 인치를 중시하는 법률개념을 제기하였다. 물론 여기에서 유교사상의 중심개념인 인仁이나 예禮 그리고 덕德은 결국 종법등급 제도를 유지하기 위한 핵심적 개념이었다. 결국 공자는 귀천貴賤 및 군신君臣과 부자父子의 등급 종속관계를 핵심으로 하는 사회 통합체제 구축을 기하고자 했던 것이다.

예치와 덕치, 그리고 인치

그렇다면 유가의 핵심사상인 예치와 덕치 및 인치는 무엇인가?

1) 예치 : 예치주의란 '예'라는 질서규범, 즉 신분제도를 전제로 하는 신분상의 차별을 인정하는 불평등 규범을 일차적인 질서규범으로 하여 통치하는 사상이다. 유가이론은 인仁을 핵심으로 하고 예禮를 회복하는 것을 목적으로 하고 있다.

'인仁'이라는 한자어는 '사람人으로부터, 둘二로부터'라는 뜻으로서 친하다는 의미이며, 그리하여 '인'의 기본정신은 사람과 사람 관계의 처리를 중시한다는 것이다. 특히 공자는 '인'을 한마디로 애인愛人이라고 규정하고 있는데, 이는 부자형제 관계에서 자애와 효도, 우애, 공경으로 나타나며, 군신관계에서는 "군주는 신하를 예로써 부리고, 신하는 군주를 충성으로 섬긴다."라는 개념으로 표현되고 있다. 그리고 인仁을 행하는 방법으로서는 충서忠恕를 제시하고 있다. 이러한 공자의 사상은 주 시대 이래의 민본사상의 표현임과 동시에 한편으로는 체제유지의 이념으로 기능하고 있었다.

한편 공자는 정명正名을 강조하였다. 이는 '군군, 신신, 부부, 자자君君, 臣臣, 父父, 子子'라는 종법등급 제도의 질서와 명분을 엄격히 준수하는 것을 뜻한다. 즉, 군주는 군주다워야 하고 신하는 신하다워야 하며 아버지는 아버지다워야 하고 자식은 자식다워야 한다는 것이다. 이렇게 군신부자의 각기 자리가 안정되어야만 명분등급 체계가 엄격해지고 비로소 질서가 존재할 수 있다고 주장하였다. 따라서 공자의 사상 및 그의 일생은 바로 이러한 등급질서의 명분을 위배하는 '혼란상태'를 바로잡으려 했던 과정 그 자체였다.

그는 윗사람에게 반항하고 무시하는 행위를 단호히 반대하였고, 이러한 등급 제도를 실현하는 출발점을 효孝로 설정하고 있다. 나아가 가족은 국가의 근본으로 파악되어 군주와 아버지는 일체가 되며 충과 효는 서로 상통한다. 이는 "효도를 잘 하는 자는 윗사람을 범하는 경우가 드물다"라는 공자의 말에서 잘 드러나고 있다. 즉, 공자는 예禮를 사회 통합의 준칙으로 삼는데, 그 준칙은 귀천 등급제도였으며, 이 귀천 종속관계에서도 군신과 부자의 두 항목이 강조되어 전체 인간관계의 핵심으로 간주되었고 이는 군권주의 및 부권주의로 연결되었다. 결국 유가는 종법윤리로써 군주집권제의 합리성을 주창하였으며, 이렇게 하여 가부

장제의 종법원칙은 유가에 의하여 그대로 국가 법률체계로 연결되었다. 이렇듯 유교의 정치질서는 가장 근본적인 자연적·도덕적 질서, 즉 가족에 기초하고 있다. 이 가족 질서가 확대된 것이 곧 국가이다.

2) 덕치 : 군자가 관혜寬惠를 베푸는 관치寬治를 주장하는 것이 곧 덕치주의이다. 공자는 당면한 사회적 위기의 근본적인 원인이 통치자인 군자의 도덕적 타락에 있다고 파악했으며, 따라서 사회 질서를 재건하기 위해서 덕치를 주장했다. 유가는 덕을 위주로 하고 형벌은 덕치를 보조하는 개념(덕주형보德主刑輔)으로 간주하며, '의로움을 중히 여기고 이익을 가벼이 여기는' 중의경리重義輕利를 중심내용으로 하는 덕화 교육을 통하여 '소송이 없는(무송無訟) 상태'를 만드는 것을 이상으로 삼는다. 유가의 이러한 관점 역시 주공의 "덕을 밝히고 처벌은 신중히 하라(명덕신벌明德慎罰)"는 사상에서 비롯되었다. 주공은 이전의 하夏나라와 은殷나라가 지나치게 가혹한 형벌을 남발함으로써 멸망한 역사적 교훈을 거울삼아 이러한 전철을 다시 밟지 않도록 이러한 정책을 펼쳤다.

3) 인치 : 유가는 인치人治도 강조하였다. 그들은 정치를 개인 도덕의 확대로 이해했다. 그리하여 국가의 기강과 예법의 흥망은 전적으로 통치자, 특히 군주 개인의 인품과 덕성에 달려있는 것으로 파악한다. 그들은 모든 군주들이 요堯·순舜·문왕

文王·무왕武王·주공과 같은 이상적인 성현이 되기를 바랐으며, 성군이나 현신(혹은 명군明君이나 청관淸官)이 존재해야 비로소 예치가 실현되고 덕화가 실천될 수 있다고 주장했다. 공자는 국가통치 문란의 원인을 집권자 개인이 현명한가 현명하지 않은가에 귀결시키고 성인 군주를 민중의 구세주로 묘사하는 유심사관을 견지하였다. 이로써 인치의 기본적 출발점은 예치였다. 유가의 이러한 중례경법重禮輕法 사상은 이후 중국 역사에 결정적인 영향력을 행사해왔다.

"이룰 수 없다는 것을 잘 알면서도 굳이 나의 길을 간다"

공자와 더불어 중국의 위대한 사상가인 노자老子의 『도덕경道德經』이 우주와 본질 그리고 변증법을 다룬 철학서라면, 『논어』는 일종의 정치윤리학을 설파한 실용적 저술이다.

공자는 무엇보다도 실천가였다. 공자는 시종여일 학이치용學以致用과 지행합일知行合一을 강조하였다. 흔히 『논어』의 첫 문장인 '학이시습지學而時習之'를 "배우고 때로 익히니"로 해석하고 있다. 이러한 해석은 '수신修身'을 과도하게 강조하는 반면 실천은 분리시킨다. 결국 이는 유학의 '이론 지상주의'와 생동감을 잃은 '죽은 학문'의 경향성을 강화하는 요인으로 작동해왔다. '학이시습지學而時習之'의 '습習'이 바로 '실천하다'의 의미다. 공자의 일생은 한 마디로 시종여일 실천을 가장 우위에 둔 삶이었다.

공자의 이러한 관점은 "말을 하게 되면 반드시 실행할 수 있어야 한다(언지필가행야言之必可行也)."와 "의로움을 듣고도 행하지 않고 선하지 못한 것이 있어도 고치지 못하는 것, 이러한 것들이 곧 내가 걱정하는 바다(문의불능사, 불선불능개, 시오우야聞義不能徙, 不善不能改, 是吾憂也)."라는 글에서도 분명히 이어지고 있다. 공자는 또 "군자는 말은 어눌語訥하지만, 실행實行에는 성실하게 노력한다(군자, 욕눌어언이민어행君子, 欲訥於言而敏於行)."라고 천명하였다.

죽음이 무엇인가를 묻는 제자의 질문에 "삶의 도리도 아직 모르는데 어떻게 죽음을 알겠는가(미지생, 언지사未知生, 焉知死)?"라고 답한 '현실주의자'이며 '인간 중심주의자'였던 공자는 법치보다 인치人治를 중시하였다. 그는 어디까지나 '사람'을 통하여 그가 꿈꾸는 도덕의 이상 사회를 이루려고 했다. 그러면서 그는 '인仁'을 실천하는 지

산둥성 치산에서 출토한 「공노상견孔老相見」

공자가 노자를 만나 기러기를 선물하는 모습을 그렸다. 《의례·사상견례儀禮·士相見禮》는
사대부가 서로 만나는 예禮에는 기러기를 쓴다고 기록했다.

도자로서의 군자君子를 내세웠다. 원래 '군주의 자제'라는 고귀한 신분을 뜻하는 '군자'는 공자에 의해 이상적 인격의 소유자로 개념화되었다. 군자는 도道를 추구하고, 도에 입각하고, 도가 통하는 세상을 만드는 존재이다.

공자는 말한다. "정령政令으로써 이끌고 형벌刑罰로써 다스리게 되면, 백성들이 형벌을 면할 수는 있지만 부끄러워함은 없다. 그러나 덕德으로써 이끌고 예禮로써 다스리게 되면, 부끄러워함이 있고 나라에 격格이 갖추어진다." 위대한 사상가이자 정치가요 교육가였던 공자는 예禮로써 자신을 절제하고, 악樂(음악)으로 조화를 추구하였다. 또 문文(문예)에 대한 학습을 성실하게 실천함으로써 훌륭한 군자로 거듭난 뒤, 정치政治를 통해 민생民生을 안정시켜 도덕의 이상을 실현하고자 하였다.

공자의 사상은 한마디로 인仁으로서 그 기본 정신은 사람과 사람 관계의 처리를 중시한다. 『논어』에는 '인仁'을 언급한 장이 58장에 이르고, '인仁'이라는 글자가 무려 108곳에 출현하고 있다. '인仁'은 구체적인 인간 생활에서 공恭, 관寬, 신信, 민敏, 지智, 용勇, 충忠, 서恕, 효孝, 제悌 등의 다양한 내용으로 표현된다. '예禮' 역시 공자가 『논어』에서 제기하고 있는 중요한 개념으로서 공자가 평생 학문했던 대상이기도 하였다. 공자는 '예禮'가 인간에 내재되어 있는 진실된 정감의 외부적 표현이며, 그것의 최고 경지가 곧 '인仁'이라고 인식하였다.

공자는 '주례周禮'를 회복함으로써 선왕의 '인정仁政'의 경지에 이를 수 있기를 희망하였다. 그리하여 공자가 의도했던 것은 일시적인 성패득실이 아니라 사회의 장기적인 안정과 백성들의 행복이었

다. 그렇기 때문에 그는 당대 통치자들과 타협하지 않고 일이관지一
以貫之, 끝까지 자신의 주장을 실천해 나갔으며, '이룰 수 없다는 것을
잘 알고 있으면서도 굳이 그렇게 함(지기불가이위지知其不可而爲之)[헌문
14.40]'으로써 제세구민濟世救民의 삶과 정신을 구현하였다. 현실정치
에서는 실패한 듯 보였지만, 그의 사상은 중국을 비롯한 동양 사회에
서 주도적인 지위를 점하게 되는 위대한 성취를 이뤄냈다.

대성지성문선왕大成至聖文宣王

공자의 시호諡號. 원元 무종武宗 지대至大 원년(1308년)에 책봉되었다.

공자 연보

유년 幼年

1세　기원전 551년, 노나라 추읍陬邑 창평향昌平鄕(오늘날 산동성 곡부曲阜)에서 태어났다. 부모가 니구산尼丘山에서 기도하여 태어나 이름을 구丘라 지었다.

3세　부친 숙량흘이 세상을 떠났다. 공자의 모친은 공자를 데리고 곡부의 궐리闕里로 이사했다. 홀어머니 아래서 가난했다.

6세　모친의 교육을 받으며 장성했으며, 어릴 적부터 예禮를 좋아하였다.

10세　노나라 양공이 세상을 떠나고, 소공이 그 뒤를 이었다.

14세　집안이 매우 가난했기 때문에 어릴 적부터 각종 생업과 노동에 종사했다.

15세　학문에 뜻을 두었다 (오십유오이지우학吾十有五而志于學).

17세   노나라 실력자 계씨가 연회를 베풀어 귀족들을 초대하였
       다. 공자가 연회에 참석하려 했지만 계씨의 가신 양호陽虎
       에게 문밖에서 저지당했다.

성년 成年

18세   전해오는 말에 의하면, 공자의 신장은 9척 6촌으로, 무척
       커서 '장인長人'으로 불렸다.
19세   송나라 여자 기관亓官씨와 결혼을 하였다.
20세   아들 리鯉가 태어났다. 일설에 의하면, 소공이 공자에게
       잉어를 하사하여 이름을 리鯉라고 지었다고 한다. 자는 백
       어伯魚다. 공자는 이 무렵 창고를 관리하는 임위리任委吏라
       는 하급 관리로 일했다.
21세   공자의 벼슬이 높아져 소와 양을 관리하는 승전리乘田吏로
       일했다. 물론 공자는 주경야독하며 학문에 매진하였다.
29세   악관樂官 사양자師襄子로부터 거문고를 배웠다.

삼십이립 三十而立

30세   스스로 30세에 뜻을 세웠다고 말했을 만큼 이때부터 공자
       는 혼란스러운 사회를 변혁하고자 굳은 의지를 갖고서 실

제적인 실천에 나섰다. 평민교육을 시작하여 안연의 부친인 안로顔路, 증삼의 부친인 증점, 자로 등 제자를 두었다.

34세 명성이 널리 알려져 노나라의 실력자인 맹의자와 남궁경숙이 공자를 스승으로 모시고 학문을 익혔다.

36세 제나라 경공이 공자에게 정치에 대해 묻자 공자는 "군군, 신신, 부부, 자자君君, 臣臣, 父父, 子子"라는 유명한 답을 했다. 제나라에서 태사太師와 더불어 음악을 논했다.

37세 제나라 대부가 공자를 해치겠다고 호언장담하였고, 제 경공은 공자를 임용할 뜻이 없음을 전했다. 제나라를 떠나 노나라로 돌아왔다.

불혹 不惑

40세 스스로 40세에 불혹이라 말했을 정도로 공자의 인생관은 이미 확고하게 정립되었다. 이 무렵 계속해서 제자들에 대한 교육 사업에 전념하였다.

47세 양호가 공자에게 출사를 권했지만 이를 거부했다.

지천명 知天命

50세 공산公山씨가 반란을 일으키고 공자를 초빙하였다. 갈 뜻이 적지 않았지만 결국 응하지 않았다.

51세 중도中都 지방의 읍재邑宰로 임명되어 불과 1년 만에 탁월한 업적을 남겼다.

52세 소사공小司空으로 임명되고 다시 대사구에 임명되었다.

53세 대사구로서의 직무를 성실하게 처리해 노나라가 대치大治를 이루었다.

55세 노나라 정치가 안정되자 이를 크게 두려워한 제나라가 계책을 세워 미녀를 보내 노나라 왕을 유혹하였다. 노나라 왕이 이에 넘어가 정치에 소홀하게 되자 공자가 사직하였다. 이때부터 14년 동안에 걸쳐 천하를 유력遊歷하였다.

56세 위나라에서 위 영공 부인인 남자南子를 만났다.

59세 위 영공이 공자를 만나 오직 군사 문제를 묻자 공자는 군사 문제는 알지 못한다고 단호하게 답했다. 위나라를 떠나기로 결심하고 송나라로 갔다. 송나라로 가는 길에 환퇴가 공자를 해하려 하여 결국 진陳나라로 갔다.

이순 耳順

60세 진나라에 머물렀다. 이 무렵 고향인 노나라로 돌아가 자신의 역량을 발휘하고 싶어 하였다.

63세 진나라를 떠나 채나라로 가는 도중 국경 지방에서 갇혀 고초를 겪었다. 그 뒤 길가에서 장저, 걸닉 등의 은사를 만

낳다. 초나라 소왕이 공자를 임용하고자 했지만 초나라 영
윤 자서가 방해하였다.

64세 위나라에 머물렀고, 여러 제자들이 위나라에서 관직을 얻
었다.

68세 14년의 외국 생활을 마치고 노나라에 돌아왔다. 하지만
노나라는 공자를 초빙할 생각이 없었고, 공자 역시 관직의
뜻을 버린 채 문헌 정리와 교육에 전념하였다.

69세 아들 백어伯魚가 세상을 떠났다.

고희 古稀

70세 『주역』을 묶은 가죽 끈이 세 번이나 끊어질 정도로 주역
연구에 몰두하였다.

71세 『춘추春秋』를 저술하여 후세 사람들을 위한 지침으로 삼고
자 하였다. 이 해에 아끼던 제자 안회가 세상을 떠나자 크
게 슬퍼하였다.

73세 기원전 479년, 세상을 떠났다.

현대지성 클래식 23

논어

1판 1쇄 발행 2018년 10월 1일
1판 14쇄 발행 2025년 1월 10일

지은이 공자
옮긴이 소준섭
발행인 박명곤 **CEO** 박지성 **CFO** 김영은
기획편집1팀 채대광, 이승미, 김윤아, 백환희, 이상지
기획편집2팀 박일귀, 이은빈, 강민형, 이지은, 박고은
디자인팀 구경표, 유채민, 윤신혜, 임지선
마케팅팀 임우열, 김은지, 전상미, 이호, 최고은

펴낸곳 (주)현대지성
출판등록 제406-2014-000124호
전화 070-7791-2136 **팩스** 0303-3444-2136
주소 서울시 강서구 마곡중앙6로 40, 장흥빌딩 10층
홈페이지 www.hdjisung.com **이메일** support@hdjisung.com
제작처 영신사

ⓒ 소준섭 2018

"Curious and Creative people make Inspiring Contents"
현대지성은 여러분의 의견 하나하나를 소중히 받고 있습니다.
원고 투고, 오탈자 제보, 제휴 제안은 support@hdjisung.com으로 보내 주세요.

현대지성 홈페이지

현대지성 클래식 살펴보기